1987年支援被奴役國家週反共鐵人古正綱博士在大會致詞。

1991年美國前總統雷根（左二）出席世盟於美國洛杉磯舉行的學術研討會。

1991年李元簇副總統（左一）率團出席於哥斯大黎加舉行的第23屆世盟年會。

1991年世盟第29屆年會於美國首都華盛頓舉行。

1992年世盟總會長趙自齊赴印度訪問達賴，促成達賴第一次訪台。

1993年達賴喇嘛出席於德國柏林舉行的世盟第25屆年會。

1994年世盟於莫斯科舉行第26屆年會。

1998年饒總會長率團拜訪美國參議院賽蒙德參議員。

1999年饒總會長率團拜訪美國參議院外交委員會主席何姆斯。

1999年饒總會長率團拜訪美國衆議院國際關係委員會主席吉爾曼。

2001年世盟饒總會長率團訪問美國紐約，與美國全美外交政策委員會史瓦伯會長等人舉行座談。

2002年饒總會長首次率團訪問北京，會晤中共副總理錢其琛。

2003年於澳洲墨爾本舉行世盟33屆年會。

2003年世界自由日大會在台東舉行。

2007年聯合國非政府組織執委會主席科碧修女赴佛光山拜會星雲法師。

2007年世盟中華民總會全體理監事合影。

2008年世盟尼泊爾台北友誼學校簽約儀式。

2008年饒總會長訪問西班牙，在西班牙國會與該國國會議員合影。

2009年世盟代表團出席於墨西哥舉行之聯合國第62屆非政府組織年會。

2010年自由日馬總統會晤聯合國非政府組織執委會主席何泛斯先生與狄崗沙嘉女士。

2010年行政院吳敦義院長出席自由日歡迎晚宴並致詞。

2010年世界自由日大會墨西哥分會主席郝雷齊大法官在大會中演講。

2010年世盟韓國年會開幕式，韓國李明博總統發表賀詞。

2010年於墨西哥舉行世盟分會成立大會。

2011年馬總統出席自由日大會並致詞。

2011年世盟中華民國總會理事長曾永權率團訪問韓國，拜會韓國大國家黨前黨魁朴槿惠女士。

2011年自由日舉行之世盟國會議員論壇。

2011年世界自由日大會全體與會代表合影。

2012年參加澳洲墨爾本世盟年會各國代表，拜會維多利亞洲議會，受到議長等人熱忱接待。

2012年世盟西班牙分會舉行成立大會。

2013年世界自由日馬總統頒發世盟海外委員證書並合影。

2013年德中協會－台灣之友會主席，世盟德國分會會長費雪Hon. Axel Fischer頒贈國會議員安妮塔Mrs. Anita Schafer「2013年自由民主獎」。

世盟一甲子

饒穎奇—發行人

連序

連戰

談起世盟，自然令人想起一生為國家、為世盟奉獻心力的谷正綱先生。谷先生以榮譽主席身分領導世亞盟。每逢年會在各地召開時，谷先生都不辭辛勞，親自參加，並發表反共演說，被喻為「反共鐵人」。

谷先生的演說曾傳頌一時，他駁斥姑息逆流的言論，或許曾被視為「反共八股」，然而證諸蘇共及其東歐附庸構建「鐵幕」的土崩瓦解。從傳統政治光譜觀察，在坐標軸左端的社會主義、共產主義國家的確已向坐標軸另一端自由、民主靠攏了。谷先生在反共年代提出的眞知灼見，尤其那股奮戰不懈的意志和精神，也將永遠的存在愛好自由人士的心中。

一九八九年蘇共解體，東歐瓦解，全世界共產政權紛紛飛灰煙滅，或急於改弦易轍，世盟一方面固然仍保有其反共之理念，但也面臨必須改弦更張的轉折時刻。此時，趙自齊先生接掌世盟，秉承谷先生遺志和精神，將爭自由、爭民主的事業推向另一高峰。一九九〇年世盟在完成階段性任務後，更名為「世界自由民主聯盟」，從反共到追求自由民主，目標未變，理想未變，這正是世盟再出發的時候。

趙自齊會長致力於結合全球自由民主的力量。例如一九九二年世盟年會在匈牙利首都布達佩斯舉行、一九九三年年會選在統一後的德國柏林、一九九四年赴莫斯科舉行年會，都是積極進取的作為。

世盟於一九九三年成為聯合國非政府組織會員後，積極參加聯合國非政府組織各項活動，一方面傳揚世盟宗旨理念，支持聯合國維護世界和平與安全的宗旨；另方面更透過該組織讓世人認識四十年來支持自由民主運動最力的中華民國，沒有理由長期被排斥於國際社會之外。世盟一九九〇年代的積極作為，的確有助於提升我國際地位。

為順應國際局勢以和解代替對抗的世界潮流，我政府在一九九一年五月宣布終止動員戡亂時期，以務實態度接受兩岸分治互不統屬的現實；主張國家統一前，兩岸在國際社會應有平等參與活動的權利，並透過良性互動，增進瞭解，縮短差距；同時，也表明追求國家在民主、自由、均富原則下統一的決心，期使台海兩岸拋開「零和」的抗爭態勢，共創全體中國人的共存共榮。

就當時兩岸情勢觀察，雙方長期在政治、軍事上對峙，在國際外交上較量。雙方仍存著冷戰時期留下的夢魘，缺乏信任，缺乏相互瞭解，有互動而無互信。因此，如何消弭敵對意識，培養互信，進而依照國統綱領進程，完成國家統一，實爲國人最殷切的期盼。

一九九三年我就任行政院長伊始，即大力推動兩岸關係的進展。當年四月在新加坡舉行的「辜汪會談」，達成了突破性的四項協議；同年十一月十七日，我提出兩岸關係發展的基本主張——「排斥零和，走向雙贏」，期待兩岸有理性、善意、互惠、互利，乃至談話協商、和平統一的中長程發展意願，俾使二千一百萬同胞的福祉，與中華民族整體的前途，能兼籌有益，並顧無礙。

一九九四年初，我提出「以經貿爲主軸」的兩岸關係政策；一九九五年進一步提出「以大陸爲腹地，建立亞太營運中心計劃」，作爲台灣經濟發展的跨世紀戰略。二〇〇四年總統大選期間，我提出「兩岸和平路線圖」構想，希望在選後實現赴大陸的「和平之旅」。然而，「三一九槍擊案」的發生，不僅打亂了「和平之旅」的規劃，也改變了兩岸關係發展的歷史軌跡。

所謂「和平之旅」，就是希望為兩岸的和解與和平做貢獻。我主張兩岸應進行對話協商，簽訂和平協議。為兩岸、為台灣前途找出路。

台灣的出路在那裏？這是一個重大的、敏感的命題。二〇〇〇年政黨輪替，民進黨推動「台獨」路線，大搞「去中國化」，甚至提出「公投制憲」。面對嚴峻的兩岸關係形勢與反常的台灣政治環境，我毅然決定在兩岸關係問題上勇敢站出來，針對台灣眞正的基本問題，提出不同的選擇。也就是說，「台獨」之路不通，人民可以選擇「不獨」之路。維持台灣與大陸在一中框架下的現狀，以避免戰爭，這才是台灣人民的最大利益與福祉。這也正是本人二〇〇五年以國民黨主席身分率團赴大陸訪問，進行「和平之旅」要實現兩岸和解的重要目的。

「和平之旅」不僅為台灣經濟發展創造良好的和平環境，且在兩岸經濟交流與合作方面達成新的成果，為台灣經濟的發展創造新的條件。二〇〇八年再次政黨輪替，國民黨力促兩岸「雙贏」與「以大陸為腹地」發展台灣經濟的目標。今天兩岸由過往的武力對峙，到交流合作，有此成果，令人至感欣慰！

六十年來，世盟秉持「傳播自由民主思想、尊重人類自由正義」的理想，爲促進國際合作與教育文化交流、遏止侵略、集權、專制等違背自由民主行爲的發生，鍥而不捨，奮力不懈，已獲致輝煌的成就。現任世盟總會長饒穎奇，更突破以往的侷限，默默舉著自由民主的旗幟推動兩岸交流。在他和世盟同仁持續不斷努力下，兩岸同沐自由民主的光輝已可預期。世盟成立六十年出版「世盟一甲子」專書，完整呈現其反暴政、爭自由的歷史，永平曾任世青盟主席，並多次參與世盟活動，欣爲此序。

（連戰先生，現任中國國民黨榮譽主席；曾任中國國民黨主席，中華民國副總統、行政院長及副院長、外交部部長、交通部部長、駐薩爾瓦多大使、台大教授。）

王序

王金平

世盟成立六十年以來，對全球化自由民主的積極發展，已做出卓越貢獻，深受全世界愛好自由民主人士的支持與讚譽。

自由民主是當今人類最核心的共同價值，沒有自由就沒有人權，沒有民主，人民就不能當國家的主人。十年前個人奉命籌組臺灣民主基金會，其工作項目之一，就是與民主國家相關社團、政黨、智庫及非政府組織建構合作夥伴關係，並與國際民主力量接軌，拓展我國國際活動空間。世盟與臺灣民主基金會皆以推動全球民主發展爲目標，惟雙方著力之對象則有所區別。世盟透過會員國分會強化與各國之關係，並透過「國會議員論壇」促進我國與各國國會之交流，而其作爲聯合國非政府組織會員之角色，更是推展我國與聯合國關係不可或缺之一環；臺灣民主基金會與世盟之工作實屬相輔相成。

世盟近年在饒穎奇總會長領導下，除推動全球民主化外，也開啓新頁致力於兩岸交流，希望把自由民主推展到大陸，實踐世盟促進自由、民主與人權的宗旨。經由各方努力，自由民主的理念已透過台商、各國企業人士與民間傳遍中國大陸；此外，中國大陸每年有近二百萬民眾來臺灣參訪，不但能親身體驗臺灣的自由民主，也能透過網際網路與臺灣的媒體，進一步瞭解全世界自由民主發展現況；加上中國大陸每年約有十萬人以上留學生出國深造，呼吸自由民主的空氣，凡此皆對中國大陸未來走向自由民主，具有激發與引領作用。

自由與民主的最終目標是爲了提升人類的福祉。世界自由民主聯盟六十年來的努力，已帶動民氣匯聚成民主的洪流，朝人類普遍享有民主與自由的目標邁進。未來臺灣民主基金會將與世盟同心協力，共同推動全球與大陸的自由民主，讓全世界更多人能充分享受自由與民主的滋潤！

（王金平先生，現任中華民國立法院院長；曾任中國國民黨副主席、立法院副院長。）

曾序

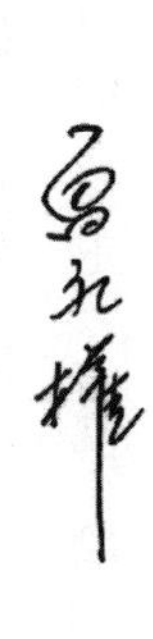

過去五年，由於馬英九總統務實推動理性改革，積極改善兩岸關係，創造了雙方互惠雙贏交流與合作，兩岸和平曙光也逐漸閃耀。

在人類發展進程中，自由民主是迄今最受肯定的政治價值，深受世人頌揚與嚮往。但是無可諱言，全球自由民主的普遍實現，仍面臨許多挑戰，有待世人共同克服。

世盟是歷史悠久的國際非政府組織，也是聯合國非政府組織會員。過去在我國外交面臨艱難處境之際，世盟長期配合政府政策，協助推展民間外交，頗多貢獻。二〇〇六年本人接任世盟中華民國總會理事長，本著世盟總會與中華民國總會兩會合一、相互支援的精神，與饒穎奇總會長依據世盟宗旨與任務，積極推動相關業務，致力於將自由民主火種傳播至世界各地，而最終目標就是將自由、民主和人權的理念散布到中國大陸。

美國前總統布希曾形容「臺灣是亞洲和世界民主的燈塔（Taiwan is a beacon of democracy to Asia and the world）」。中華民國是亞洲第一個民主共和國，其在臺灣實施自由民主的成果，早已獲得世人高度的肯定。透過世盟的努力，讓更多國家政經領導人對我國民主成就有了深刻的認識。臺灣自由民主的成功經驗，也成了許多國家效法的對象。

馬總統上任後，兩岸關係已從對抗進入和平發展階段，兩岸民間交流也更加蓬勃發展。過去六十年，世盟從積極反共，到致力於推動全球自由民主，其根本理念從未改變。世盟不僅與各國分會攜手合作促進自由民主，也透過與大陸相關機構或團體之交流，協助大陸領導菁英認識臺灣自由民主之內涵與價值。透過兩岸持續緊密交流，相信必將有助於大陸自由民主之發展。

本書記錄了世盟過去六十年重要的軌跡，透過回顧過去，我們看到前人爲爭取與捍衛人類自由，抛頭顱、灑熱血，勇於對抗共黨政權，終於導致共黨政權的崩解。展望未來，全球仍有許多國家人民處於威權統治之下，無法享有自由、民主與人權。藉由本書，至盼能提升各界對世盟的認識，進而積極支持並參與世盟的活動，俾協助世盟在下個六十年能對促進全球自由、民主做出更重大的貢獻。

（曾永權先生，現任中國國民黨秘書長；曾任中華民國立法院副院長，中華民國總統府秘書長。）

饒 序

饒穎奇

緬懷歷史 共創未來

世界自由民主聯盟（簡稱世盟）的前身「亞洲人民反共聯盟」創立於一九五四年，並於一九六七年擴大爲「世界反共聯盟」，進而在一九九一年更名爲「世界自由民主聯盟」，迄今二〇一四年正值一甲子。爲慶祝成立六十週年，世盟擴大舉行「世盟年會」與「世界自由日慶祝大會」，並發行《世盟一甲子紀念特刊》與《世盟一甲子》專書，以記述世盟各時期的任務，期使世盟珍貴的史料能庋藏永續。不啻便於查考印證，更可使國人緬懷先賢創業艱辛，再接再勵，策勵來茲，深具歷史意義。

政府創立世盟，有其時代背景和歷史淵源。早期的世盟，是爲遏止共黨侵略行爲和專制政治；嗣後則是結合全球愛好自由民主人士，將自由民主普世理念傳播到世界各地，使其廣泛流傳，以推展全球自由民主運動；現階段則致力與中國大陸交流，以促進兩岸和平發展，並引領中國大陸走向自由民主。此外，世盟也以聯合國非政府組織成員身分，在國際社會協助政府推動國會外交與全民外交。

世盟具有悠久歷史，並以其紮實的力量，結合世界一百三十多國分會，共同爲全球自由民主之推動與發展而團結奮鬥，深獲世界各自由民主國家領袖與政要支持和讚譽。世盟推動自由民主的任務十分重要，地位也十分特殊，是我國極具影響力的國際性非政府組織。

本書的建構與鋪陳，係以各個不同章節爲綱，透過純眞樸實的史料，循序漸進描繪世盟創立六十年以來，爲因應當時世局情勢與時代背景，所推動的各時期任務與發展，俾讓社會大眾能從世盟歷史淵源脈絡和軌跡中，瞭解世盟長期以來弘揚自由民主普世理念與價值的績效，與推動全球自由民主所做出的貢獻，進而認同世盟的宗旨，並積極參與世盟活動，支持和協助世盟未來的發展。

在書中，也不鋪采摛文、了無虛飾的記述世盟各個時期爲推展相關業務發展，所遭遇的不爲外人所知的困難與艱辛。諸如：原計劃在英國和澳洲舉行年會，惟因當地政府懼於中共施壓拒發簽證，不得已改爲座談會；不畏中共反對，邀請達賴喇嘛參加年會，與邀請大陸異議人士訪台；在莫拉克颱風侵襲臺灣的風雨交加中，不顧飛航安全赴寮國成立分會；赴尼泊爾成立分會被當地暴民追逐，以石頭砸中座車；為樽節租屋成本，幾經斡旋籌集資金，購置台北市羅斯福路辦公場所；煞費苦心解決世盟雙包案；赴紐約出席聯合國非政府組織年會，巧遇「九一一恐怖事件」；赴莫斯科舉行世盟年會，宣揚自由民主普世理念。世盟長年來的績效，印證了其為達成任務，勇於接受各種挑戰。世盟的努力付出和辛勞綴集，深獲馬總統肯定，值此世盟創立六十週年之慶，特頒「審時度勢，懋績揚聲」賀電勗勉，本人至為感動與感謝。

近年來，世盟也結合遍布全球的台商、客家暨民代，與中國大陸相關對象建立交流合作平台，共創兩岸和平發展，希望以中華民國在臺灣的自由民主發展成就與經驗，催化和酵化中國大陸的自由與民主。世盟積極配合政府現階段大陸政策，成效斐然。馬總統二〇一一年十月五日曾親函本人鼓勵「不怨不悔，再接再厲，繼續努力」，在本書的記述中，也多有著墨，世盟備感振奮與榮寵。惟世盟也深切體認目前世局面臨新情勢的挑戰，全球自由民主的推展也面臨新的困境。為有效因應新局，開創自由民主發展的新契機，世盟將持續調整步調，吸取新思潮、新理念和新策略，強化組織與工作成效，爲世盟開創光輝的第二個甲子。

本書的完成，非常謝謝吳俊德先生協助文字整理，本會周祕書長育仁的指導和修訂與王副祕書長能章的費心協助。曾顧問更生提供的資訊和建言，本會其他顧問的建議與相關同仁協助蒐集史料，都是本書得以順利出版所不可或缺。此外，要感謝五南圖書與世盟共同出版本書，協助編排與發行。最後，由於史料搜求有限，且又尅日將付剞劂，缺陋難免，膚泛當然，敬請讀者與社會賢達多予指教和匡正。本人忝任世盟總會長及世盟中華民國總會理事長，謹對本書的出版發行，爰謹綴數言，用以爲序。

（饒穎奇先生，現任中華民國總統府資政、世盟總會總會長、世盟中華民國總會理事長，海峽兩岸民意交流基金會董事長、中華海峽兩岸客家文經交流協會理事長；曾任中華民國立法院副院長。）

目次

第一章　聯合反共的開端

一九四九年夏，正值國際共產主義在亞洲大幅擴張之際，蔣中正總統爲確保東亞自由國家安全，先後出訪菲律賓和韓國，與菲國總統季里諾舉行碧瑤會談，與韓國大統領李承晚舉行鎭海會談，倡議成立亞洲安全合作聯盟遏阻共黨侵略，當即推定由季里諾總統在菲召開籌備會議，隨後季氏親訪美國華府，呼籲美方支持，然未獲美方贊同。中、韓兩國元首轉而籌組一個亞洲民間性的國際組織，保衛自由民主，因而促成「亞洲人民反共聯盟」的誕生。

第一節 二戰後的亞洲形勢

一九四九年國際局勢發生重大變化，當年四月四日美國與歐洲成立「北大西洋公約組織」，蘇聯利用戰後各國疲憊不堪之際，趁機擴張侵入東歐與波羅的海等國，並成立「華沙公約組織」，與「北大西洋公約組織」對抗。

在亞洲方面，中華民國從大陸播遷到臺灣，形勢險惡，深感孤立；大韓民國亦因國土分裂，與中華民國惺惺相惜；菲律賓因受東南亞左傾政權影響，反政府軍事力量新人民軍與菲律賓共產黨合作造反，也有危機意識。中華民國、大韓民國與菲國因地緣關係，最易與中共發生對立緊張關係，遂有意成立一個聯盟，相互奧援，抵抗共黨侵略的威脅。

對此情勢，蔣總統早於一九四九年即與菲律賓和大韓民國元首先後發表聯合聲明，號召亞洲自由國家建立反共聯合陣線；隨後並針對亞洲局勢的發展需要，透過國際媒體傳播管道，發表挽救亞洲危機的嚴正主張，倡議依「北大西洋公約」精神，組織亞洲國家反共聯盟，俾結合亞洲反共國家的集體力量，配合美國的支援，採取聯合反共行動，共同維護自由與和平。

第二節 碧瑤會議和鎮海會議

一、碧瑤會議

一九四六年七月四日菲律賓脫離美國獨立，中華民國政府立即予以承認，並派祝賀特使甘乃光赴菲參加羅哈斯總統（Manuel Roxasy，一八九二～一九四八）就職典禮。羅哈斯總統向甘特使面邀蔣總統訪菲，以促進雙方友好關係。一九四八年四月羅哈斯總統在任內去世，由副總統兼外交部長季里諾（Elpidio Rivera Quirino，一八九〇～一九五六）接任；一九四九年季里諾連任總統，與當時我駐菲公使陳質平私交甚篤，一再邀請，終於促成蔣總統以中國國民黨總裁身分赴菲訪問，隨行人員包括王世杰、張其均、吳國楨、黃少谷、俞濟時、沈昌煥與夏功權等。

一九四九年七月十日蔣總統抵菲，與季里諾總統在碧瑤萬松宮會晤，就如何團結反共保障民主自由，如何發動組織遠東國家聯盟等問題進行兩天討論，並發表聯合聲明，指出：「鑒於遠東各國過去缺乏密切之合作，及今日各國獨立自由所面臨共黨威脅之嚴重，應立即成立聯盟，休戚相關，互相援助，藉以達到抵制並消除共黨威脅之目的。」

惟在碧瑤會議進行的同時，菲國在野黨表示反對組織「反共聯盟」；在當地保留軍事基地的美國，也暗示菲國審慎爲之。果然菲國立場受到美國影響乃一變再變。

中、菲聯合聲明發布後，反應最熱烈的，當屬韓國李承晚大統領，因爲韓國同時面臨共黨威脅，也希望結合其他亞洲國家，保衛國家安全。李承晚在蔣總統返國後，於八月六日邀請蔣總統赴韓國鎭海會談防共聯盟問題。

二、鎭海會議

中、韓兩國領袖舉行的鎭海會議，是繼中、菲兩國領袖舉行的碧瑤會議後更重要的一次會議。

一九四九年八月六日午後，蔣總統率王世杰、張其昀、黃少谷、王東原、沈昌煥、周宏濤、曹聖芬、俞濟時及夏功權等飛抵韓國南部鎭海軍港，與韓國大統領李承晚會晤。蔣總統抵韓時發表書面談話指出：「中韓兩民族三千年來原爲唇齒相依的兄弟之邦，今不幸同受共產主義侵略之威脅，更切患難與共、風雨同舟之誼。余自將藉此次訪問之良機，與李承晚總統充分交換意見，不僅商談有關中韓兩國當前重要諸務，並將討論遠東各國籌組反共聯盟問題。」李承晚大統領聲明也指出：「在我們非正式的會議中，任何性質的問題，都可能提出討論。擬議中的太平洋公約聯盟，很可能提出討論，由雙方充分交換意見。」

由於雙方立場一致，對各項原則順利達成協議，八月八日發表聲明指出：「吾人均承認與人類自由及國家獨立不相容之國際共產主義威脅，必須予以消滅。且欲制止此項共同威脅，吾人固須各自盡力，而同時亦必須聯合奮鬥。吾人之安全，祇有團結始能確保。吾人深覺太平洋各國，尤其是遠東各國，今日由於共產主義威脅所遭遇之危機，較世界任何其他部分均爲嚴重。所以，上述各國之需要團結與需要行動一致，亦較世界任何其他部分均爲迫切。吾人堅決相信，如果亞洲沉淪，則世界決不能自由。而且整個人類，決不能聽其一半獲得自由，而一半則爲奴隸。基於以上所述，吾人對於季里諾總統與蔣總裁於本年七月十二日在碧瑤所發表聯合聲明中關於聯盟之主張，完全表示同意。吾人更進而同意，應請菲律賓總統採取一切必要步驟，以促上述聯盟之實現。爲此，吾人現正敦促季里諾總統於最短期間，在碧瑤召集一預備會議，以擬訂關於聯盟之各項具體辦法。」

一九四九年三月十八日美國和西歐國家組建「北大西洋公約組織」（North Atlantic Treaty Organization，NATO，簡稱北約組織或北約），並於同年四月四日在美國華盛頓簽署「北大西洋公約」後正式成立，其目的係爲實現防衛協作。其實，李承晚心目中最希望的，就是複製遠東版的「北大西洋公約組織」，作爲反共聯盟的藍本。

第三節 中、韓、菲鼎立反共

基於整體安全考量，蔣總統始終認爲，遠東國家反共事業必須結合美國力量才能成事；因此在與季里諾總統會晤時便表達此意，希望季里諾稍後訪美時，能向美國提出此項建議，季氏也當面允諾。惟就在蔣總統訪韓前，美國國務院卻在八月六日發表白皮書，將中國大陸反共失敗的責任，完全歸咎於國民黨。八月八日季里諾總統訪美會晤杜魯門總統時，把碧瑤會議公報和中、菲意見提出討論，且在美國國會發表演說時，也以共產主義威脅日炙，強調亞、太地區區域安全的重要性。然而美國總統和國務院對季里諾的呼籲並未理會，等於是對中、韓、菲三國結盟反共的當頭棒喝。

在美國壓力下，菲國態度開始轉變，季里諾總統一改初衷，認爲遠東聯盟的性質，主要爲政治、經濟、文化，不涉軍事，與原來主張「反共聯盟」的宗旨大異其趣。對菲律賓負責召開遠東聯盟預備會議工作遲遲沒有進展，且其對聯盟定位也未遵守碧瑤會議與鎮海會議決議，中、韓兩國領袖逐漸有了怨懟。

然而，自鎮海會議開始，同時被美國國務卿艾奇遜（Dean Acheson）排除在美國遠東防線外的中華民國與大韓民國，成爲了唇亡齒寒的反共盟友，直到一九五〇年六月二十五日韓戰爆發後，杜魯門政府開始重視朝鮮半島安全地位，一併將臺灣納入美國圍堵蘇聯與中共的第一島鏈防線內，蔣總統與李承晚大統領也就成爲遠東最堅強的兩位反共夥伴。原擬以中、韓、菲三足鼎立的遠東國家政府間的反共聯盟計畫雖未立即實現，但中、韓兩國堅持鎮海會議的盟友精神。韓戰爆發，中華民國政府立刻表示軍事援韓，就是最有力的保證。

一九四九年八月五日美國國務院（由當時的總統杜魯門及國務卿艾奇遜主導）發表對國共內戰及中國問題立場的政治文件：《中美關係白皮書》（The China White Paper），正式名稱爲「美國與中國的關係：一九四五～一九四九」。內容指出：中華民國在國共內戰的失敗，是國民政府本身的領導問題，與美國無關，美國在戰後中國情勢已盡力而爲，最後失敗應由國民黨負全責。白皮書發表後，美國停止對中華民國的軍事援助，但也不承認中共。這份「袖手旁觀」的白皮書，被認爲是國共內戰中杜魯門政府爲自己對華政策失敗的開脫，嚴重打擊了國民政府的士氣。白皮書發表後不久，國民政府便撤退遷臺。

根據蔣經國總統一九四九年八月五日的日記：美國發表《中美關係白皮書》，對國府反共抗俄民心影響極大，但蔣總統聞訊卻泰然處之，在庵門觀月聽濤，談笑自若，對美國發表白皮書之事無動於衷，得力於「寓理帥氣」之休養功夫。其實蔣總統早在白皮書發表前三天就已知道白皮書內容，已有心理準備。非但如此，白皮書發表後一天（八月六日）蔣總統如期訪韓，與李承晚大統領商議組織遠東反共聯盟。

從大陸的失敗，和政府播遷到臺灣以後，美國發表白皮書，還有美國擔心引發第三次世界大戰，既漠視中、韓、菲的倡議，不願見到東亞反共組織的形成，反而搶先成立東南亞公約組織，拉走東南亞國家，致使亞盟才不能成爲官方的聯盟變成是民間組織。美國政府一次又一次赤裸裸地表現對我中華民國的偏見和不友善。

第四節　亞盟成立

一九五〇年三月一日蔣總統在臺灣復行視事。三月二十九日號召全國國民救濟大陸受難同胞。全國各界紛起響應，組成中國大陸災胞救濟總會，推選谷正綱先生籌備，四月四日救總成立，由谷正綱擔任總會常務委員。

同年六月六日爆發韓戰。聯合國安理會以國際聯軍赴韓作戰，中共派了五十萬人民解放軍加入韓戰，後來增到近百萬的「抗美援朝志願軍」。由美國統率的聯合國軍不全是與北韓軍隊作戰，更多是與中共打仗。而中共既非保護本國，也不在本國境內作戰，所以聯合國視中共爲侵略者。爲制止侵略，聯合國邀請十五個國家加入聯軍行列。同時，國際間也爲法國占領越南一事在日內瓦開會，要求法國撤軍，否則和中共一樣都是侵略者。惟法國一撤軍，北越和越共在中共卵翼下企圖全面赤化全越，爲了自衛，越南開始要求加入中韓籌組亞盟行列。

韓戰進行一年多，進入膠著狀態，雙方始終對峙在三十八度線南北，造成嚴重傷亡。一九五三年七月二十七日聯軍與北韓在板門店簽訂「停戰協定」，並展開遣俘的談判。十一月二十八日韓國大統領李承晚訪華，一方面答謝蔣總統一九四九年訪韓，一方面因受中共威脅日深，希望雙方更積極推動成立反共聯盟。李承晚訪華後，隨即於一九五四年四月派遣特使團，由延禧大學校長白樂濬率領訪華，主要目的是落實李承晚訪華時所提成立區域安全組織的計畫，爲成立反共聯盟組織奠基。除了晉見蔣總統，白樂濬一行還與執政黨祕書長張其昀、外交部次長沈昌煥，及大陸災胞救濟總會理事長谷正綱等人，會商籌組亞洲國家反共聯盟的方式、組織，以及進行程序。韓國代表團離華後繼續作東南亞國家之行，與香港、澳門及越南、菲律賓、泰國等地朝野交換意見，號召亞洲人民組織反共聯合陣線。

朝鮮半島戰火暫停，菲律賓也在一九五三年底大選，季里諾總統卸任由麥格賽賽（Ramón del Fierro Magsaysay）接任。麥格賽賽總統是美國親密戰友和支持者，他響應美國另組東南亞公約組織政策，使中、菲、韓三國鼎力催生亞太區域安全組織的倡議，因菲律賓改變立場而中輟。另一方面，美國還出手拉走若干東南亞國家，成立亞洲聯盟之議差點胎死腹中。惟李承晚總統受韓戰影響，深感團結亞洲人民組織聯合反共陣線的必要性，於是再派代表團來華，由韓國陸軍副參謀總長崔德新領隊，繼續推動成立亞洲反共聯盟，與我國在原則上獲得共識。接著崔德新又依循白樂濬路線，分訪東南亞國家。

既然美國出面籌組具有官方性質的東南亞公約組織，韓國乃改弦易轍，倡導以民間團體籌組亞洲人民反共聯盟。這項建議得到菲國麥格賽賽總統的贊同，越南吳廷琰總統也派遣代表團，由國務總理阮文心率領訪華，表示支持亞洲人民反共聯盟。經一致協議，由中、韓、越、菲、泰五國，及琉球、香港、澳門三地區，率先以半官方性質由民間有力反共團體共同發起，邀請各國代表於一九五四年六月十五日，在韓國鎮海召開第一屆「亞洲人民反共會議」，會商亞盟成立事宜。

第五節 韓戰前後的中美關係

韓戰是二十世紀最重要的幾場戰役之一，中華民國之續存、日本之復興、中共與美國長期敵對，無不是因爲韓戰而起。其對世界局勢的影響，迄今尙未稍歇。

對中華民國而言，韓戰穩住了風雨飄搖的國民政府。第一，韓戰打亂了美國政府的兩手策略（究竟是出賣臺灣給中共，或是棄蔣另舉領導人保臺灣？），不得不支持蔣總統領導的中華民國；第二，由於中共出動重兵前往朝鮮半島「抗美援朝」，無力在美國第七艦隊巡弋臺灣海峽情況下渡海攻臺，使國民政府得以休養生息。

美國國務院發表《中美關係白皮書》，準備放棄蔣總統與國民政府。如果中國共產黨狄托化成功，與美國合作，美國則將臺灣交給中國共產黨統治；如果失敗，美國會窮盡一切外交、經濟上的手段，唯獨不考慮使用軍事上的手段（例如反攻大陸，以免把美國拖下水），以確保臺灣不會落入敵視美國的政權手中。

一九五〇年年初，美國總統杜魯門還發表聲明強調：㈠美國在目前的中國局勢中，不擬使用武裝力量；㈡不以任何方式干預中國內爭；㈢不予國民政府任何軍事援助和勸告，但將繼續給予有限的經濟援助。隨後國務卿艾契遜（Dean Acheson）又發表「國防界線（Defense Perimeter）」，指出美國太平洋防線是從阿留申群島經日本、沖繩，而至菲律賓。表示美國已放棄臺灣，連韓國也一起被畫到美國防衛線外。當時，杜魯門及艾契遜的態度和用意相當清楚，還是要爭取中共，絕不讓它淪落到蘇聯懷抱而與美國爲敵。

一九四九年大陸淪陷前，美國軍方曾就臺灣安危與美國在西太平洋防禦計畫的關聯性深入評估，如果臺灣落入共產黨手中，美國將如何因應？當時還在日本駐軍領導軍管的麥克阿瑟將軍認為，從戰略觀點看，聽任臺灣落入共黨手中，將使美國在遠東防線產生裂縫。沖繩將首當其衝，受敵威脅，亦將難以防守。臺海情勢日惡，臺灣和澎湖列島關係日本至馬來西亞半島之間的航路，同時也控制著菲律賓與沖繩島間的交通，若落在不友好國家之手，美國在遠東戰略地將嚴重受損。

麥帥重視臺灣的戰略地位，還向參謀長聯席會議建言指稱：「無論是地理或戰略位置，臺灣都是美國西太平洋前線的總樞紐，是一艘『不沉的航空母艦』和『潛艦支援艦』」。甚至韓戰爆發後，麥克阿瑟為了解臺灣防衛問題還祕密訪臺。

一九五〇年七月三十一日，麥克阿瑟來臺北與蔣中正總統進行會談，蔣總統再一次表示國軍願出兵朝鮮半島。在未先獲白宮同意情況下，麥帥揚言要幫助蔣總統反攻中國大陸，並公開表示將考慮在朝鮮戰場使用臺灣軍隊。此也種下杜魯門總統決心撤換麥克阿瑟的遠因。

當時蘇聯已有核子武器，中蘇共又締結同盟條約，加以英國等歐洲盟邦基於本身利益，反對美國和中共擴大敵對。更重要的，是杜魯門的「有限戰爭」觀念，使麥帥無法施展抱負，中華民國反攻大陸的計畫受到重大挫折。

韓戰穩住了中華民國還有另外一重意義，那就是：原本蓄勢待發，準備渡海的中共軍隊，因爲必須支援朝鮮半島而暫停行動，讓中華民國政府有喘息機會。中共在韓戰爆發前，並不關心朝鮮半島局勢。當時中共的頭號任務，對外要拿下臺灣，徹底掃除國民黨勢力；對內則準備發動大規模整黨運動以及全面土地改革，但韓戰打亂了中共的整個布局。

戰爭一開始，中共比較關心的，不是朝鮮半島戰局，而是美國總統杜魯門於一九五〇年六月二十七日聲明「臺灣中立化」（一、第七艦隊阻止中國對臺灣攻擊，二、阻止國民政府進攻大陸，三、臺灣的未來由聯合國檢討）。六月二十八日中共總理兼外長周恩來發表聲明，指出美國政府決定以武力阻止中國人民解放臺灣，第七艦隊已向臺灣沿海出動，這是對中國領土的武裝侵略，中國政府及中國人民必將爲從美國侵略者手中解放臺灣奮鬥到底。一直要到八月二十日，周恩來才致電聯合國祕書長賴伊（Trygve Halvdan Lie，一八九六～一九六八，挪威外長，首任聯合國祕書長），抗議美國侵略朝鮮和臺灣，但其重點依然放在臺灣。

韓戰爆發後，北韓軍一度獲取優勢，後來聯軍登陸仁川，開始反攻，形勢開始逆轉。周恩來透過印度駐北京大使照會華盛頓，警告美軍不得跨越三十八度線，否則中國不會坐視。一九五〇年十月七日，聯軍跨過三十八度線，進入北韓，中共中央隨即作出「抗美援朝、保家衛國」的決策。十月十日中華人民共和國發言人發表聲明，抗議聯合國大會在美帝操縱下非法通過的八國提案，並指稱美軍正大規模部署越過三十八度線，威脅中國安全，中國人民對於這種狀況不能置之不理。由於中共參加韓戰，與美國發生正面衝突，中共與美國關係急速惡化。

第二章　反共時期的亞盟與世盟

第一節　亞盟草創篳路藍縷

一、亞盟一九五四年成立

一九四九年底大陸變色，政府播遷來臺，亞洲自由國家，受到共黨威脅；一九五〇年北韓揮軍越過三十八度線南侵，企圖統治整個朝鮮半島。東南亞、越、寮、泰、菲等國亦遭受共黨滲透、顚覆禍害。

中華民國政府和人民有感於亞洲共產赤禍的嚴重，及我國親歷與中共鬥爭的血腥經驗，深知非及時聯合亞洲各國愛好自由的人民，採取集體反共行動，實不足以自救救人。因此，中、韓兩國率先發起組織亞洲人民反共聯盟，以爲促進亞洲國家的聯合反共作先導。

當年中韓兩國反共的合作相當積極，蔣中正總統曾將韓戰視爲反攻大陸的契機，而主張派遣國軍進入朝鮮半島作戰，儘管遭到美國的反對，卻不減損蔣總統與李承晚大統領兩位反共鐵人之間合作的情誼，加上菲律賓的季里諾政府，亞洲反共的鐵三角就在美蘇冷戰對立背景下誕生。

蔣總統、季里諾與李承晚三位領袖共同倡議亞洲自由國家組織反共聯盟，抵抗共黨侵略，原計畫是籌組政府間的聯合反共陣線，後因受美國倡組東南亞公約組織，改爲民間及半官方團體「亞洲人民反共聯盟」簡稱亞盟，（The Asian Pacific Anti-Communist League, APACL）。

一九五四年六月十五日，亞盟在韓國鎮海舉行成立大會。出席大會者有中、韓、菲、越、泰等五國及香港、澳門、琉球三地區代表，皆爲政壇知名人士。大會由韓國執政黨自由黨最高委員會委員兼監察部長，暨「亞盟中央聯絡中心」主持人李範寧先生任主席，李承晚親自主持開幕典禮。大會發表宣言，呼籲亞洲及世界人民團結奮鬥，抗禦共產威脅，確保人類自由與尊嚴。

我國代表團在大會上向大韓民國人民及其領導者李承晚大統領敬致欽佩之意，並向韓國戰場上爲反侵略、爭自由而反共作戰的英勇將士申致慰問之忱。團長谷正綱於大會中報告我國政府反共的努力與大陸情況，他指出，來自亞洲各自由國家，代表各民族、各地區、各職業、各宗教，不願做共產帝國主義奴隸的人民，在鎮海集會，只是爲了一個目的：就是反共；也抱定一個志願：要爲亞洲的和平安全與自由幸福奮鬥到底。「亞洲國家必須靠亞洲人民自己的力量，挽救亞洲的形勢」。

1954年在韓國鎮海召開亞盟第一屆大會。

1954年亞盟第一屆大會在韓國鎮海舉行會場。

1954年韓國總統李承晚接見出席第一屆亞盟會議各國代表。

會議歷時兩日，通過亞盟組織原則，發表共同聲明，呼籲亞洲人民「共同為擴大亞洲國家反共聯合陣線而努力」；並通過請中華民國擔任第二屆會議地主國，負責組織亞盟起草委員會，提出亞盟憲草計畫，及邀請亞、太國家一致加盟以擴大基礎。為適應韓戰停戰後急速改變中的亞洲新形勢，第一屆大會特別規定第二次大會應於三個月內召開。

一九五四年亞盟創立時，適值國際共產勢力猖狂，中、韓、菲三國分別受到共黨勢力侵擾的風雨飄搖之際。三國領袖高瞻遠矚，倡導成立亞盟，固然是應時之舉，但也顯見當時情勢險峻，正處於生死存亡關頭。

儘管「亞盟」組成之際的客觀環境如此險惡，她的存在卻給愛好自由民主、反對共產奴役的人們帶來無窮的希望，正猶如怒海中的孤舟對照明燈塔的期盼。「亞盟」也就在這種條件下篳路藍縷，逐漸跨出步伐，透過每年年會的召開，把關懷和溫暖帶到最需要的國家；每年一月二十三日定期舉辦自由日活動，結合各國愛好自由，唾棄共產暴政的人們，在自由民主陣營與共產極權陣營全面對抗的冷戰時期，放射出持久而穩定的光芒。

二、亞盟二屆大會

我國代表團參加亞盟成立大會回國後，立即於一九五四年七月一日正式成立亞盟中國總會，並獲得政府支持同意接受召開第二屆亞盟會議地主國的任務。亞盟中國總會馬上組織籌備工作小組，除從事一切部署外，並約請學者、專家、或對國際事務有經驗者，共同研擬亞盟憲章草案及反共行動綱領等重要文件。

在同年八月以後，美國策動東南亞國家籌組東南亞公約組織的計畫已告成熟，九月即將在馬尼拉召開外長會議。其中亞盟發起國菲、越、韓三國是應邀參加東南亞外長會議亞洲方面的主要國家（中華民國被排除在外），與我國無邦交者有印尼、馬來亞等國受邀參加；此外緬甸是左傾政權，印度盛倡不結盟主義，柬埔寨、寮國兩國又告中立，並未參加外長會議。在此同時，要求中國總會於三個月中邀請所有亞、太國家出席亞盟第二屆會議，幾乎不可能，於是預定十月召開的第二屆會議被迫順延。

面對國際情勢急速變化，籌備小組與我政府有關外交單位詳加研議後，決定從各方面管道與亞、太國家朝野作直接或間接接觸，包括日本、巴基斯坦、伊朗、土耳其、澳洲、紐西蘭、寮國、柬埔寨等地政府暨議會領袖，印尼、印度、尼泊爾、馬來亞、緬甸等國民間反共組織領袖，俱在我方分頭接觸、洽商名單之列。另外還透過與中國總會合作的「自由俄聯」（Union of Russian Solidarists）駐華代表與歐洲各國際反共組織取得連繫。同時委請亞盟中國總會常務理事杭立武大使，及當時任交通部次長的張壽賢先生擔任專使，分訪多國政要及議會有力人士。

經亞盟中國總會歷時數月的積極協調與策畫，準備應邀出席亞盟第二屆會議或申請入盟的國家與國際反共組織，除原有發起國家和地區的八個單位外，計有日本、伊朗、巴基斯坦、尼泊爾、寮國、柬埔寨、印度等國；而要求以觀察員單位參加會議的也有澳洲、紐西蘭、西班牙、印度、緬甸等國反共領袖，以及歐洲「反布集團（Anti-Bolshevik Bloc of Nations）」等國際反共組織。

有了這些國家、地區與國際組織的申請，亞盟中國總會即遵照第一屆會議授權，於一九五四年底發出正式邀請書，準備於隔年二月召開亞盟第二屆會議，討論亞盟憲章與行動綱領。

二屆大會召開前，我國籌備小組向韓方負責人李範寧主席以及李承晚大統領會報整個流程，除告知開會日期外，並說明介紹、邀請對象及申請入盟國家、地區和國際組織。邀請書發出後，韓國總會主席李範寧即奉李承晚大統領之命，以日、韓尚未復交，戰後兩國關係日趨緊張，電函中國總會理事長谷正綱堅決反對日本加盟或與會列席。

中國總會以此舉違反亞盟第一屆會議擴大基礎的決議，及對地主國中國總會的授權，且戰後日本已步上復興之路，正是亞洲自由國家亟應爭取加入反共聯合陣線的國家，更何況在日本親共勢力阻撓下，朝野間有識之士仍願意發起擁護亞盟運動，實值得鼓勵。其次，邀請書既已發出，若有反覆，有損我國際信譽，對中、日邦交亦有妨礙。經我國反覆函商，始終未獲韓方同意，因會期召開在即，爲解決這兩難問題，中國總會遂派常務理事杭立武及祕書長包華國二人專程赴韓折衝，希望韓方能以亞洲反共大局爲重，包容日本的加入。但是李承晚大統領堅持不允，幾經折衷，韓方始同意中華民國以地主國地位，可自行決定邀請對象的原則；中國總會則同意暫時不給日本會員資格，改以觀察員身分邀請，直至韓國同意後，才給予日本正式會員身分。在取得韓國諒解後，中國總會才正式發出第二屆亞盟會議開會通知書。

由於這番波折，延誤了原訂二月第二屆大會召開時間，改於一九五五年五月十二日在臺北舉行。就在各國回函陸續寄達、籌備會也已召開、所有議程均已議定，各國代表團紛紛就道或正整裝待發之際，韓國總會再度電函推翻前案，堅決反對日本參加二屆大會，甚至表態不惜退出亞盟，堅拒日本入盟。蔣總統即命杭立武、包華國再度赴韓協調，可惜談判再陷僵局。

另一方面，由於時間急迫，各國代表均已束裝抵臺，爲了希望有日本這樣重要的盟國加入，又不願得罪韓國，中國總會彙納各方意見後，機動調整方略，到了會前一天（五月十一日），才決定將二屆大會順延，惟臺北的會照開不誤，不列爲亞盟正式會議，並且馬上做了兩點補救措施：

第一，對於已到達臺北的各國代表，召開談話會，報告反共聯盟成立主旨，以及各國反共活動情形與經驗的交流，我國將反共經驗做成各項簡報，向與會者說明，並邀請他們參觀反共救國團、反共抗俄婦女會、青年反共機構、退除役官兵輔導委員會和情治單位等設施，以及介紹如何防禦共產黨的滲透，並在各大學加強青年的軍事教育等等。

第二，中國總會與中日文經協會及聯合國同志會等會員單位，舉行中、日文經合作座談會，討論中日關係未來的發展。此項座談會意外有了重大收穫，就是翌年促成「中、日合作策進委員會」的成立，張群祕書長是重要推手，這個委員會後來成爲建立中日民間合作關係的重要基石。日本代表團成員中，包括國會議員船田中、執政黨最高委員北聆吉及帝國大學教授渡邊鐵藏，以及前任文部大臣大達茂雄等具有影響力的反共領袖，他們感恩蔣總統對日德政，並認清反共重要性，日後均是日本亞盟總會的中堅分子，對亞盟運動在日本推展，極具貢獻。這樣的結果可謂「失之東隅，收之桑榆」。

一九五二年四月二十八日《中華民國與日本國間和平條約》，又稱《中日和約》在臺北簽署，同年八月五日雙方換文生效。該條約是中華民國與日本兩國之間的和平條約，明定中華民國與日本之間的戰爭狀態，自條約生效之日起即告終止，日本放棄對於臺灣、澎湖群島以及南沙群島、西沙群島之一切權利、名義與要求，也放棄了自《辛丑條約》以來在中國的一切特殊權利及利益，將開始經濟方面的友好合作，儘速商訂兩國貿易、航業、漁業及其他商務關係的條約或協定。《中日和約》的簽定，鞏固了中華民國政府是「中國合法政府」的地位。

亞盟二屆會議臨時宣布延期後，中、韓、菲、越繼續折衝日本入會問題。一九五五年七月十二日，韓國總會主席李範寧電函谷正綱先生，提出四點意見，表示不願影響中日邦交，亦不願放棄堅拒日本與會主張，提議易地召開會議，由新地主國刪除對日本的邀請。經多方研議，中國總會相忍為謀廣大團結、鞏固亞盟基礎，同意易地開會，但對邀請反共國家入會，則堅持應先確定，再行召開二屆會議的原則。此議經菲律賓首席代表霍南德斯首先贊同，並願意由菲律賓接任第二屆會議地主國，惟主張先由亞盟發起國八個單位首席代表在臺北或馬尼拉召開預備會議，以協調歧見，磋商新會員入會原則，及研究亞盟憲章草案內容，再提送二屆大會通過。經中、韓、越及各發起單位同意，決定一九五五年九月十六日在菲律賓馬尼拉市召開第二屆大會預備會議。

預備會議在馬尼拉哥倫比亞俱樂部召開，出席菲律賓代表四人、韓國代表六人、越南代表九人、琉球代表一人及港澳代表數人，我國由杭立武一人參加。會議以祕密方式舉行，由菲首席代表霍南德斯任主席，主要議程爲：一、起草憲章草案交二屆亞盟會議批准；二、決定二屆會議召開事宜。

關於憲章草案討論，先決案件仍爲新會員的入會原則。杭立武先生根據第一屆會議擴大基礎的原則，力持多數決民主方式，韓方代表則堅持一致決主張。一致決方案可能有類似聯合國否決權遭到濫用的嫌疑，故爲多數代表團所疑慮。最後通過越南代表團所提折衷案，即新會員如係反共國家，採多數決；反共以外的國家，行四分之三表決；並由中、菲、韓、越四國另組審查委員會，負責審查新會員國反共立場。其餘憲章條文，均依我國所擬文字酌予修正後通過。

關於二屆會議的日期與地點，經討論後一致通過仍請中華民國任地主國。但杭立武聲明，此項決議須俟中國總會同意後始得生效。經再協商後，最後決定二屆大會訂於一九五六年三月九日在馬尼拉海軍俱樂部舉行，除泰國首席代表倪迪斯因政局變化失去聯絡未能出席，其餘各發起單位均組團參加，另有美國歐洲婦女自由協會主席吳生夫人以觀察員身分列席。基於亞盟反共立場，希望有更多其他洲區會員，但在亞盟名稱下，亞洲以外國家暫以觀察員身分加入。由於二屆會議將討論憲章中有關新會員入會問題，所以原中國總會所邀新會員單位均暫不邀請，日本當然也不再受邀之列。

一九五六年三月九日亞盟第二屆會議於菲律賓馬尼拉市召開，會中討論「現階段亞盟會員單位之共同行動綱領」及亞盟憲章，爲亞盟反共運動發展訂定基礎。大會由菲律賓首席代表霍南德斯擔任主席，菲律賓副總統（副總統一九五三～一九五七；總統一九五七～一九六一年）加西亞（Carlos Polistico García）接待各國代表團並發表演說，報告該國反共成果與決心，並強調對亞盟的支持與厚望。

會中對於入會資格條文的修改，韓國仍不放棄一致決主張，力圖改變預備會議的決定，並引發激烈爭辯，最後大會表決修正通過，入會資格爲四分之三表決。至於新會員的提名，暫不列入討論，由中、韓、菲、越四國審查委員會在擴大基礎原則下商討決定。並附以三年內不得修改憲章條款之文字，奠定亞盟日後穩定發展的基礎。

二屆大會還通過我國代表團提出的共同行動綱領，其要點為：

一、呼籲亞洲人民不分種族、國籍、性別、宗教、政治信仰、職業階層、緊密團結，一致反共。

二、擴大並鞏固亞洲已有的反共組織，且在此基礎上，促進亞洲各國政府與政府之反共合作。

三、建立亞洲以及泛太平洋地區自由國家的集體安全組織。

此外，鑒於中共是亞洲動亂禍源，在亞盟憲章條文中確立「中國問題為亞洲當前的首要問題」，同時大會呼籲自由國家摒棄中立主義，對中共實施禁運，更呼籲美國協防金、馬。

三、亞盟第一次臨時會

一九五六年九月五日，亞盟在越南西貢舉行籌備委員會會議，由中、菲、越、韓四國代表參加。這次會議主要目的是爲會商隔年第三屆大會的籌備工作，及建立審查會員資格制度。這時我國的態度仍然希望日本能早日入盟。

根據亞盟憲章第五章第十二條規定，亞盟應設置理事會，由各會員單位各派一人組成之。委員會認爲應儘速成立理事會，作爲決策機構，以避免總是由發起國家全權決定，有失公允。另外，我國代表團鑒於中、俄共侵略亞洲行爲，遂提議召開理事會議及亞盟臨時大會，商討防範措施，經委員會一致通過，訂於十一月三日在馬尼拉召開亞盟理事會及亞盟臨時大會，追認此次會議決議。

十一月三日亞盟第一次臨時大會在馬尼拉舉行，出席會議有我國代表團谷正綱、黃朝琴、包華國、魏景蒙和顧問董宗山（曾任緬甸大使）五人，韓國代表團代表孔鎭恆、白樂濬、黃聖秀、金任鎬及美籍顧問克蘭五人，越南代表阮芳涉、陳心、阮泰三人，菲律賓代表霍南德斯、盛德斯、羅雲翁、阿樂欲、米爾和羅沙端阿等六人，泰國代表布南法列藩一人，琉球代表蔡璋一人。另外，澳門代表容海襟和香港代表葉天聲因簽證不及，未能與會。

召開臨時大會前，先由各國首席代表舉行理事會，選出我國首席代表谷正綱先生擔任第一屆理事會主席，根據憲章第七條第二款規定，批准召開臨時大會。臨時大會由菲律賓首席代表霍南德斯擔任主席。

此次臨時大會是爲肆應當時亞洲情勢需要而召開。其時，中共在蘇聯驅策下積極部署新的侵略：一是趕築與西伯利亞鐵道銜接貫通中國大陸的兩條鐵路，並在北京召開共產黨「八全大會」，邀請蘇聯最高蘇維埃主席團主席米高揚（Anastas Hovhannesi Mikoyan）及其他五十七個共產國家代表參加，妄稱要「美國帝國主義退出亞、非陣地」；另一是策動北越侵占緬北，威脅泰國，揚言要以武力奪取臺灣。亞洲面臨韓戰以來另一次共黨侵略之危機，亞盟各會員國認爲事態嚴重，乃召開此次臨時會議。會中呼籲反對中共進入聯合國，及支持韓、越兩國加入聯合國，因適逢歐洲匈牙利爆發反共革命，也通過援助匈牙利反共運動的提案。

第二節　亞盟運作開始啓動

一、穩定成長的亞盟

一九五七年越南接辦第三屆亞盟大會，會議自三月二十七日至四月二日在西貢市政廳舉行。出席會員有澳洲、中華民國、越南、香港、澳門、馬來亞、巴基斯坦、菲律賓、琉球、新加坡、泰國、土耳其等十二個單位，觀察員有反布集團（ABN）、捷克、希臘、印尼等四單位。我國代表團代表有黃朝琴、劉鵬九、魏景蒙、包華國等人，谷正綱先生任首席代表兼團長。

大會決定成立亞盟理事會，以及在西貢設立亞盟祕書處，由中華民國總會谷正綱理事長擔任首屆亞盟理事會主席，越南阮君（Ngayen Hwm Thong）爲首任祕書長。會中並通過亞盟大會議事規則，亞盟從第三屆年會起，逐漸步向常軌。

一九五七年九月二十六日亞盟第一屆理事會第一次會議在臺北召開，各國理事及代表三十餘人出席，谷正綱先生以本屆理事會主席身分主持會議。是次會議商討亞盟工作綱要、祕書處組織規程及經費籌措辦法等議案；並授權谷先生代表亞盟，與拉丁美洲反共聯盟商討籌開世界人民反共會議事宜。十月六日谷正綱先生以亞盟理事主席身分，邀請拉丁美洲反共聯盟主席波托海軍上將及該聯盟祕書長勞倫斯來華訪問，商討召開世界人民反共會議事宜，爲日後世盟組織的發起敲響第一聲鑼鼓。[1]

一九五八年四月二十六日至三十日，亞盟第四屆大會在泰國曼谷舉行，開幕典禮由理事會理事主席谷正綱主持，泰國總理他儂因參加東南亞公約組織會議，不克親臨，特致書面賀詞，會議由泰國乃他威博士（Plang Phloyphron）擔任主席，歷時五日。本屆會議重要決議有：一、通過「亞洲人民反共基本認識」案，向各國人民加強宣傳；二、通過成立政治、經濟、社會、文化四常設委員會，並推由中、泰、菲、韓

【1】一九五八年三月二十日 世界人民反共會議籌備會議，在墨西哥城舉行。出席者有亞盟代表及拉丁美洲反共聯盟代表，以及美國、加拿大、歐洲反共領導人士等共六十餘人。會議歷時五日，由拉丁美洲反共聯盟主席波托海軍上將及亞盟理事會主席谷正綱先生共同主持，通過組織籌備委員會，確定經費來源，設祕書處於紐約，推定各洲區負責動員人選，大會開幕日期則定於一九五八年十月二十三日匈牙利反共革命兩週年紀念日舉行。

四國分任召集人；三、通過「打擊共產集團在亞非地區陰謀之對策」；四、由亞盟祕書處發行中英文《自由戰線》月刊。

一九五九年六月一日亞盟第五屆大會在漢城召開，會議由當屆亞盟理事會主席白樂濬博士（L. George Paik）主持，出席觀禮有韓國全國政府首長、各國駐韓使節，及韓國各界代表六百餘人，完全是官方形式，顯示韓國對亞盟的重視。

大會成立五個委員會分組討論：第一委員會研討分裂國家之統一；第二委員會研討中共人民公社及解救中國大陸人民；第三委員會研討民族主義與共產主義的分別；第四委員會研討美國在自由世界之責任；第五委員會起草宣言暨審查決議案。可惜這些委員會後來都未發揮作用。

韓國對亞盟活動非常積極，特地配合大會活動舉行軍事演習，以示反共決心；還舉辦反共國民精神總動員活動，發動萬人參加遊行。大會還因李承晚提議，通過「支持亞盟發展成世界性反共組織」及「支援西藏抗暴革命」，譴責中共侵略、不人道行爲。此次大會首次出現組織世盟的動機，同時大會還通過促請國際奧林匹克委員會恢復中華民國會籍案。

此外理事會會議一致支持谷正綱續任下屆理事會主席，由越南陳心出任祕書長，並決議請我國擔任下屆亞盟會議的地主國。

二、亞盟首會中華民國

亞盟成立以來歷經波折，終於在一九六〇年六月十五日在臺北召開第六屆大會。此時會員總數已有十八個國家會員單位，日本亦正式加盟，另有歐、美、非各洲十二國的觀察員單位，成為亞洲地區具有影響力的國際民間組織之一。此後十餘年，中、韓、菲、越、泰、日六國輪流主辦亞盟大會，在亞盟扮演主導地位。

此次會議由亞盟中國總會負責籌備，谷正綱先生以亞盟理事會主席身分擔任大會主席。副總統陳誠應邀在開幕典禮致詞，指出共產黨「和平共存」、「反帝國主義」及「民族分化」策略的陰謀，希望大會負起加強宣傳、建設及團結的三大反共任務。

六屆大會有幾項決議：一、決定會徽；二、決定「一二三」自由日為每年的集會日。另鑒於二次世界大戰後，歐亞兩洲部分國家被共產極權關進鐵幕，陸續引發各地抗暴運動，最顯著的是一九五三年東德大罷工，刺激東歐國家波蘭、匈牙利跟進響應抗暴，接著一九五九年又發生西藏抗暴革命，達賴喇嘛帶領西藏人出走。美國國會屢見抗暴運動犧牲慘烈，便在一九五九年七月通過「支援被奴役國家週」提案，美國總統艾森豪根據決議，宣布這一運動每年七月第三個週日舉辦。亞盟在臺北召開大會時，也呼應艾森豪的號召，通過響應「支援被奴役國家週」提案，納入亞盟例行活動，同樣訂於每年七月第三個週日舉辦。

1960年亞盟第六屆大會在台北召開，與會代表合影。

一九六一年五月二日亞盟第七屆會議於菲律賓馬尼拉市舉行，出席單位計有澳洲、中華民國、錫蘭、香港、伊朗、日本、約旦、韓國、利比亞、澳門、馬來亞、紐西蘭、北婆羅洲、巴基斯坦、菲律賓、琉球、泰國、土耳

1961年總統蔣中正與出席亞盟第七屆會議各國代表合影。

其、越南等會員，以及雷堡市剛果、布拉薩市剛果、馬達加斯加、賴比瑞亞、摩洛哥、黎巴嫩、法國、美國、反布集團、國際對蘇政治作戰會議、歐洲被奴役國家委員會、美亞教育交換社、自由陣線、國際情報和活動委員會等十四個觀察員。從出席單位來看，亞盟運動已逐漸受非洲及中東國家的重視，參加會議的各地區代表，都是該國政府官員或執政黨支持的反共領袖，同時美國反共組織出席人數也是歷屆會議之最，這是本屆會議最大特色，也是亞盟運動走向世界性規模階段的開始，奠定日後成立世盟的基礎。

大會由亞盟理事會該屆理事主席馬尼拉市市長巴格辛（Ramon Delaraga Bagatsing）

主持，菲國總統賈西亞特派外交部長賽拉諾代爲宣讀賀詞，美國參議員陶德（Thomas Joseph Dodd，一九〇七～一九七一）爲大會演講人。當時因日內瓦會議壓迫寮國組織容共聯合政府，及聯合國主張剛果分割爲兩個國家，谷正綱先生針對此兩項問題，發表強硬演說，指出寮國若成立容共聯合政府，將爲共黨顛覆合法政府覆轍之重演；而剛果之分割，亦與團結亞、非國家之宗旨相違背。陶德參議員對谷理事長的灼見深表贊同，發言附和，大會決議電請聯合國對此二問題重新考慮。會議並以谷正綱先生爲生爲堅強反共鬥士，對亞盟運動貢獻卓著，特頒贈榮譽獎章一座，尊稱谷正綱先生爲「亞盟先生」。

本次大會首次分亞洲、中東和非洲三個地區分別討論，通過重要決議有：一、修訂亞盟憲章，增加「凡亞洲以外之自由國家及地區人民具有堅決反共意志，贊同亞盟憲章宗旨者，均得爲聯盟會員」規定，將亞盟基礎擴及世界各地；二、通過促請自由世界發起救濟大陸饑荒，並予大陸逃出難民以政治庇護；三、呼籲聯合國從速執行一九四八年違反巴勒斯坦難民的決案；四、亞盟單位確立推行自由日運動及每年七月舉行支援被奴役國家週運動。理事會則推選日本分會會長岸信介擔任理事會主席，籌畫下屆大會在日本召開事宜。

一九六二年三月韓國朴正熙就任總統後，鑒於東南亞共黨侵略，局勢日益危急，便由韓國分會發起，經徵得各會員單位同意，於五月十日在漢城召開第二次臨時大會。出席會議有澳洲、中華民國、香港、澳門、日本、約旦、韓國、馬來亞、尼泊爾、紐西蘭、北婆羅州、菲律賓、琉球、新加坡、土耳其、越南等十六個會員，以及加拿大、喀麥隆、布拉薩剛果、雷堡剛果、法國、印度、義大利、寮國、黎巴嫩、賴比瑞亞、馬拉加西、美國、西德國際新聞及社會活動委員會、自由太平洋協會、自由俄聯、和道德重整會[2]等十六個單位觀察員，規模之大，與亞盟正式大會無分軒輊，會後並有五萬人參加反共大遊行。

臨時大會由韓國分會負責人崔圭夏（曾任總理）主持，開幕時，韓國總統朴正熙親臨致歡迎詞，除盛讚八年來亞盟的成就外，並呼籲亞洲國家建立一反共防衛軍或

【2】道德重整會是由何應欽將軍領導的國際組織，其主旨是透過重整道德，在無形中發揚儒教，作為反共的宣傳。

反共防衛聯盟，以因應東南亞共黨侵略，隨即由派東南亞特使金鍾泌演說，強調建立「亞洲反共中心」的重要性。最後，大會通過在漢城成立亞盟自由中心，從事訓練反共幹部、研究反共理論和展開反共宣傳等工作。此外，為加強亞盟功能，韓國要求亞洲及西太平洋各國建立反共組織，並提議籌組援越志願軍，得到大會通過成立援助東南亞委員會，由中、韓、菲、泰、越組成，從事策畫籌組援越志願軍方案。

亞盟第八屆大會於一九六二年十月一日至五日在東京舉行。出席者有澳洲、中華民國、日本、約旦、韓國、馬來亞、紐西蘭、巴基斯坦、菲律賓、泰國、土耳其、越南、香港、澳門等十五個會員單位，及巴西、美國、西德、義大利、法國、瑞士、西班牙、印度、寮國、沙烏地阿拉伯、剛果、索馬利亞等二十三會員單位，會議規模越來越大。

大會由日本前首相岸信介以亞盟日本分會會長兼亞盟理事會主席身分主持，並由日本前駐聯合國代表加瀨俊一為代理主席，會中邀請前日本副首相石井光次郎擔任主題演講人，前美國副國務卿墨斐及前西德駐日公使柯脫發表演講。

中華民國總會理事長谷正綱先生，也報告中國大陸情況及「五月難民潮」發生後我國處理措施，懇切呼籲國際重視中共迫害大陸同胞之悲慘事實，並作有效制裁。

大會重要決議包括：一、籲請大韓民國與日本恢復正常關係（日韓兩國終於

1962亞盟第八屆代表晉見蔣中正總統伉儷。

1962亞盟第八屆代表晉見陳誠副總統。

在一九六五年六月二十二日簽訂韓日基本條約，兩國互設大使館，正式建立外交關係。）；二、修改聯盟憲章，在理事會下設執行委員會；三、呼籲國際團體救濟大陸逃至香港之難民，並予以政治庇護和人道照顧。

一九六三年十月二十四日，亞盟第九屆大會在越南西貢舉行，由越南國會議長兼亞盟理事會主席張永禮（Truong Vinh Le）主持。出席會員有中華民國、澳洲、香港、伊朗、日本、約旦、澳門、馬來西亞、紐西蘭、北婆羅洲、菲律賓、新加坡、土耳其、泰國、越南和剛入會的會員印度、寮國等，以及觀察員智利、義大利、西德、黎巴嫩、沙烏地阿拉伯、賴比瑞亞、反布集團、歐洲被奴役國家委員會、國際新聞及社會活動委員會、自由太平洋協會、匈牙利反共鬥士組織、亞非理事會、國際對蘇政治作戰會議、美亞非教育交換社和美國海外退伍軍人協會等。其中匈牙利反共鬥士組織是因一九五六年匈牙利抗蘇聯運動遭鎮壓，流亡至海外的團體。

谷正綱先生率團參加並在大會開幕時以「加強反共團結，摧毀亞洲共產鐵幕」爲題致詞，也代表中華民國代表團向堅決反共的越南共和國吳廷琰總統、堅強反共的越南人民，與並肩英勇作戰的越南和美國將士表達至誠敬意。

大會分為四個委員會進行，並推選谷正綱先生擔任下屆理事會主席。這次會議重要決議有：一、反對日本貿易資助中共大陸；二、解除當前東南亞危急局勢，要求反

1963年亞盟第九屆代表在西貢與越南總統吳廷琰合影。

1963年亞盟第九屆大會在越南西貢舉行。

共國家共同防衛；三、致電要求日本池田首相制止將義士周鴻慶遣返大陸。周鴻慶是中共訪問日本技術團團員，在東京投奔自由，日本政府無意給予政治庇護，當時駐日大使張厲生屢次交涉，但日本害怕得罪中共，犧牲正義，最後將周鴻慶遣回大陸。爲此，國內掀起一股反日風潮，發起控制日貨運動，抗議日本漠視人權與正義。

此屆會議的舉行，適值國際局勢由於蘇聯與中共衝突發生鉅大變化，而會議舉行地點又在全世界反共戰爭最激烈的越南，其意義至爲重大。

三、亞盟會議重返臺北

中華民國總會卯足全力，亞盟第十屆大會終於如期在一九六四年十一月二十三日重回臺北市召開。此屆大會召開於蘇共領導人赫魯曉夫被迫下臺，與中共核子試爆之後，但值越南戰爭激烈、國際姑息主義瀰漫之際，其意義與以往至爲不同。

來臺出席會議的計有：澳洲、香港、印度、伊朗、日本、約旦、大韓民國、寮國、賴比瑞亞、澳門、馬來西亞、紐西蘭、巴基斯坦、菲律賓、琉球、索馬利亞、泰國、土耳其及其越南共和國等二十會員個單位，以及全美反共會議，美亞非教育交換社，反布集團，歐洲被奴役國家委員會，比利時、加拿大、國際新聞與社會活動委員會、國際反蘇俄政治作戰會議、美國百萬人民反對共匪入聯合國委員會、雷堡市剛果、英國、法國、自由太平洋協會，西德、拉丁美洲反共聯盟、意大利、肯亞、黎巴嫩、馬拉加西、馬爾太、美國被奴役國家週委員會、自由俄聯、沙烏地阿拉伯、西班牙、瑞典及瑞士等二十六個觀察員單位。但是，布拉薩市剛果因承認中共，原有代表已被拘禁，尼泊爾代表下落不明，錫蘭、緬甸代表均因爲各該政府拒發護照，觀察員亞非會議祕書長印度籍崔肯達夫人因未獲印度政府發給護照，均未能來臺參加會議。出席此次大會代表中，有曾任總統、總理、部長者，以及現任國會議長、議員、政黨領袖等，顯見亞盟已漸爲各自由國家所認同。

依照亞盟憲章規定，亞盟會議每年舉行一次。第九屆亞盟會議在西貢舉行，時爲一九六三年十月，依規定第十屆亞盟會議應在一九六四年十月舉行，卻因下列原因而推遲舉行：

㈠ 十月爲東京世運會會期，來往旅客頻繁，屆時航線勢必擁擠異常，且甚多參觀世運旅客順道來臺觀光，如大會於此時舉行，旅館交通都成問題。

㈡ 十月份是我國慶典眾多的一月，回國觀光或參加國慶紀念的華僑達數千人，旅館設施雖已有增設，但其容量尚不足以容納各地中外賓客。

㈢ 大會為應需要，須洽借一具有國際水準設備的會場，而此一會場僅有新開設的國賓飯店具備，但須延至當年十一月下旬始可使用。

㈣ 十一月上旬為美國大選之期，以美國為今日世界的領導者，其總統選舉關係世局至大，大會為針對國際局勢發展，提出各項政治主張，會期自宜擇定於美國大選後舉行為妥。

基於以上原因，亞盟中華民國總會自當年六月起，便先後與亞盟各執行委員單位及其他會員單位函電商洽，並於九月距離大會三個月前，正式通知各會員及觀察員單位，第十屆亞盟會議訂於十一月二十三日至二十七日舉行。

大會開幕典禮由谷正綱先生以理事會主席身分主持，中外貴賓六百餘人與會，蔣中正總統親臨致詞，讚揚亞盟成立十年來的成就，稱譽亞盟為「反共十字軍」。蔣總統指出，中共核子試爆對政治上、心理上的影響不容忽視，自由世界以往對中共意外寬容，乃「齎盜以糧」，亦即「開門揖盜」；同時指出自由國家若存有以蘇聯制中共，或以中共制蘇聯之幻想，將肇致「前門拒虎，後門進狼」的惡果。

1964年美國副總統尼克森應邀訪台並出席亞盟會議。

1964年美國副總統尼克森應邀訪台並出席亞盟會議。

大會期間，美國前副總統尼克森曾蒞會參觀，並發表演說，強調亞洲前途繫於亞洲人民，亞洲人民必須自己領導自己，自己決定亞洲的局勢。對於越南問題，尼克森特別強調必須在短期間內解決，否則越南即將喪失，他還讚揚大會所提有關反對越南中立化決議案的正確，並謂即使越戰獲得勝利，但整個亞洲問題的解決，仍需繼續奮鬥。

大會除通過理事會所有決議事項外，並全體一致鼓掌通過韓、菲、越、日、泰、中所提以出席大會四十七個國家地區及組織之代表與觀察員名義致電美國詹森總統案，促請全世界一致呼籲美國放棄行之無效的圍堵嚇阻政策，將戰爭推進到共黨統治區域去。

繼通過自由世界對中共原子試爆因應對策案，譴責中共原子試爆，並支持中華民國反攻大陸，最後還通過反對中共入聯合國案，本案於全體一致表決通過後，即由美國百萬人民反對中共入聯合國代表威廉羅休先生向大會建議，將本案在美國大量印製決議案全文，向美國人民公開分發，並作其他宣傳之用，以增加美國人民對中共進入聯合國問題的了解。

修正亞盟憲章，也是十屆亞盟大會的一大成就。亞盟憲章自一九五五年第二屆會議通過，已有九年餘，其中有關條文亟應補充修正者甚多，以往各會員單位雖均有此感覺，但因亞盟會議集會匆促，始終未克予以修正。本屆大會既由我國籌備召集，爲充實亞盟基本大法，使之更完整及適應需要起見，我國總會於會前半年即著手研究，並於完成修正初稿的甲乙兩案後，先分函各執行委員單位徵求意見，俾在會前溝通觀念，有助於大會時的討論。

另外，由於受到越南戰局不穩的影響，執委會也未雨綢繆表決通過亞盟祕書處自西貢遷設至馬尼拉，及祕書長由菲律賓亞盟總會副主席霍南德斯擔任。同時也應越南所提在西貢設置亞盟常設機構的問題，決定亞盟祕書處下增設副祕書長一人，人選由越南亞盟總會提名負責主持此一常設機構事務，所有有關亞盟各會員單位支援越南的捐助物資，均透過此常設機構辦理，以便亞盟對支援越南更能具體切實。

大會還通過十一屆會議於一九六五年在馬尼拉舉行，並推選菲眾議院議長維拉勒爾（Cornelio T. Villareal）爲理事會主席。按自六屆亞盟會議以後，亞盟理事會主席人選已不成文的推由下屆亞盟會議召集單位負責人擔任，以利籌備工作。

一九六五年九月七日，亞盟第十一屆大會在菲律賓馬尼拉舉行。出席會議者有二十一個會員單位，二十二個觀察員單位，共計一百五十餘人。會議歷時五日，由菲律賓國會議長、亞盟理事會理事主席維拉瑞爾將軍主持。谷正綱先生以「從速建立亞洲自由國家反共聯盟」爲題在開幕典禮致詞，指出世界動亂的中心在亞洲，世界安危的關鍵也在亞洲，從亞洲自由力量與共產勢力長期鬥爭，尤其是從越南戰爭的經驗來看，很顯明的看出了幾個重要事實：第一、自由與奴役不能併存；第二、姑息主義不能消弭共產主義的威脅；第三、圍堵政策不能阻遏共產侵略的擴張；第四、和平談判是共黨企圖在會議桌上奪取戰場上所不能獲得利益的戰術；第五、自由國家孤立奮鬥，終將被共黨各個擊敗。因此希望亞洲自由國家從速建立一個軍事聯合體系之反共聯盟，共同致力解放亞洲鐵幕。

此次會議重要決議有：電請美國總統支持中華民國在亞洲開闢第二戰場；籲請中、菲、韓、越、泰五國籌組十萬援越志願軍；籌組亞洲人民志願工作團，派遣醫療、農工、技術、社會福利及難民救濟等工作團赴越南協助越政府工作等。

一九六六年十一月三日，亞盟第十二屆大會在韓國漢城舉行，爲期六日。此次會議以擴展亞盟爲世界人民反共聯盟爲主要議題。出席之單位包括亞洲、澳洲、非洲各重要國家共二十三個會員單位，觀察員則有歐美及中東共二十六個單位。此外，中華民國、日本、美國、菲律賓、韓國、越南、印度等七國代表團均有青年代表參加。開幕典禮，有三千餘人參加，韓國大統領朴正熙親臨致詞，力主擴大亞盟組織爲世界反共組織。谷正綱先生在開幕典禮中則以「以自由爲基礎的和平，才是眞正的和平」爲題致詞。

1966年蔣中正總統伉儷接見出席亞盟會議代表。

此次會議重要決議計有：

㈠通過世界反共聯盟憲章。

㈡推選谷正綱先生爲下屆理事會理事主席。

㈢決定世界反共聯盟成立大會及第十三屆亞盟會議於一九六七年在臺北市召開，由中華民國總會負責籌備。

㈣確定世界反共聯盟設永久祕書處於漢城。

四、亞盟轉型在即

至一九六六年，亞盟正式會員已增至二十六國。在漢城舉行的第十二屆大會決議擴大組織，並通過世界反共聯盟憲章，世盟乃於一九六七年六月在臺北成立。世盟誕生後，亞盟遂以孕育世盟的母體轉化成世盟的洲際組織，但仍維持其獨立性與自主性，與世盟密切配合。

至於亞盟祕書處，自一九五七年在西貢成立之後，即負責執行大會決議及從事會員國間的聯絡協調工作。後因越南政局不安，祕書處曾於一九六四年暫移馬尼拉，由菲會長霍南地斯先生任祕書長；一九六七年亞盟第十三屆大會又決議亞祕處遷回西貢，改選杜登功先生任祕書長。至一九七五年越南淪亡後，亞盟第二十一屆大會在東京開會，討論祕書處設置地點，當時中、日、韓三國均有意爭取，後經協商決定在中華民國臺北重設祕書處，並推選杭立武先生擔任祕書長。

第三章　打造世界級的反共舞臺

一九五四年六月亞盟正式成立，因爲我國反共經驗豐富，又站在反共最前哨，於是我國代表團團長谷正綱博士即被公推爲亞盟主席，正式展開亞洲抗共活動，也揭開了他反共志業的序幕。

亞盟誕生後，發展迅速，許多亞洲以外的反共團體也認識到力量集中的重要，紛紛要求加入這個反共的隊伍。韓國大統領朴正熙在亞盟第十二屆年會上倡議成立世界反共組織，谷正綱先生又責無旁貸，協調聯繫，制訂章程，於是世盟在各方催促下在臺北成立，谷先生眾望所歸，又被推爲世盟主席。世盟會員國遍布歐、亞、非、南北美洲、澳洲等全球各大洲，形成波瀾壯闊的反共浪潮。

第一節 世盟第一屆會議風雲際會

一、會議時代背景

世盟第一屆會議舉行的當下，共產主義運動危害人類已超過一個世紀（共黨第一國際始於一八六四年，讓二十世紀人類社會陷入大範圍衝突、動盪的絕境），蘇聯布爾什維克政權建立滿五十週年之時（Bolshevik，一九一七年布爾什維克通過十月革命以暴力奪取了俄國政權，即日後的蘇聯共產黨）。全世界七十六個國家、地區及反共組織領袖，一起訂定全球性反共策略，及增進自由世界互助合作之道，顯示它重大的時代意義，一個新的歷史階段已經來到。尤其此一全球性反共盛會，選定在反共立場堅定、反共鬥志旺盛的中華民國復興基地臺灣召開，意義特別深重。在當時全世界反共運動中，中華民國顯然已被公認是最重要的自由堡壘之一，而蔣總統當（一九六七）年三月所號召建立「討毛救國聯合陣線」目標，在世界範圍內已初步實現。

二、谷正綱擔當大任

一九六七年九月二十五日，第一屆世盟大會在中華民國臺北市陽明山中山樓盛大

1967年蔣中正總統在世盟第一屆大會開幕式中致詞並揮手致意。

1967年出席世盟第一屆大會各國代表。

召開，由亞盟中國總會理事長谷正綱博士獲選擔任大會主席，並成為世盟第一屆理事會主席。

1967年蔣夫人與出席世盟第一屆大會各國婦女代表合影。

1967年蔣中正總統接待世盟第一屆大會各國代表。

1967蔣夫人接待出席世盟第一屆大會各國婦女代表。

世盟大會是聯盟最高權力機構，世盟依據世界局勢演變及會務需要，每年召開一次大會，開會地點由分會申請，執委會決定，交由分會籌劃召開，邀請世界各國政要以及全世界愛好自由民主人士共同參與。因爲中華民國總會在世、亞盟向居主導地位，所以每次在臺北舉行的會議都格外盛大而周全，足以爲歷屆大會典範。從一九五四年到一九八七年第二十屆世盟大會與第三十三屆亞盟大會爲止，共有四屆世盟大會、七屆亞盟大會（其中四屆與世盟聯合舉行）在臺北召開，主其事的中華民國總會理事長谷正綱先生無役不與，功不可沒。

世盟第一屆會議，是史無前例的全球性反共聯合陣線大會。一九六七年九月二十五日至二十九日，這個象徵全世界反共力量大結合的盛會，在中華民國臺北市召開。出席會議的國家或地區單位，計有：阿根廷、澳洲、巴西、加拿大、錫蘭（今斯里蘭卡，一九七二年以前稱錫蘭）、中華民國、布市剛果（Republic of the Congo，剛果共和國，簡稱剛果，首都在布拉薩市Brazzaville）、金夏沙剛果（Democratic Republic of the Congo，剛果民主共和國，舊稱薩伊，首都在金夏沙 Kinshasa）、哥斯大黎加、多明尼加、厄瓜多、法國、香港、印度、印尼、伊朗、日本、約旦、韓國、寮國、賴索托、利比亞、澳門、馬拉威、馬來西亞、墨西哥、荷蘭、紐西蘭、巴基斯坦、巴拉圭、祕魯、菲律賓、琉球、索馬利亞、瑞典、泰國、土耳其、烏拉圭、越南、奧地利、比利時、玻利維亞、查德、智利、哥倫比亞、德國、希臘、瓜地馬拉、宏都拉斯、義大利、牙買加、科威特、黎巴嫩、馬拉加西（今馬達加斯加共和國）、挪威、葡萄牙、沙烏地阿拉伯、英國、西班牙、美國、緬甸、尼泊爾、肯亞、新加坡等六十四個單位。國際反共組織計有：國際情報與社會活動委員會、國際對蘇聯政治作戰會議、泛美防衛聯盟、自由太平洋協會、尼加拉瓜反共委員會、美國之中國教士委員會、印尼反對中共侵略委員會、美國天主教基金會、墨西哥反共聯盟、薩爾瓦多人民獨立陣線、世界佛教僧伽聯合會、世界自由青年十字軍等十二單位，各單位代表和觀察員，多達二百三十人，都是各該地區富有聲望與具有影響力的反共領袖。

三、亞盟世盟一脈相承

世盟是由亞盟孕育和誕生的世界性反共組織。一九五四年亞盟創立時，在其會議宣言序文中即闡明：「我們更願普遍爭取世界上一切愛好自由的人民，並各自獲致其本國政府之同情合作，積極參加，以完成我們的使命。」顯示亞盟在創立之初即有進一步擴大建立世界性反共聯合戰線的願望。直到世盟誕生，亞盟為實現此一目標，奮鬥已歷時十多年。

亞盟在第二屆會議中制訂憲章，在「前言」也表明：「應該與世界各國及地區的反共人民聯合起來共同奮鬥。」所以自第三屆大會（一九五七年）起，會員和觀察員單位逐屆都有增加，所代表地區早已超越亞洲而擴及全球各洲。特別是非洲、中東各國、澳洲、紐西蘭等國陸續參加，所以到第七屆會議時（一九六一年），乃透過憲章修正案，將關於「會員」的第二章第二款增修爲：「亞洲區以外的所有自由國家及地區的人民，具有同樣堅決與積極的反共意志，並贊同本聯盟宗旨者，亦可申請爲本聯盟的會員」。從此，亞盟在精神上和組織基礎上，都已顯示出具有世界性組織的雛型，會員數到世盟成立前已由八個單位增至二十七個單位，地區領域也不只限於亞洲地區，擴及澳洲、非洲；觀察員更遍及世界各地區重要國家。

亞盟組織日益壯大，成員代表的地區日見廣闊，許多亞洲以外國家的反共組織及民間領袖均切望加盟，惟因亞盟名稱的地域性而有所扞格。因此，擴大亞盟組織，或以亞盟爲基幹創立一世界性反共聯盟，早被認爲具有迫切需要。同時，也係適應當時反共鬥爭情勢應有的發展。

一九六六年十一月三日，亞盟在漢城舉行第十二屆會議，韓國朴正熙大統領在開幕典禮中強調：「爲了擊敗共黨的世界性威脅，自由人民的反共陣線必須擴大至整個世界」。朴正熙呼籲與會各國反共領袖，將亞盟發展成一個世界性的反共組織，更明顯的揭示了這一努力的方向。第十二屆大會第一次全體會議中，即通過由中華民國、澳大利亞、韓國、菲律賓、泰國、越南、賴比瑞亞、瑞典、義大利、美國、土耳其以及另三個國際組織的代表十五人，組成專案小組委員會，討論擴大組織案。經專案小組數度集會，熱烈討論後一致決議：「成立一個包括亞盟、其他區域組織和國際反共組織在內的新反共組織」，最後全體會議無異議表決通過「世界反共聯盟憲章」。

同時，大會以我國蔣中正總統是世界反共鬥爭的先進導師，中華民國具有數十年豐富反共鬥爭經驗，特別通過決議：世盟第一屆大會將在中華民國臺北市舉行，由亞盟理事會執行委員會的七個委員單位組織籌備委員會，負責籌劃舉行世盟第一屆會議及亞盟第十三屆會議事宜；並決議由亞盟理事會主席兼執行委員會主席谷正綱博士主持其事，同時推舉亞盟理事會菲籍祕書長霍南德斯博士（Dean José Ma. Hernández）爲世盟第一屆會議祕書長。

另外，值得一提的是：由於有越來越多各國政府高級官員列名亞盟會議代表或觀察員名單，顯見與會人士不再以民間領袖爲限。其實，亞盟一貫奮鬥目標，就是要由人民的反共團結開始，繼而擴大爲政府間的反共合作。因此，由亞盟擴大組成的世界反共組織，乃定名爲「世界反共聯盟」，不再標明「人民」字樣，明示其組織基礎已超越純粹民間性質反共組織的範圍。

四、制定世盟憲章

由於亞盟第十二屆大會中已無異議通過「世盟憲章」，並於一九六七年四月一日世盟第一屆大會召開前生效。憲章全文分八章卅二條，參加制訂世盟憲章的亞盟第十二屆會議代表們，在憲章前言明白標出：「茲鄭重接納此一基於亞洲人民反共聯盟原始精神和原則之世界反共聯盟憲章」，充分顯示這一世界性的反共組織，是由亞盟擴展而來，其組成先後有一貫性，對崇尚自由民主，反抗共產奴役侵略的目標是完全一脈相承的。世盟憲章並規定，亞洲人民反共聯盟仍爲世盟之下六個地區性反共組織之一，其他五個地區性組織分別是：北美洲反共聯盟、拉丁美洲反共聯盟、非洲反共聯盟、歐洲反共聯盟，及中東反共聯盟。毫無疑問的，亞盟乃是推動世盟工作發展壯大的核心和主力。

第二節 籌備反共大戲

一、中華民國總會責無旁貸

亞盟第十二屆會議，決定世界反共聯盟第一屆會議和亞盟第十三屆會議，於一九六七年內由亞盟中華民國總會負責籌辦，在中華民國臺北市舉行。谷正綱理事長隨即組成召開世盟第一屆會議暨亞盟第十三屆會議的籌備委員會，推定全國各界領袖二十五人為籌備委員會委員，谷理事長被公推擔任主任委員，積極展開兩項大會的籌備工作。

(一)籌備工作的進行

在工作發展分際上，分為亞盟執行委員會籌備工作小組、世盟會議籌備工作小組、籌備委員會祕書處及大會祕書處等四個工作階段：

1. 亞盟執行委員會籌備工作小組階段：籌辦召開亞盟年度執委會議，研商第一屆世盟會議及第十三屆亞盟會議各項事宜。

2. 世盟會議籌備工作小組階段：亞盟執委會議結束後，隨即著手進行籌開兩項會議的有關事宜，尤其著重於洽邀全世界各國具有影響力的反共人士來臺參加世盟會議，並與各國反共組織與人士進行會前聯繫協調工作，初步完成籌開會議各項部署，釐訂兩項會議籌備工作有關計畫、進度、章則與辦法等。

3. 世盟會議籌備委員會祕書處階段：這是兩會全部籌備工作的具體實施階段，一百四十五個單元項目均在此期間由各組室按預定計畫切實辦理，依進度次第完成。其中特別重要的，如：議事工作部署與準備，議案、宣言、共同綱領等的研擬、議程的安排，以及對會議中重要問題的擬議與會前協調等工作，均在短期間內逐一完成。

4. 世盟會議祕書處階段：自兩會祕書處成立至會議結束爲止，所有關於大會的各項籌備工作逐步付諸實施。世盟菲籍祕書長霍南德斯博士也從祕書處所在地韓國漢城來臺，會同中華民國總會籌委會主持祕書處業務，合力推動召開兩項會議各項準備工作。舉凡議事工作的安排、議案草案的修整、翻譯與協調提出、會場的布置、參觀訪問節目的安排聯繫、新聞的傳播等，均照表操作，逐步完成準備，使兩項會議得以順利完成。

(二)議題、宣言、綱領及日程的研擬

世盟第一屆會議的中心議題，經亞盟執行委員會一九六七年臺北會議通過其範圍爲：

1. 檢討當前國際形勢，研訂本聯盟現階段應有奮鬥目標與共同作爲，以維護人類自由與世界和平；

2. 亞洲爲當前世局之鎖鑰，在毛澤東製造「無產階級文化大革命」造成中國大陸極度混亂情勢下，如何促進亞洲集體安全，積極支援越南共和國及其盟軍贏取越戰勝利，爭取世界正義和平；

3. 增進自由國家與反共力量間的緊密團結與合作，及在各該國家間實施文化貿易交流，加強技術互助，加強民主建設，暨反共鬥爭經驗的交換；

4. 成立聯盟祕書處，籌建世界反共宣傳中心，積極強化聯盟組織和聯絡體系，與對共心戰工作；

5. 推進各地區區域組織的建立，暨研討下屆大會的日期、地點與召集國。

在這個框架下，作爲地主國單位的亞盟中華民國總會，對於議案的研擬，必須於事先做好必要準備，俾使世盟會議在內容方面豐富充實，從而對於團結全世界反共力量，打擊共產侵略勢力，發揮重大影響力。籌委會祕書處議事組根據這項原則，擬具有關政治、經濟、文化、青年、會務等各種提案，並邀請對各有關問題富有研究的專家、學者暨具有工作經驗的人員多次交換意見，確定提案目錄及內容要點，然後再由各有關專家起草內容文字，經反覆研商後擬定草稿，然後譯印成英、法、西班牙文草案在會中應用。

在宣言和反共共同綱領草擬方面，因爲世盟首屆會議在我國召開，目的在創造反共團結對我有利的新形勢並擴大政治影響，各種議案的內容至關重要，其中尤以「世盟宣言」及「世盟共同綱領」兩項文件代表世盟政治主張與奮鬥方向，關係至爲重大。籌備單位經邀約專家、學者、政論家和有關政、軍單位主管人員，多次集會研商後始擬定初稿。

㈢ 洽邀與會人士

這次會議在我國召開，事屬歷史創舉，規模的浩大也是空前。對於洽邀各國人士的聯繫工作，早在數月前便已積極著手進行，由於受邀對象所處的政治環境多有不同，中國總會洽邀與會人士所採聯繫方式就更形複雜。例如：

——對於與我有邦交國家代表與觀察員的聯繫，採取兩種方式：亞盟各會員及觀察員單位由亞盟中華民國總會聯繫，必要時透過我國駐外使領館協助。亞盟會員以外其他國家和地區人士，則大多透過我駐外使領館與新聞局駐外單位洽邀。

——對於與我無邦交而親西方國家人士的洽邀，採取一般函電方式，對於若干西歐國家，則委託我駐當地新聞機構洽邀。

——對於與我無邦交而親共黨國家人士的洽邀，又須視各該國政治環境而有不同，有的透過我國在各該地區或鄰近地區民間組織邀請，輾轉經由其鄰近友邦國家來臺與會，有的則由籌委會直接聯繫，但函件託人輾轉寄發，以免影響其成行。

由於此次會議邀請對象來自六十多個國家，情況錯綜繁複可想而知。但籌委會對各方代表的洽邀，始終把握兩項重點：

一是盡可能洽邀在該國家或地區富有聲望的人士參加，以強化各代表團陣容，擴大國際政治影響，而有助於今後世盟工作在各該國家的推行和發展。

二是透過外交部、新聞局、及中央通訊社等單位，廣泛蒐集各國反共組織及國際反共團體重要人士名單，俾供洽邀聯繫參考，以廣泛爭取各國人士對世盟工作的合作與支援。

來臺出席世盟第一屆會議的代表，包括六十四個國家暨十二個國際反共代表，連同我國代表共二百三十人。此外，另有緬甸、尼泊爾、新加坡、肯亞、剛果、賴比瑞亞、盧安達、尼日、葉門、瑞士、巴拿馬等十一個國家代表，原已決定來臺與會，卻因種種原因限制，臨時未能來臺。

二、會議經過

㈠籌備會議

亞盟執委會年會於五月八、九日舉行，由亞盟理事會主席谷正綱召集主持，其任務爲會商兩會在臺北舉行的各項有關籌備事宜。這是由亞盟執行委員單位負責人參與的會議，參加會議的七國亞盟執行委員單位代表是：

澳洲：康德修爵士（澳洲國會議員）。

日本：北岡壽逸博士（日本亞洲自由協會，即亞盟日本總會祕書長）、

參議員長谷川仁（前防衛廳政務次官）。

韓國：李應俊先生（亞盟韓國總會理事長）、

朴鎭龍先生（亞盟韓國總會祕書長）、

趙東河先生（亞盟韓國總會公共關係部部長）。

菲律賓：霍南德斯博士（亞盟祕書長、亞盟菲律賓總會祕書長）、

鄭良先生（菲律賓名評論家）。

泰國：乃屏將軍（泰國自由協會，即亞盟泰國總會主席）、

維本博士（泰國自由協會祕書長）。

越南：范友章博士（亞盟越南總會祕書長）、

杜登功先生（越南制憲國會議員）。

中華民國：谷正綱博士（亞盟中國總會理事長）、

曾虛白先生（亞盟中國總會常務理事）、

吳炳鍾先生（亞盟中國總會顧問）。

執委會重要決議包括：

——決定世盟第一屆會議自一九六七年九月二十五日起至九月二十九日止在臺北舉行（九月二十四日舉行預備會議）；九月三十日、十月一日舉行亞盟第十三屆會議。

——通過兩會中心議題。

——通過邀請參加世盟第一屆會議代表資格的原則：依據世盟憲章原則，除亞盟原有會員單位外，並洽請其他國家地區反共組織及國際反共組織重要領導人士。

——通過亞盟第十三屆會議參加單位，除亞盟原有各國及地區會員單位（中東及非洲單位，依世盟憲章規定，另成立區域組織，不在亞盟之列）外，其他各地區反共領袖及組織代表，願以觀察員身分與會者得邀請。此外，尚未參加亞盟的亞洲國家（除中東），爭取具有代表性與影響力的反共領袖及組織加盟爲會員單位。

——通過世盟會議議事規則草案，提世盟第一屆會議討論與應用。

——通過世盟常設祕書處設於韓國漢城，祕書處組織規程草案及祕書處三年工作計畫與經費預算。（第一年經費八萬美元，第二年十五萬美元，第三年十八萬美元。將聘任菲籍亞盟祕書長霍南德斯博士爲世盟祕書長）。

會中也就世盟第二屆會議及亞盟第十四屆會議主辦單位問題交換意見，除以美國爲擔任二屆世盟會議召集國最理想對象外，認爲越南、泰國、日本亦均甚適宜，當視世盟第一屆會議前各種努力暨情勢之演變，再行最後決定。

㈡預備會議

會議選舉第一屆會議主席，一致通過推選谷正綱擔任主席，旋即由主席提名世盟會議祕書長及副祕書長，通過霍南德斯博士爲世盟第一屆會議祕書長，黃紹祖、陸以正及吳炳鍾三位先生爲大會副祕書長，霍南德斯博士並獲提名爲世盟祕書長候選人，俟第一次全體會議投票定案。

預備會並討論世盟新會員入會程序問題，由於此問題相當繁複，引起出席代表熱烈辯論，墨西哥代表勞倫斯、加拿大的湯普生、伊朗的卡才彌、錫蘭的拉納維拉、希臘的達卡拉斯及泰國的維本等均發言，熱切希望世盟准許更多國家單位及國際反共組織在第一屆會議即成爲正式會員。谷正綱博士以主席身分歡迎一切擁護自由反對共產主義的組織加入世盟。依照世盟憲章的規定，會員入會申請，原應向執行委員會提出，但依照憲章第十一條規定，大會權力超越執行委員會，有權批准新會員入會申請，爲擴大並強化世盟組織基礎，及適應參與本屆會議許多國家及國際反共組織的要求與建議，乃決定由大會批准新會員的申請入會案。

㈢開幕典禮

世聯盟第一屆會議於九月二十五日在中華民國臺北市陽明山中山樓（前一年十一

月才落成啓用）隆重舉行。典禮由會議主席谷正綱博士主持，他在致詞時指出：世界反共聯盟的成立，是要以世界反共人民的團結力量，共同粉碎共黨狂妄的野心與威脅，阻遏共黨的侵略，撲滅世界禍亂的根源，以自由的火炬，照耀世界人民自由光明的前途。

訂定世盟憲章的亞盟第十二屆會議主席金貞烈將軍（Kim Chung-Yul），在演說中指出，不論何時何地，只要自由世界不對共黨屈服，共黨的威脅和侵略必可遏止。金氏還引述韓國總統朴正熙的話，強調必須具有反共的遠見，建立合作團結的基礎，採取堅定果敢的行動，才能戰勝共黨，他相信世盟組織的成立，就是反共勝利的前奏。

天主教臺北區總主教羅光，以法語宣讀教宗保祿六世對世盟首屆會議的賀詞，強調天主教和共產主義素來站在反對的地位，天主教反對共產主義，不僅是從宗教的立場出發，也是從人文精神方面出發；共產主義謊稱是替人民謀幸福，實際卻是使人變成共黨的奴隸。

沙烏地阿拉伯駐華大使孟固爾，用阿拉伯語宣讀沙烏地阿拉伯國王費瑟陛下的賀詞，指出世盟憲章揭櫫的目標，在使世界上所有人民實現自由生活及維護人類尊嚴。

越南前總理潘輝括博士，也以越語宣讀了越南國家領導委員會主席（國家元首）阮文紹將軍[1]的賀詞，強調在此艱苦時刻，吾人保衛自由之決心絕不能動搖。

世盟首屆會議收到各國政要之致賀函電達六十八件，賀詞宣讀後，大會主席谷正綱博士即恭請蔣總統蒞臨會場致詞。蔣總統首先以地主國元首的身分，代表中華民國政府與人民，對與會各國代表表示歡迎與祝賀。蔣總統指出，世盟第一屆會議之揭幕，象徵了全人類在反共目標下的大團結，也顯示了爲爭自由、反奴役的任務而共同奮鬥的決心。蔣總統說，反共是全世界、全人類的共同任務，自由世界必須集中力量，首先解決共產陣營中危害人類最深刻，最殘酷的中共，人類自由與世界和平，才有保障。總統致詞時，會場數度響起熱烈掌聲。

【1】一九六三年阮文紹參與了推翻吳廷琰總統的軍事政變，一九六五年六月阮文紹被軍事強人們推選為軍事革新會議的首領，並成為國家領導委員會主席，也就是國家元首。一九六七年九月三日，阮氏當選南越總統

參加大會開幕典禮者有：副總統嚴家淦夫婦、總統府祕書長張群、五院院長、各部會首長和各國駐華使節等一千五百餘人。

三、全球反共的實況報告

大會花了兩天時間聽取與會代表對各該國或地區的反共現況報告，以及對抵抗共黨滲透侵略的建議，有助於與會各國代表對全世界反共現況的了解。世盟日本分會祕書長北岡壽逸博士報告說：當共黨運動正在世界各地普遍降低其力量與喪失其氣燄之際，日本共黨勢力卻仍在增長之中。他指出日本共黨與左翼份子如何在一般民眾間，以日增影響力，滲入大眾傳播的媒介。他表示：「我們正以全力反抗共產主義的滲透，並且正期望著自由國家的反共組織給予精神上的支援。」

韓國代表李應俊提出警告說，共黨最高目的是消滅所有非共產國家，並在其廢墟上建立一個共產世界。令人遺憾的是，自由世界未能採取積極充分的方法，對付共黨侵略世界的野心和行動。他呼籲世盟會議應徹底討論未來反共運動的方針，讓世盟成爲「一個團結自由勢力的眞正力量，使共產主義永遠不得抬頭的組織」。

一九六六年中，中國大陸爆發文化大革命，香港立刻受到波及，左派文革的參與者和支持者在當地發起反英抗暴行動，次（一九六七）年五月風暴達到最高潮，造成至少五十二人死亡，八百多多人受傷的慘劇，一般稱作香港「六七暴動」。來自香港現代亞洲圖書出版公司董事會主席的與會代表張國興說，五月風暴已過去，香港正在恢復常態。他指出，共黨暴動在香港的失敗，是因爲香港居民反對他們，並且奮力維護自由民主的生活方式。他說：這是反對共產主義最強烈，而且最無須爭辯的力證，「人民自由的希望，強過共黨的暴力奴役。」

張國興告訴與會代表，在香港發生的事實是民主與自由勝過共產主義，它是最好也是最客觀的一課。它顯示基於法律的自由社會，共產主義是不能勝利，也無法希望勝利的。

印尼代表莫達賈差利提到一九六五年九月流產的印尼共黨政變；他警告全世界應對共黨提高警覺，因爲共黨是人性、正義與自由的破壞者，是世界最壞的騷亂製造者。

印尼雖然維持與中共的外交關係，但是莫達賈差利指出，北京電臺每天播出侮辱蘇哈托政府的宣傳，並對印尼駐北京大使館人員極不友善，且極爲粗暴。[2]

希臘代表達斯克拉克斯談到共黨利用第二次世界大戰機會在希臘製造暴亂，迫使希臘人民爲保護國土勇敢作戰。他回憶說，那時共黨組織黨羽殺害愛國志士，實行大屠殺，使戰時希臘成爲一個的恐怖國家。他說，戰後希臘已完全復元；他向大會保證，中華民國爲拯救亞洲而努力，脫離了赤色魔掌的希臘也會爲拯救歐洲而努力。

墨西哥代表阿弗利多．梅定納說，共黨在墨西哥的宣傳極爲強烈。他指出，共黨在墨西哥的大學、勞工團體、農民組織、知識與藝術機構、新聞及宗教界，以及政

【2】一九六五年印尼發生流產政變，蘇哈托（Suharto，一九二一～二〇〇八）企圖推翻印尼第一任總統親共親蘇的蘇卡諾（Sukarno，一九〇一～一九七〇）政權，政變雖然沒有成功，但他已掌握實權。一九六七年已無實權的蘇卡諾被迫辭職，蘇哈托接任，用鐵腕手段和血腥鎮壓手法解決印尼的共產黨問題，並禍及中國僑民。由政變衍生的大規模排華運動，導致不少華人被殺。蘇哈托當上第二任總統後，外交上改向親美，並在美國支持下執政超過三十二年，是印尼執政最久的領導者。

府機關都很活躍。他說，所有反共人士的友誼和合作，激發我們的反共信念。他並且說：我們在中華民國的自由土地上覺得非常榮幸，中華民國的領袖蔣總統是屬於全人類的，是終身奉獻於維護自由的偉大人物。他極為感動地表示：「我願向諸位保證，墨西哥的反共行動將盡其努力，消滅共產主義在全世界的威脅，使全人類都共享自由。」

泰國代表乃屏將軍，勸告各國採取泰國的反共措施，壓制共黨暴徒。乃屏說，泰國政府在共黨製造紛擾的地區均採取最堅決的方法與行動。在泰國東北和南部各地區，首長有全權逮捕共黨，需要時並可使用武力。

美國前國會議員，當時擔任美國百萬人委員會主席的周以德博士，在全體會議中說：美國百萬人委員會成立於一九五三年，一直堅決反對對中共的姑息，反對所有可能有助於北京政權建立力量與氣燄的任何步驟。周以德認為：百萬人委員會的成功，主要得歸功於美國人民根深柢固的反共精神。不過，周以德說，同樣重要的是「百萬人委員會的工作與計畫，是以那些共黨在全世界運用與發展得頗為有效，卻極少為反共人士所仿效的宣傳技巧，為工作的根據」。

他說明了百萬人委員會的反共方法，並建議自由世界應考慮設立一個反共幹部訓練中心，俾使反共人士，特別是反共青年，可以得到訓練，成爲有效的世界性反共力量的一部分。

美國被奴役國家週委員會主席杜布林斯基博士說，該委員會正在籌備於一九六八年七月舉行第十屆被奴役國家週運動，形成指控莫斯科、北京以及其他共黨的最有力節目。

匈牙利天主教基金會主席斯特茨科博士，警告自由世界應摒棄不實際的「和平共存」夢想。他說，「和平共存」只會導致原子戰爭。他促請自由世界不可解除武裝，應堅定地對抗共黨侵略。

基督教反共十字軍代表傑姆士柯爾柏強調，對付共產主義，必須要「以力量對力量」。

義大利代表費利西指出，歐洲人民未能認清共產主義的威脅，繼續與中共及其他共黨國家保持貿易關係，促請大會採取有效對策，防止此一危險局勢的發展。費氏向大會提出由加拿大、哥斯大黎加、古巴、烏克蘭、美國、西德及義大利代表聯合提出的議案——「促請世盟會員國盡量避免與共黨國家進行貿易」，立即獲得大會一致通過。

最後，古巴代表魯勒斯宣告拉丁美洲反共聯盟已在會議期間於臺北成立，並選出魯勒斯爲主席，墨西哥的勞倫斯爲副主席，阿根廷的馬奎士爲祕書長。此一區域性世盟組織的建立，係世盟第一屆會議的重要收穫之一。

四、世盟第一屆理事會議

會議討論主要事項有二：第二屆世盟會議地點及時間；根據憲章規定選舉執行委員會委員。主席谷正綱博士首先表示，由於越戰已使越南成爲舉世矚目中心，所以第二屆世盟會議如能在越南舉行，不失爲明智之舉。利比亞代表孟塔生立即提出動議，建議在越南召開下屆世盟會議，獲全體出席代表一致贊成。越南首席代表潘輝括博士歡迎各國代表明年赴越南親自觀察越南人民在共黨侵略下蒙受的苦難。泰國代表維本、菲律賓巴格辛、伊朗卡才彌、德國紀倫、韓國李應俊及香港張國興也相繼發言，對越南人民及政府在越戰中之英勇表現表示敬佩。

由於執行委員的選舉，投票選出九個執行委員：

亞洲：中華民國、大韓民國、菲律賓共和國，越南共和國。

非洲：利比亞王國。

中東：伊朗王國。

歐洲：德國。

拉丁美洲：阿根廷。

北美洲：加拿大。

五、圓滿順利精彩落幕

世盟第一屆會議於九月二十九日下午七時閉幕。大會主席谷正綱博士在閉幕式致詞時強調，這是一次團結的會議，也是一次勝利的會議。他說：「我們已經創造了歷史，我們需要更努力、更積極的推動歷史前進；讓我們在世盟的旗幟下，完成我們爲實現人類自由、和平與幸福的偉大歷史使命。」

越南首席代表前總理潘輝括博士繼谷正綱主席之後致詞，他說：各位都知道在越南共黨匪徒猖狂的情形，是世界上最厲害的地區之一；也正因爲這樣，更使我們對共黨匪徒恨之刺骨，都欲將我們的力量結合起來，打倒共黨。他表示：「下屆世盟會議將在越南首都西貢舉行，我誠意邀請各位來到反共的最前線，使各位都能親身經歷或目擊到共黨匪徒的實情，使我們世界反共聯盟，能以精神與物質兩方面，積極給予全世界共黨匪徒以致命的打擊。」

世盟首屆會議除聽取各國和地區代表報告各該地區反共情況外，並通過三十六件重要議案，最重要的成就是：通過了五十八個國家、地區，和國際反共組織成爲世盟會員單位；發表世盟共同行動綱領世及世盟宣言，成爲確立世盟基本認識與共同奮鬥方向的重要文獻，對於增進全世界自由力量的反共團結以及擴大國際政治號召，影響至爲深遠。

六、重要決議案

㈠促請自由國家強化擊敗共黨侵略之堅定政策之決議文

鑒於：北越繼續拒絕一切和談建議，並升高越戰，加緊南侵；北韓共黨經常對大韓民國非軍事區及沿海地區發動襲擊；中共積極支持寮共、泰共、馬共、及菲共分別煽動暴亂，並推行反美運動。

呼籲自由世界：應放棄與亞洲共黨謀和的任何幻想，竭力支援自由世界在越南作戰的力量；進一步加強軍事圍堵政策，全力協助增長亞洲自由國家的軍事反共力量；積極支持自由亞洲各國間的團體，協助建立更密切的軍事與政治聯繫；公開聲明不承認亞洲共黨所造成的侵略事實，允許及支援中華民國、大韓民國及越南共和國對恢復其領土之完整及恢復其被共黨奴役人民自由所採取的必要行動。

㈡支援中國人民加速摧毀中共政權之決議文

鑒於：中共在中國大陸發動「文化大革命」、「紅衛兵造反」與「奪權鬥爭」，已形成空前的混亂，各地武鬥及內戰形勢，日益嚴重；另一方面更殘民以逞，加緊氫彈試爆，擴大「紅衛兵」輸出，陰謀煽動全世界各地共黨進行武裝暴亂。

呼籲自由世界：國家與人民，應從各方面聲援中國大陸人民的反共鬥爭，積極促成國際反共聯合組織的成立，加速中共統治的結束；積極支持蔣總統所領導的中華民國政府為拯救大陸人民所採取的反共救國措施；繼續對中共實行物資禁運，減少經濟貿易，嚴格限制與作戰有關物資資敵，以減少其屠殺中國人民及從事對外侵略力量；充分運用反共華僑之力量，扶持反共僑團，使能更積極的為各國的反共工作，貢獻力量。

㈢支援越南共和國及盟軍加速贏取越戰勝利之決議文

鑒於：越南共和國軍隊及盟軍為反擊共產侵略，正站在自由世界的反共前哨，英勇作戰，為加速爭取越戰勝利，領導自由世界在越境對共黨作戰的美國，必須對越戰改採更積極堅強足以克敵致勝的行動；任何可能危及越南獨立自由的姑息妥協措施以及和談解決越局的主張，不但徒增共黨侵略氣燄，且渙散越南人心，打擊越南共和軍與盟軍士氣。

決議：本聯盟各會員單位，應分別促請其政府與人民，盡可能支援越南的反共戰爭，積極給予精神、物質、醫藥、技術等的援助，以助長其戰力；支持美國對越南的堅定政策，籲請進一步採取積極政策贏取越戰，徹底摧毀越共侵略勢力的根本措施；促請民主國家，尤其美國，支援亞洲各直接遭受共黨侵略及其領土被分割各國，分別對其共黨敵人開闢新的戰場，以牽制國際共產勢力對越共的支援；從速消滅越戰的禍源，反對任何可能損及越南獨立自由的姑息妥協措施，及以和談方式解決越局的主張和陰謀。

㈣致力促進區域性集體安全組織之決議文

鑒於：國際共黨自第二次大戰結束後，即不斷在東南亞、非洲、中東、拉丁美洲、北美洲、歐洲各地區進行滲透顛覆活動，製造暴亂，嚴重威脅人類自由與世界和平。

決議：促請亞洲、中東、非洲、拉丁美洲各自由國家政府，積極分別籌組各該地區的區域性集體安全組織，俾得以集體的力量，阻遏和消滅任何形式的共黨侵略；現有各區域性安全組織盡量爭取各反共國家爲會員國，並加強各國間的團結與合作，充分發揮協同擊敗共黨侵略之集體有力效能；各自由國家政府及人民，尤其要促請美國政府，充分支持任何加強區域集體安全組織的努力和主張。

(五) 呼籲聯合國摒棄中共入會之任何企圖之決議文

鑒於：聯合國憲章第四條規定聯合國會員國必須爲愛好和平且願履行聯合國憲章所載之義務之國家，而中共政權迭犯對合法政府之顛覆、滲透及侵略罪行，且爲第五屆大會譴責爲侵略者；況且中華民國係安全理事會常任理事國，並爲聯合國之憲章會員國，且係由多數聯合國會員國承認之中國唯一合法建立之政府，並始終支持聯合國，積極履行其對聯合國之義務。

呼籲：聯合國各會員國繼續堅定支持中華民國在聯合國大會、安理會及一切附屬組織之合法地位；繼續堅定反對中共進入聯合國及其附屬組織。

㈥譴責中共不斷在大氣層中試爆核子遂行侵略恫嚇之決議文

鑒於：中共政權黷武好戰成性，不斷擴充軍備，自一九六四年十月迄今，已六次在大氣層中試爆核子，不僅核子塵嚴重危害世人健康，同時對於世界和平與人類安全的威脅，日趨增加；中共此種瘋狂行動，加深了中國大陸人民的貧困飢餓，漠視一百多個國家所簽訂的一九六三年核子禁試公約，違背聯合國反對核子武器散布與試驗的決議，罔顧汙染大氣層對人類健康的損害，顯然是向世界輿論與人民願望挑戰。

決議：嚴正譴責中共違反國際禁試條約，不斷在大氣層試爆核子及繼續從事核子武器的發展，並予嚴厲之制裁；呼籲自由世界，堅決拒絕對中共的核子敲詐讓步，並有效阻遏它所進行的一切滲透顛覆活動；籲請美國對遭受中共核子威脅之亞洲各國，公開聲明予以核子保護，以杜絕中共核子敲詐。

第三節　中華民國總會的努力

世盟第一屆會議召開時，正值國際姑息主義氣氛瀰漫之際。有鑑於國際逆流阻撓紛至沓來，中華民國總會費盡心力加強與各國反共組織與反共領袖的聯繫，並作各種必要安排，結果與會者多達兩百三十人，不但代表性夠，且多係具有崇高政治地位及影響力人士，開啓全球反共力量團結的先聲，逐漸創造全球規模較爲有利的反共新形勢。

會議通過的各項議案與發表的政治主張，也都能掌握當前國際情勢，適合時代需要，尤其能符合我國國策，摒棄中共進入聯合國的任何企圖，支援中國大陸人民加速摧毀中共政權，支援越南共和國及盟軍早日贏取越戰勝利，促請自由國家強化在亞洲及世界各地擊敗共黨侵略的堅定政策，加強發展原子能和平用途以增進世界人類之和平自由與繁榮等決議文件，尤關重要，且均採用我代表團所擬草案，我國蔣總統及執政黨中央的反共思想與行動方針，均已含育其成，成爲會後國際反共鬥爭一致遵循的準繩。

一、堅韌不拔全力以赴

要辦妥一場大型國際會議並不容易，其中涉及龐大的人力、物力，在那個經濟匱乏的時代，尤爲不易，但這還不是最艱困的狀況。早年兩岸嚴峻對峙的時代，我國處境風雨飄搖，地位孤立，連寄往外國的郵件都要先送到香港貼上當地郵票才能寄送，更不用說國人要走出國境或是外國人士到訪。以今天的標準來看，簡直比登天還難。若非朝野同心一致，世亞盟先進們全力以赴，豈能在半個世紀以前辦成如此盛大的國際會議。

在舉辦首屆世盟大會前，亞盟一共開了十二次年會，僅僅第六屆、第十屆兩次會議在臺灣舉行，其中原因固然是因爲我國國際處境困難，不便舉行大規模國際性會議，其實本身主觀條件不足或許才是主因。

(一)人員邀請方面

每一次年會的召開，最困難的就是出列席人員的邀請；在臺灣舉行因爲國情特殊，更是難上加難。

首先，各代表及觀察員身分不同，在進行聯繫時，經常需面對錯綜複雜的無力感；聯繫工作必須早在會期前六個月展開部署，與會人員簽證也要協調外交部與治安機關協助及早辦理，部分代表須補助機票，也要提早開票。另外，爲針對當時外交局勢的發展，與配合我國外交活動的展開，籌備會對外交部指定的會員單位與觀察員的邀請，也會特別重視。

㈡ 幕後英雄

谷正綱先生主事的三十五年間，歷次世盟或亞盟大會在臺北舉行時，籌備委員會主任委員一職是谷先生莫屬，因爲他在國內政壇是屬於黨政大老級人物，由他主持會務發揮的動員能量無人能及，結果總讓人印象深刻。

由谷先生領導的籌委會，委員均由中華民國總會常務理事會就常務理事及有關人士中推定或聘請擔任之，另設顧問若干人，以備諮詢及協助處理會務。

籌備委員會設祕書室、及議事、接待、新聞、總務四組：

祕書室：掌理綜核文稿及有關與各組聯繫事宜。

議事組：掌理有關議程之編訂，議案之收受、起草、整理、翻譯、議事記錄之編輯，參考資料之蒐集，以及其他有關大會議事之應行準備等事宜。

接待組：掌理有關出席大會代表之聯絡、交通、膳宿康樂、參觀、服務，及其他有關接待等事宜。

新聞組：掌理有關大會之新聞發布編譯，與新聞界聯繫，及對國內外宣傳等事宜。

總務組：掌理有關大會之布置、文書、會計、事務、人事等事宜。

各組設組長一人，副組長一至三人，均由主任委員提請籌備委員會通過後聘任之。其他職員均由主任委員聘任。所有職員除由世盟或原亞盟中國總會工作人員調兼外，其餘均商請有關單位及團體借調兼任。

二、關於日程安排

在籌備召開國際會議時，大會日程安排是否適當，關係大會成敗至大。

第一，爲適應若干代表與觀察員公務繁忙，及使會議進行緊湊起見，會期擬定均爲五日。

第二，參觀節目中除若干重要而在臺北地區可參觀者，列入大會日程，以資調節外，其餘一概另列會後參觀日程，並由各代表自由參加。俾使若干前曾來臺訪問而急須返國的代表於會後及早離臺。

第三，爲避免大會報告時間過於冗長，特規定各會員單位報告時間以十分鐘爲限，觀察員單位以五分鐘爲限。

第四，所有提案在大會提出討論時，應有適當的分配與安排，以配合新聞的發布，擴大國際政治的影響，尤不宜使之集中於一天或同一次的大會中提出。

第五，大會各重要以及可能發生爭執的提案，應先於執行委員會交換意見，以期事先協調，避免在大會引起激烈爭辯，影響大會順利進行。

第六，爲使與會代表加深對大陸匪情的認識，在會期中安排一項「匪僞政權情況」簡報，其內容於邀集國內匪情專家研撰確定後，以彩色幻燈片方式播報，以增強效果。

依據以上幾項原則，所擬的大會日程均在會前三個月分函各執行委員單位徵求同意。

三、會議文件準備

國際會議的舉行，會議重要文件應由召集單位事先充分準備。尤其世盟成立後，在臺舉行的世盟會議，規模較大，有頗多非洲及法語國家代表與觀察員與會，他們僅諳法語，不懂英語，故有關文件的編譯，須兼備英、法兩種語文，在人力與工作方面較亞盟時代的會議吃重。

除一般性基本文件外，中華民國總會為充實大會內容，會前會邀請國內國際問題專家或出席國際會議有經驗人士，分組舉行會議，對大會宣言，以及有關政治經濟文化等提案內容一再交換意見，研擬宣言初稿及決議案草案。

四、翻譯人才羅致

由於參加的代表來自世界各地，雖然大會工作語言規定爲英文及法文，但因若干代表僅懂得本國語文，不諳英文或法文，因此，負責籌備的中華民國總會對各國語言翻譯人才的羅致，可說是煞費苦心。

尤其感到困難的是，翻譯人才除須懂得英文或法文外，還得懂另一國語文，如德文、西班牙文、日文、阿拉伯文，因爲擔任翻譯的人，不僅須懂得此一代表的本國用語，同時必須懂得大會工作語言的英文或法文，始可勝任。

爲克服以上語文的困難，中華民國總會用盡各種方法羅致各種語文翻譯人才。爲使各項文件能達到國際水準，大會英文法文的文件翻譯，必須覓致國內第一流翻譯人才擔任。因此，除向外交部、國防部、新聞局等有關單位洽調外，並多方物色邀聘國內對英法文的權威擔任各項文件的翻譯和核校，務使大會報告或決議案，於會議次日即能譯印完竣，分發各與會代表。

在物色翻譯人才工作中最感困難的是羅致同步翻譯（simultaneous translation）人員，由於會議使用的同步翻譯設備，一九六四年才首見於在臺灣舉行的國際會議，該項裝置應翻譯的語言除英文、法文兩種工作語言外，並應同時翻譯說話人的本國語言與中文，共計達四種語言，擔任傳譯的人員，不僅英文、法文程度均須上乘，而且須即聽即譯，若非對此項工作有經驗，實難勝任。爲此，中華民國總會向聯合國邀聘專家來臺擔任，但會議召開時間若與聯合國開會期間撞期，就只能向日內瓦或曼谷聯合國所屬機構洽請。由於能受聘來臺臨時工作的譯員人數有限，所以每位譯員工作量都非常驚人。

五、接待工作策畫

爲讓來臺參加世亞盟會議代表能感受賓至如歸，每一屆會議籌辦單位都費盡力氣和心思。例如，租用最新建成的國際級觀光飯店供與會外國人士住宿，像一九六一年啓用的中泰賓館、一九六四年啓用的國賓飯店、一九七三年落成的圓山飯店都曾是首選。大會選擇這些觀光飯店的國際會議廳作爲會場，以免與會代表有往返舟車之勞，對於接待工作也便利不少。

爲免代表忙於應酬，集中精力於會議，代表會議期間的膳食，除晚間排有宴會節目外，中午都不安排宴會，酒會僅由籌備會主委、大會主席、中華民國總會理事長谷正綱先生以地主身分舉行一次。

爲表示我國各界對代表的熱烈歡迎，松山機場沿中山北路若干要道口，利用原搭十月慶典牌樓，重繕中英文歡迎字句。另在松山機場機坪及前門口分別布置大橫幅歡迎牌及立體歡迎堡壘。

爲讓國外人士了解我國國情及大陸現況，每次在臺舉行會議時，主辦單位也會舉辦照片展覽，展出內容包括世盟、亞盟活動、世亞盟中華民國總會活動，中華民國軍政經建設實況，中共暴政，以及臺灣與大陸對照等，對增進各國代表對世亞盟與自由中國進步與中共暴政的認識，頗有助益。

六、接待人員的物色與講習

因爲來臺參加會議的國際友人來自世界各地，對於接待人員的物色特別感到困難，因爲代表與觀察員雖能諳悉英語或法語，但也有不少代表與觀察員僅懂得自己本國語言。爲使他們能語言相通，接待單位盡可能設法物色能懂各種語言的接待人員。中華民國總會依據事先對代表和觀察員的徵詢調查，特別準備了日語、韓語、越語、西班牙語、德語、和阿拉伯語接待人員，以期適應各個代表的需要。

因爲同時要接待的外賓眾多，所需徵用的接待人員數量也較多，除向外交部、國防部、新聞局等有關單位洽借具有接待經驗的人員外，也在國內各大專學校外文系高年級學生中遴選部分青年擔任。

此外，爲使各國代表在會議期間調劑身心，及表現我國藝術特色與反共的奮鬥精神，主辦單位會準備電影、國樂、平劇與民族舞蹈等晚會。

在各項晚會中，最令各國代表印象深刻的是開幕當晚，多次在中華體育文化活動中心舉行的全國各界歡迎會。晚會照例由立法院長主持，參加的各界代表多達萬人以上。晚會中，各國代表按照英文字母次序被介紹與群眾見面，每當一國代表應名登臺時，群眾即報以熱烈掌聲與歡呼。而表演節目多爲民族歌舞，還有由電影明星參加展出的歷代及滿蒙回藏疆等各民族服裝表演，頗具中國民族特色。

七、安排參觀節目

在高喊反共的年代，臺灣與外界的接觸較封閉，不但國人走出去不容易，外國人想走進來也很困難，所以主辦單位也在會議期間或會後安排參觀活動，以讓各國代表趁出席會議之便，加強對我國各項建設進步的認識與對我反共復國決心及準備的了解。所有參觀節目均安排在三天之內，在軍事節目方面，安排參觀空軍作戰演習及海軍登陸演習；對於經濟建設方面則安排參觀土地改革資料、示範農村、經濟成果展覽、重要農工建設及臺灣省政建設等；在文化方面則安排參觀歷史文物展覽。至於金門前線戰地的參訪，主辦單位也會視各代表的參訪意願而與軍方協調安排。

八、新聞與傳播

每次世盟或亞盟會議在臺灣舉行，其所以能獲致顯著成效，一方面固由於大會議事內容充實，政治主張正確，與接待工作周到，但也有賴於新聞媒體的配合，才能使如此具有國際政治性的會議發出來的聲音被聽到，所表現出來的激情被看到，而在國內外發生巨大的影響力。

大會發布的新聞稿，均以有關正面新聞爲主，關於對各代表的側面特寫和個別訪問，也是一項重要工作。爲避免各報記者競相採訪及影響會議進行，新聞組會代爲安排適當時間，有計畫邀約各代表與新聞界分別見面訪談。

此外，斷交前美國駐華大使館新聞處還會協助發布大會新聞。美國在全世界各地凡有邦交的國家，均有新聞處的設置，世盟大會能獲得其協助，透過全世界美國新聞網的分布，對於大會新聞的擴大傳播，裨助頗多。

籌備會爲便利各新聞媒體記者的採訪，特別於大會期間安排每天上下午兩次新聞發布會，使記者對當日上午或下午的新聞撰寫能夠把握重點。

第四章　谷正綱領導時期的世盟

第一節　世盟組織架構和運作

一、大會、理事會及執委會

根據世盟憲章規定，大會是聯盟的最高權力機構，每年集會一次，參加成員包括具投票權的正式會員單位（Regular Member Unites），以及未具投票權的贊助成員（Associate Members）；在大會之下設由各成員單位代表負責人組成的理事會，也是每年集會一次，通常都在大會前舉行；另有由理事會成員中選出的執委會，每年集會至少兩次，一次在兩屆大會之間，另一次則在新一屆大會之前或同時舉行。

二、主席和祕書長

世盟主席和祕書長由每屆大會選出，除主持年度大會，同時還擔任理事會和執委會主席和祕書長。關於主席和祕書長任期如何定義，世盟第一屆大會時，祕書長霍南德斯即根據憲章規定指出，世盟大會主席任期是從當選日起至下屆大會之主席及副主席選出時爲止，此解釋獲與會代表一致同意。實務上更清楚的界定是：新主席在大會舉行前夕由理事會選出，卸任主席宣布大會開始、致詞，然後舉行新舊任主席交接；至此，新任主席才算是正式大會主席，接棒主持會議，發表開幕致詞。

一九六八年世盟第二次大會在越南召開時，大會以世盟、亞盟中華民國分會理事長谷正綱先生策進亞盟及世盟運動，不遺餘力，貢獻卓著，一致決議，公推谷正綱先生爲世盟榮譽主席；一九七〇年世盟在日本東京舉行第四屆大會時，再透過修改憲章的途徑，舉世盟榮譽主席谷正綱爲世盟永久榮譽主席，督導世盟會務發展。

三、組織成員

世盟組織架構大底與亞盟相似，不同之處在於：亞盟僅有國家、地區成員，世盟則多了國際組織成員和贊助成員；至於執行機構亞盟稱做執委會（Executive Committee），世盟則稱作執委會（Executive Board）。

關於會員身分（或地位、資格）的認定，世盟會員包括兩個部分：一般會員（具有投票權）和贊助會員（沒有投票權）。前者必須是經執委會認可代表一個國家或地區的反共組織；或是擁有非同一國家，兩個以上分會的國際反共組織。在世盟組織中，一個國家或地區只能有一個代表的會員席次；在一個已是世盟一般會員的國家或地區內成立的反共組織，如果希望入盟，只能併入該（國家、地區）分會（Chapter），或申請成爲贊助會員。

至於入會申請，除須備齊指定相關資料外，必須有兩個以上會員推薦，透過有關的區域組織，向設於韓國漢城的世盟祕書處提出申請。這些申請案經入會委員會（Membership Committee）甄別後即交執委會審查，經大會通過後成爲正式會員。

四、區域組織

按世盟憲章規定，所有會員單位都稱作聯盟分會（Chapter of the League），每個分會可根據不同目標需求和當地環境情況有不同名稱，例如：美國分會United States

Council for World Freedom（USCWF）。另按憲章規定，要分設亞洲、中東、非洲、歐洲、北美洲、拉丁美洲等六個洲區性質的區域組織，負責協調各洲區內各國會員單位，和反共組織的工作與活動，並向聯盟大會作年度報告。世盟各洲區組織按成立先後爲：亞太反共聯盟（Asian Pacific Anti-Communist League, APACL），一九五四年成立時稱Asian Peoples' Anti-Communist League，一九八四年時改爲現稱，一共有二十一個國家會員單位；拉美民主組織聯盟（Federation of Latin American Democratic Organizations, FEDAL）成立於一九八三年，前身是一九七二年成立的拉美反共聯盟（Confederacion Anticommunista Latinoamericana, CAL）；中東團結理事會（Middle East Solidarity Council, MESC）創於一九七五年，含十二個國家和反共組織會員單位；北美洲區域組織（North American WACL Regional Organization, NARWACL），成立於一九七六年，包括美國分會和加拿大分會，後改稱北美洲自由民主聯盟；非洲爭取自由組織（African Organization for Freedom and Democracy, AOFD），創立於一九七八年，前身是非洲自由組織（Organization for African Freedom），有十八個國家會員單位；世盟歐洲理事會（WACL Council for Europe, WCFE），創於一九七九年，前身是（European Council for World Freedom），有十四個會員單位。

爲支援前蘇聯統治下被奴役的人民，一九八一年第十四屆大會在臺北召開時，憲章做了修正，賦予「反布集團」區域組織的地位，並在世盟執委會中占有一席之地。「反布集團」（Anti-Bolshevik Bloc of Nations）發源自烏克蘭，當時蘇聯意圖占領烏克蘭，烏克蘭總理史特茨科（Yaroslava Stetsko）創辦反布爾塞維克反對共產主義，遂遭蘇聯殺害。其夫人史特茨科夫人（Slava Stetsko）爲繼承夫業，將反布集團由烏克蘭遷至西德，繼續在海外發展反對共產主義運動。由於反布集團的加入，打開亞盟除了國家、地區類型的會員外，還有國際組織類型加入成爲會員。反布集團除總部設在西德慕尼黑，英國、美國、加拿大和澳洲都設有分會，其領導人正是史特茨科夫人。

第二節　世盟運動發展的領導原則

世盟運動在發展的進程中，若干單位由於地區的特性，難免會有不同的觀點。因此，我們領導世盟運動，一方面要秉持以上的方向，去拓展爭取人類自由大業的光明前景；一方面尤其要關注到地區的特性，依循以下的領導原則，協調其個別的觀點，從而發揮團結奮鬥的功能。

一、世盟憲章，是本聯盟的基本大法，有關世盟的一切問題，都要依照世盟憲章來處理。各會員單位及各區域組織，都有遵守世盟憲章的責任與義務。

二、聯合自由人類，不分種族、國籍、宗教和職業階層，共同爲人類自由而奮鬥。這是世盟第一屆大會宣言和世盟共同綱領所揭示的原則，我們應該堅持。

三、尊重各會員單位和各區域組織的個別特性，採取「異中求同」、「同中容異」的協調態度，採取「少數服從多數」、「多數尊重少數」的民主方式，來統一紛歧，加強團結。

四、團結合作爲本聯盟的一貫精神，世盟內部如果發生歧見或其他的問題，要彼此坦誠協調，而不採取鬥爭的態度；要彼此容忍合作，而不採取對抗的方式。犧牲小我，顧全大我，才能鞏固世盟的團結，促進世盟運動順利發展。

我們共同的體認是：共產侵略的囂張，絕非由於共產主義適合時代潮流，亦非共產制度適合人類需要，乃是由於自由力量的分散，未能團結一致。因此，在領導世盟運動的進程中，最重要的，是促進各國反共人士的協調合作，防止任何導致紛歧及影響團結的行爲。

第三節 世盟第一個二十年（一九六七～一九八七）

一、世盟歷屆年會

依世盟憲章，每年舉行聯盟大會一次，第一屆大會於一九六七年在中華民國臺北市舉行，第二屆大會在越南西貢舉行，第三屆大會在泰國曼谷舉行，第四屆大會在日本京都舉行，第五屆大會在菲律賓奎松舉行，第六屆大會在墨西哥舉行，第七屆大會在美國華盛頓舉行，第八屆大會在巴西里約熱內盧舉行，第九屆大會在韓國漢城舉行，第十屆大會在中華民國臺北舉行，第十一屆大會在美國華盛頓舉行，第十二屆大會在巴拉圭亞松森舉行，第十三屆大會在瑞士日內瓦舉行，第十四屆大會在中華民國臺北市舉行。第十五屆大會在日本東京舉行，第十六屆大會在比利時布魯塞爾舉行，第十七屆大會在美國加州聖地牙哥舉行，第十八屆大會在美國德州達拉斯舉行，第十九屆大會在盧森堡舉行，第二十屆大會在中華民國臺北市舉行。歷屆世盟大會結合世界自由力量，打擊共黨侵略擴張，日益形成全球性的國際反共聯合陣線。在這二十年當中，世盟榮譽主席谷正綱先生無役不與，「反共鐵人」的尊稱可謂實至名歸。

㈠第一屆世盟大會

一九六七年九月二十五日至二十九日在中華民國臺北市召開，揭櫫了「爲人類自由而奮鬥」（Freedom for All Mankind!）的政治號召。本次大會出席人數計有來自七十個國家及十二個國際組織代表，共兩百三十人參加，應邀觀禮貴賓包括各國使節、中華民國政府首長與各界領袖等達兩千餘人。中華民國總統蔣中正偕夫人特別蒞會發表演說。

此次會議共計通過決議案四十二案：

1. 通過世盟宣言及世盟共同行動綱領兩項歷史性文件，前者揭櫫反共基本理念及世盟奮鬥方向；後者則爲現階段奮鬥之共同方針。
2. 選出九位執行委員會委員，由亞洲地區之中華民國、大韓民國、菲律賓、越南，非洲地區的利比亞，中東地區的伊朗，歐洲地區的西德，拉丁美洲地區的阿根廷，及北美加拿大等國首席代表組成。
3. 確定大會主席及副主席任期爲自當選日起至下屆大會主席及副主席選出時爲止。
4. 決定第二屆年會在越南西貢市舉行。
5. 通過五十八個國家、地區及國際組織爲世盟會員單位。

(二) 第二屆世盟大會

一九六八年十二月十六日至十八日在越南西貢市舉行，大會主題「建立爭取自由的統一性世界戰略方針」（The Youth of the World for Human Freedom），有全球六大洲區及觀察員單位五十三個國家，及十九個國際組織共一百五十三人出席。開幕典禮由谷正綱先生以第一屆理事會主席身分，和地主國新一屆主席潘輝括（Phan Huy Ouat）共同主持。面對中南半島的緊急局勢，谷理事長以「建立全球性的反共戰略方針」爲題致詞，呼籲全體與會人員研商制訂一個全球性爭取自由勝利的統一戰略方針，以使自由力量能互相配合，彼此支援，在一致行動上擊敗敵人。越南總統阮文紹親臨致詞，指斥共黨在越陰謀，警告自由世界如欲戰勝敵人，必先廓清對共黨的幻想。

自從一九五九年北越向南進攻，揭開越戰序幕後，西貢飽受戰火洗禮，早已成爲亞洲人民保衛獨立自由的重要象徵！世盟所以選在西貢舉行，正是表現全世界人民反共力量聯合在世盟旗幟下，對越南共和國反共鬥爭的積極支持。

大會依憲章改選世盟第二任理事會主席，由越南分會負責人潘輝括當選。由於第一任主席谷正綱過去推動亞盟運動不遺餘力，籌開世盟成立大會貢獻卓著，爲表示對他的尊崇，大會通過一致決議，公推谷主席爲「世盟榮譽主席」，不但領導亞盟運動，更繼續領導世盟自由民主運動。

此次大會通過決議案三十餘件，要點如下：

1. 促請自由國家確立世界性戰略方針，以聯合行動確保集體安全案。
2. 呼籲美國在巴黎和談中，尊重越南人民之自由意願案。
3. 譴責蘇聯以武力侵犯捷克斯拉夫，壓制其獨立自由之暴行案。
4. 確定每年一月二十三日爲「世界自由日」案。
5. 依憲章改選世盟第二任理事會主席，由越南分會負責人潘輝括當選。

另外，會議期間曾舉行青年代表反共會議及戰鬥營活動，通過成立「世界青年反共聯盟」決議，推定中、越、韓、泰、日五國青年代表，組成籌備委員會，由我國青年代表擔任憲章起草人，越南青年代表擔任召集人。

㈢第三屆世盟大會

一九六九年十二月三日在泰國曼谷舉行，開幕式由泰國總理他儂主持，泰國分會主席巴攀上將（Praphan Kulpichitr）擔任大會主席。我國蔣介石總統及韓、越兩國總統均致賀詞。大會主題爲「促進國際合作，加強民間自由運動」（Solidarity for Freedom!），計有五十四國一百八十人出席會議。

我國代表團由謝東閔、曾虛白、梁永章及青年代表李本軒等組成，谷正綱先生任代表團首席代表兼團長，並在開幕典禮以「建立亞太地區區域安全組織與全世界共同防衛體系」爲題致詞，提出亞洲各國必須依靠自身力量及共同防衛體系，自行保衛安全，同時揭發共黨「人民戰爭」及「統一戰線」的陰謀，呼籲美國不可誤認對抗時代已過去而自欺自誤，力促自由世界應從速組織國際反共聯合陣線，加速建立亞太地區區域安全組織；同時期勉世盟組織應進一步號召各國沉默大眾奮起反共，造成風潮。

我國代表團提出的主張立即爲大會接受，並作成決議，促請各國響應實施。

本屆會議共通過決議案三十餘件，包括：

——越戰談判方針；

——支持中、韓、越三國加強對亞洲鐵幕政治進軍案；

——策進「世界自由日」紀念運動案。

此外，中、泰、越、韓、菲、日、印度、錫蘭、美國、加拿大、瑞典和挪威等十二國青年代表四十餘人，於會後十二月五日正式召開第一次世界青年反共聯盟會議，修正通過中華民國青年代表徐抗宗起草的「世界青年反共聯盟憲章」，並決議設常務祕書處於韓國漢城自由中心，由韓籍禹在昇（Jae Seung Woo）任祕書長。同時選出韓國青年代表車衡權爲第一任祕書長。

亞盟第十五屆會議於世盟第三屆大會結束後，隨即召開，亞盟各會員單位均出席。

㈣ 第四屆世盟大會

一九七〇年九月十五日至十七日在日本京都舉行，日本分會代會長久保木修己（Osami Kuboki）主持大會開幕式。大會主題爲「動員一切力量，爭取自由勝利」（Mobilizing the Force of World Freedom!），計有來自全球各洲區的世盟國家會員單位和國際組織會員單位共六十七個代表團，以及二十九個觀察單位代表共兩百三十人參加。日本首相佐藤榮作以執政黨自由民主黨總裁身分，向大會致賀詞，日本藏相賀屋興宣在大會作專題演講。我國代表團首席代表谷正綱也以世盟榮譽主席身分，在開幕大會上發表演說，指出尼克森主義對自由世界的危害，號召團結自由力量，反抗國際姑息逆流。

大會通過多項議案，其中以通過世盟憲章修正案、反對中共進入聯合國、及通過世盟榮譽主席谷正綱為世盟永久榮譽主席，有督導世盟會務發展之權等案為最重要。

京都是日本社會黨及左翼黨派氣燄最盛的都市，為各左派集團策動反安鬥爭及暴亂行動的策源地。為打擊反動集團的囂張氣燄，大會特別選在京都舉行。為壯大聲勢，世盟日本分會還在京都圓圓山公園露天舉行「世盟大會前夜祭」，有數千人到場，場面浩大。

日本分會在本屆大會召開前，五月十三日世盟第三屆、亞盟第十五屆執委會在日本東京舉行聯席會議時，也有類似壯舉。當次執委會商定兩會訂於九月在東京舉行，由世盟日本分會主辦。該會極力推薦青年反共領袖日本勝共聯盟主席久保木修己負責籌備工作，久保木氏果然不負眾望，除募得大會經費三十萬美元外，並於該次執委會議前夕舉辦六千人參加的「世界反共國民大會」，自民黨副總裁川島正二郎代表日本首相佐藤榮作宣讀賀詞，日本政要岸信介、福田赳夫、船田中、石井光次郎、賀屋興宣、千葉三郎等或親臨參加，或致送賀電，聲勢壯大，不但有先聲奪人之效，且收對敵心戰之功。

㈤第五屆世盟大會

一九七一年七月二十一日至二十三日在菲律賓奎松市舉行，由菲國執政黨國民黨總裁參院副議長羅意（José J. Roy）主持開幕式。大會主題為「拯救自由，立即行動」（Save Freedom－Act Now!），菲律賓馬可仕總統親臨致詞，計有來自全球六大洲區五十七個國家、地區及國際組織代表、觀察員等共兩百零六人參加。

我國首席代表谷正綱先生在開幕典禮中，恭讀蔣總統賀詞，繼即發表演講，指出國際姑息逆流之所以空前泛濫，係美國尼克森總統及若干自由國家政策錯誤導致的結果，主張自由世界應聯合一切自由正義力量，粉碎牽引中共混入聯合國的陰謀。谷先生的呼籲獲得與會代表的共鳴，會中通過：促請美國尼克森總統取消訪問中共計畫案及電文乙件；團結全球一切正義力量，保衛聯合國憲章案；另籌組特別委員會，於九月前往聯合國，致力粉碎中共進入聯合國。

大會並通過韓籍申鉉俊繼任世盟祕書長，決定一九七二年世盟大會首度推廣至亞洲以外地區，於墨西哥召開，以展現世盟的世界觀。

大會結束後，地主國安排各會員單位代表於七月二十五日參加在馬尼拉黎薩廣場舉行的「保衛自由大會」，參加的菲國及華僑青年達六萬人以上，促成菲華反共總會的成立，成爲僑胞參加國際反共聯合陣線的先導。

㈥ 第六屆世盟大會

一九七二年八月二十五日在墨西哥首都墨西哥市召開，計有六十個國家代表計三百二十人參加，大會主題爲「支持文明與進步，拒絕共產主義」（Civilization and Progress, Yes! Communism, No!）。大會主席是蓋瑞洛教授（Raimundo Guerrero）教授。

由於事先獲墨國總統阿爾瓦雷斯（Luis Echeverría Álvarez）批准得以公開舉行，

再透過墨國新聞界擴大報導，更加增世盟對拉丁美洲的政治影響，而且拉丁美洲二十四個國家均派代表團與會，且在本屆會議促成世盟拉丁美洲反共聯盟區域組織的成立。

自上屆世盟大會在菲律賓舉行後，我國外交處境益形惡劣，一連串打擊紛至沓來：一九七一年七月三十日日本與中共進行「關係正常化」談判，一九七二年九月二十九日，日本與中共發表「日本中共關係正常化」聯合聲明，正式建立外交關係。一九七一年十月二十五日中華民國退出聯合國；一九七二年二月二十日美國總統尼克森赴大陸訪問，與毛澤東、周恩來等會談，並發表尼（克森）、周（恩來）會談聯合公報，即「上海公報」。

在國家處境最困難的時候，中華民國代表團首席代表谷正綱先生於開幕致詞中，大聲指責以談判代替對抗政策的不當，認爲此乃對共產主義與民主主義思想與制度的基本矛盾認識不清所致，呼籲全世界愛好自由的國家支持中華民國。大會分別致電美國總統尼克森、日本首相田中角榮，勸勿與中共進一步勾搭。中華民國越挫越勇，對推動世盟運動的努力毫不懈怠，贏得更多盟友的支持，大會決議呼籲聯合國對中華民國給予軍事援助，所有自由國家則在經濟和政治上支持中華民國。世青盟隨後也舉行第四屆會議通過議案，一致譴責聯合國允許中共進入聯合國會員大會及安全理事會。

(七) 第七屆世盟大會

一九七四年四月八日至十一日在美國華盛頓召開，由美國分會主席Fred Schlafly主持，大會主題爲「爭取全人類自由與正義的和平」（Peace Is Freedom and Justice for All!），此次會議有五十九個國家、十七個國際組織，以及二十六個觀察員單位的三百七十二位代表與觀察員參加。會中邀請美國尼克森總統特別助理赫金森馬侃、美國眾議院國內安全委員會主席艾考德眾議員、尼加拉瓜前總統蘇慕薩將軍、法國「國際對蘇政治作戰會議」主席拉賓夫人、反布集團主席斯特茨科博士等演講。谷正綱先生在開幕典禮中則以「開創自由正義和平的新世紀」爲題致詞。會後發表聯合聲明，提出自由不容分割，奴役與自由不能併存等六大政治主張。

本次大會還通過英國歐洲自由聯盟、瑞士亞洲研究中心、黎巴嫩民族聯盟、高棉自由聯盟等加入世盟爲國家會員；保加利亞解放運動爲國際組織會員。大會一致決議，致贈中華民國蔣總統特別榮譽狀，並於四月十一日群眾大會上表揚其長期謀求世界和平繁榮之抱負及其堅苦卓絕之奮鬥精神。

一九七三年三月，世盟執委會在英國倫敦集會，決定第七屆世盟大會於八月二十九日至九月一日在英國倫敦舉行，詎料英國政府受中共壓力，拒發谷正綱先生及中華民國代表團赴倫敦出席會議的簽證，墨西哥嘉瑞諾教授協調美國分會主席藍恩將軍及祕書長申鉉俊將軍依照大多數執委的要求，於八月十一、十二日兩天，在美國華盛頓特區召開世盟執委會特別會議，致電英國首相奚斯，促請於十五日前解決中華民國代表團簽證問題，否則取消二十六日起預定在倫敦召開的世盟第七屆大會，改於翌年在華盛頓特區召開；同時，指示英國分會將原訂倫敦大會改爲世盟歐洲區域組織會議。

經過這番風波後，第七屆大會延遲一年召開，終於一九七四年四月在美國首府華盛頓舉行。此次大會通過各國代表團提案三十八件，其中重要者有：

——加強自由國家經濟合作與開發，全面提高經濟成長；

——抗議強權祕密外交案。

大會並發表聯合聲明，揭櫫世盟現階段奮鬥方向，提出多項政治主張：

——自由不容分裂，奴役與自由不能並存；

——消除奴役制度，解放共黨鐵幕；

——籲請自由世界放棄與共黨談判妥協之幻想；

——建立維護正義、自由、和平的大同盟關係；

——促進自由國家對集權國家實施禁運。

㈧第八屆世盟大會

一九七五年四月二十三日至二十五日在巴西里約熱內盧舉行，中華民國代表團促請世盟大會做三項努力：

1. 鑒於中南半島的動亂情勢，要求美國與自由世界，極力搶救越南及高棉難民。
2. 要求大會檢討美國與自由國家對共產集團和解政策失敗之後果，呼籲美國總統福特中止訪問中國大陸。

3. 號召鐵幕內外愛好自由與民主人士，擴大團結，扭轉惡劣的國際情勢。

第八屆大會由世盟巴西分會主席巴比瑞博士（Carlo Barbieri Filho）主持，大會主題為「反姑息，爭自由」（Appeasement, No! Freedom, Yes!），計有七十四國和十七個國際組織代表共四百餘人參加。大會通過美國，南非、阿拉伯聯合大公國、阿曼等十二個國家成為世盟國家會員單位。大會也通過中東團結會議成為世盟中東地區組織，使世盟組織基礎日益擴大。

1975年世盟第八屆大會在巴西里約舉行。

大會舉行時，越南正面臨存亡絕續重要關頭，中華民國代表團團長谷正綱先生特別在大會開幕典禮致詞時，呼籲自由國家加強團結，以有效行動，擊破姑息妥協造成

「低盪」策略的失敗與危機。

越南籍亞盟祕書長Do Dang Cong 也指證歷歷：一九七三年一月二十七日簽訂的巴黎協定根本就是廢紙一張，並未給越南帶來真正的和平，反倒是北越共軍利用這個假的和平假期，得到喘息機會，從一九七五年初起，重新發動大規模攻勢，十八個師裝備著蘇聯和中共重型武器的大軍，浩浩蕩蕩由北而南，直指越南首都西貢。

八天後，一九七五年四月三十日北越共軍攻陷越南首都西貢市，越南政府宣布無條件投降，南越從此陷入共黨手中。谷正綱理事長立即對越南淪共的悲劇發表談話，指出自由世界對共黨的和解政策是造成越南悲劇的主因。另外，原設於西貢的亞盟祕書處，在越南淪共後緊急遷來臺北繼續運作。

此次大會通過重要提案四十三件，較重要者如下：

——籲請美國福特總統正視「低盪」政策導致的惡果；

——籲請自由世界譴責共黨破壞巴黎停戰協議，緊急援助越南及高棉案；

——籲請英國政府尊重自由人權，停止強迫遣返中國大陸逃港難民。

㈨ 第九屆世盟大會、亞盟第二十二屆大會及世青盟第七屆大會

一九七六年五月一日至六日在大韓民國漢城市舉行，共有來自歐洲、非洲、北美、拉丁美洲、亞洲、大洋洲及中東等七十一國和二十五個國際反共組織代表與觀察員三百一十四人參加。本屆會議主題爲「爲國家人民自由而反對國際共產主義」（National Freedom Against International Communism），大會主席由世盟韓國分會主席林炳稷博士（Ben C. Limb）擔任，韓國朴正熙大統領和土耳其正義黨副總裁艾佛基先生以及賴比瑞亞國會議員羅斯博士（Nathan C. Ross）等在大會講演。

朴正熙大統領講演由總理Choi Kyu Hah代表宣讀。朴大統領說，根據我們的經驗，阻止共黨侵略，保障國家首要之務，就是要武裝思想和建構全國上下團結一致對抗共黨的體制；我們要看清共黨宣傳的策略和手法，不要被欺瞞矇蔽而不自知；更要加強國與國間的相互合作，共同守護我們的自由與和平。

美國聯邦眾議員墨菲（John M. Murphy）致詞時，特別引用溫道爾・菲利普（Wendell Phillips）關於自由的名言：自由的代價乃是永恆的警戒（Eternal vigilance is the price of liberty）他說，共產主義這頭怪獸與生俱來就是要毀滅人類的自由，我

們應該時時提高警覺，因爲它已經悄悄的改變了世界，而且十足的威脅著自由世界的安危。世盟的各位執事者，應該看緊這頭猛獸，去了解它、制伏它，甚至讓它困在它的桎梏中動彈不得。

世盟榮譽主席谷正綱以「掌握時代歸趨開創反共新局」爲題，在聯合開幕典禮發表演說時指出，現階段人類強烈要求人民要自由，國家要獨立，社會要平等，世界要和平。因此，他強烈要求：

——美國是自由力量的重心，關係自由世界的成敗，必須揚棄對共黨姑息妥協的雙重政策，停止與中共的關係正常化；重建基於自由、民主精神的外交道德標準，堅守對自由國家的條約義務與防衛承諾，恢復自由國家的信賴。

——亞洲是維護世界安全與和平的主要地區，自由國家必須促成大韓民國、日本、中華民國建立東北亞與臺灣海峽的共同防衛，建立西太平洋反共鏈島防線，防止蘇聯與中共在亞洲相互爭霸的擴張。

——強化「北大西洋公約組織」共同防衛功能，增進歐洲共同市場的經濟合作；謀求中東和平，粉碎共黨向中東擴張的陰謀；驅逐在蘇聯唆使下的古巴共軍退出非洲大陸；積極支援拉丁美洲與非洲人民維護國家民族獨立與自由。

谷理事長的呼籲在會中討論後，成爲大會的決議。

(十) 第十屆世盟大會

一九七七年四月十八日至二十二日在中華民國臺北市舉行，由谷正綱榮譽主席主持，大會主題爲「結合自由力量、反抗共黨暴政」（Freedom Forces Unite Against Communist Tyranny!），計有來自全球七大洲區（亞洲、中東、大洋洲、北美、拉丁美洲、非洲、歐洲）七十一國和十五個國際組織的代表三百五十人參加。

中華民國嚴家淦總統在大會演講，瓜地馬拉聖多華副總統和大韓民國國會議長白斗鎭先生等也在大會作了演講。

大會通過議案五十二件，較重要者如下：

——人權運動與反共活動不可分；

——共產主義的意識形態、政治制度、生活方式，完全違背人類願望，損害國家獨立；

——共黨所謂和平共存，已爲自由世界帶來極大動亂；

——「和解政策」鼓動共產勢力的囂張，但已激發自由力量的警醒奮起。

大會並於閉幕當晚在臺北市舉行五萬人反共團結大會，表現我國團結反共的精神。

(十一) 第十一屆世盟大會

一九七八年四月二十八日至三十日在美國華盛頓舉行，大會主題爲「爲爭取各國自由而團結奮鬥」（Unity for National Freedom Against Communist Aggression!），計有來自全球六十八國和三十個國際組織的代表四百四十人與會。美國參議員麥克魯（James McClure）、美國參議員葛恩（Jake Garn）、象牙海岸最高法院副院長克里貝、西德國會議員惠恩（Count Hans Huyn）、瓜地馬拉副總統聖多華、沙烏地阿拉伯前工商部長紀牧菊等人在大會分別致詞。

此次大會通過議案七十二件，重要者如下：

——籲請自由國家認清中共邪惡本質，停止與其進行「關係正常化」；

——籲請美國政府採取積極措施，維護亞太地區安全；

——籲請美國重視與自由世界安全不可分，採行積極防共措施；

——呼籲各國傳播機構，弘揚自由民主思想，支持正義立場。

大會召開前，賴比瑞亞、賴索托、獅子山、肯亞、象牙海岸、史瓦濟蘭、馬拉威、多哥、模里西斯、上伏塔、摩洛哥、迦納、奈及利亞等十三個非洲國家代表，四月二十六日在華府舉行了世盟非洲區域組織——「非洲爭取自由組織」成立大會，通過非盟組織憲章，並推舉賴比瑞亞羅斯博士爲主席，常設祕書處設於賴索托首都馬賽魯，並於半年後召開首屆理事會議，研討推展非洲地區世盟工作。世盟非洲區域組織是繼亞盟、拉盟、中東團結理事會、北美反共聯盟之後，序列第五的世盟區域組織。

(十二) 第十二屆世盟大會

一九七九年四月二十三日至二十八日在巴拉圭首都亞松森市舉行，大會主題爲「團結必勝，自由無敵」（United, We Shall Prevail! Freedon Is Not Negotiable!），計有八十個國家一百零三個會員單位代表團及觀察員四百一十六人參加。大會由佛

1979年世盟第12介大會在巴拉圭舉行，世盟榮譽主席谷正綱先生會晤巴拉圭總統Alfred Storessne。

洛托斯博士（Juan Manuel Frutos）擔任主席，巴拉圭總統史托斯納爾（Alfredo Stroessner）親臨大會主持開幕典禮，我國蔣總統及智利、尼加拉瓜、烏拉圭、宏都拉斯等五國元首均致賀詞。

大會通過各國代表團有關政治、經濟、文化、及青年工作等提案九十四件，其中以對共黨國家人民爭自由、爭民主、爭人權等的抗爭，爲各國代表團所重視，經列入大會聯合聲明，作爲大會的重點主張。

世盟榮譽主席谷正綱在致詞中，剖析聯中共以制蘇聯策略的錯誤與危機，他指出：「利用中共以制蘇俄的策略是錯誤的，也是危險的，中共絕不會被美國利用作爲自由世界阻遏蘇俄擴張的力量；相反的，卻利用美國作爲與蘇俄爭霸的工具。赤化世界是蘇俄與中共的共同目標，中共與蘇俄今天可分而爭霸，明天也可以合而對付自由國家，忽視這一情況，自由國家不是被共黨顛覆赤化，就是面臨核子戰爭的危險。」

㈢第十三屆世盟大會

一九八〇年七月二十五日至二十七日在有「國際都市」之稱的瑞士日內瓦舉行，大會主題爲「維護自由、反抗共產主義」（Let's Be Free! Let's Fight Against Communism!），由瑞士名律師薛佛利（Pierre Schifferli）主持。此次大會爲世盟全球六大區域組織全部建立後（一九七九年二月一日世盟歐洲區域組織舉行成立大會，計有比利時、丹麥、西德、法國、義大利、荷蘭、瑞士、瑞典、葡萄牙、挪威、希臘、馬爾他等十二個國家代表團參加。該組織的成立，完成了世盟六大洲區的組織體系），首次在歐洲地區舉行的世界性反共聯盟大會，受到歐洲方面與國際人士的重視。參加本屆大會者，計有來自八十九個國家和地區一百零二個世盟會員單位代表團，共兩百五十三位代表與觀察員參加。多是各國具有影響力與代表性的重要人士，包括國會議長、政黨領袖、參眾議員、軍政首長、大學教授、校長、以及宗教、社會與大眾傳播領導人士。

此次大會通過提案八十三件，其中較重要者有：

——籲請自由國家合力阻遏蘇聯侵略擴張，並摒除聯中共以制蘇聯的危險策略案；對蘇聯入侵阿富汗迅採有效對策案；

——籲請自由國家積極支援中國大陸人民爭自由、爭民主、爭人權案；

——籲請美國、日本、大韓民國、中華民國及東南亞國協，加強文經合作，強化區域安全，促進亞太地區自由、民主、和平、繁榮案；

——籲請美國、日本及西歐自由國家，認清對中共軍事及科技援助之嚴重後果案。

大會還通過關島、斐濟、模里西斯、多哥、迦納、獅子山、上伏塔、奈及利亞、史瓦濟蘭等成爲世盟國家會員的申請案。大會也否決所有涉及法西斯色彩的反共團體入會的申請，滌清外界汙衊世盟爲法西斯團體的指控。

年會期間，國際共黨和左派團體曾對瑞士政府施壓，企圖阻止世盟集會，甚至在開幕典禮時，以石塊、木棍、油漆及中共製造的沖天炮襲擊世盟大會會場。經瑞士警方出動鎮暴部隊強力驅散，並逮捕違法示威暴徒多人法辦，且對大會實施嚴密安全防護，才使議事得以順利進行。

大會前，七月二十日世盟榮譽谷正綱先生因公務過於繁忙，操勞過度，身體不適，取消日內瓦之行，世盟榮譽主席職權交由我國代表團首席代表姚淇清博士代理。這是谷先生第一次缺席世盟年度大典，全體與會人士對於谷榮譽主席因病未能蒞會督導，咸表深切關懷，特別在執行委員會、理事會及全體大會中，決議致電谷榮譽主席，深表慰問之忱。

㈥ 第十四屆世盟大會、亞盟第二十七屆大會及亞青盟第三屆大會

一九八一年八月二日至八月七日在中華民國臺北市舉行，以「開創自由反共勝利的八〇年代」（The 1980s : Victory of Freedom over Communism）爲主題，計有一百零五國和地區及十三個國際組織代表和觀察員三百五十八人參加。這是三大反共組織——世盟、亞盟與亞青盟的年會，和「被奴役國家週」首度結合，盛況空前。中華

民國行政院長孫運璿先生與美國眾議員克雷恩（Philip M. Crane）應邀在大會發表演說。

大會也通過象牙海岸前國會副議長烏拉迪主持的「象牙海岸保衛和平正義自由組織」，與美國前駐韓聯軍參謀長辛格勞布將軍（John K. Singlaub）領導的「美國自由聯盟」兩個國家會員單位入會申請案。

大會通過議案五十二件，主要者有：

——促進自由國家建立全球反共戰略案；

——確保中東地區安全，消弭爭端案；

——促進自由民主統一中國案。

(十五) 第十五屆世盟大會及亞盟第二十八屆大會

一九八二年十二月六日至九日在日本東京舉行，會主題為「建立全球戰略、維護人類自由」（A Global Strategy To Safeguard Human Freedom），計有全球一百一十一國和地區代表及觀察員三百零二人參加，其中一百零四人具有國會議員身分，並有國會議長三人、副議長二人，其他包括政黨領袖、大學校長、教授、大使、政論家、新聞事業主持人、反共組織負責人及曾任副總統、總理、議長、部長、大使、將軍等，顯示世盟、亞盟運動獲得各國政府、國會、政黨、學術界、輿論界之重視與支持。我國蔣總統、美國雷根總統、巴拉圭史托斯納爾總統、瓜地馬拉前副總統兼國家自由黨總裁聖多華先生等，均對大會致送賀詞，尤以雷根總統不顧美國國務院反對，對大會及各國代表之賀詞措詞懇切，經在開幕典禮宣讀，各國與會人士深受鼓舞。

本屆年會主席爲久保木修已（Ryoko Osami Kuboki），谷正綱先生以世盟、亞盟理事會主席身分，主持開幕，並以「發揮世盟推動力量，建立全球戰略」爲題致詞，指出中共俄共重行勾結的嚴重形勢，呼籲糾正聯共制共的錯誤策略，提出建立全球反共戰略的應有作法，以及當前世盟運動的努力方向。

大會通過了：強化中華民國在臺灣的防衛力量，建立全球反共戰略，召開反馬列共產主義大會，與積極推展全球民主運動等重要決議案三十一件。

㈩ 第十六屆世盟大會

一九八三年九月十九日至二十三日在盧森堡舉行，以「經由團結維護和平自由與安全」（Peace, Freedom and Security Through Unity）爲主題。出席大會者有各洲區一百一十八個國家與國際反共組織代表團共四百三十人。

大會主席爲比利時參議員General Robert Close，谷正綱先生以「爲維護自由和平與安全而團結奮鬥」在開幕典禮中致詞。他指出：「當前世界各大洲皆遭受共黨極權勢力的挑戰：在歐洲，波蘭人民自由運動正受到共黨武力鎮壓；在非洲，查德正受到外力的入侵；在中東，阿富汗人民正繼續受到殘殺；在亞洲中南半島血腥遍地，人民流離失所，韓航客機被擊落；在美洲，薩爾瓦多的戰火正在蔓延。這一切的戰禍、苦難、血淚、死亡，都是馬列共產勢力企圖赤化世界、奴役人類而造成的悲劇。」此外：「儘管共產勢力荼毒世界，威脅世界自由和平與安全，但絕不是共產勢力之不可抗拒，而是自由世界對於共產勢力的擴張，採取了姑息、妥協、和解、中立，乃至於聯共制共等錯誤策略，因而自由力量自我分散，自由陣營自我解體，自由國家自我解除精神武裝，所以共產勢力才能遂行它們分化離間，各個擊破、發展戰備的擴張策略。」

谷先生的警語獲得與會人士共鳴，因此大會通過決議：

——強烈譴責蘇聯擊落韓航客機的空中屠殺暴行；

——呼籲非洲國家勿墜落俄共統戰圈套，應與自由國家緊密合作；

——支持波蘭人民以團結工聯爲中心爭取自由；

——解決巴勒斯坦問題。

此外，我國戰略協會副主席蔣緯國將軍也應邀與會，並在大會演講。他說：恢復中國大陸的民主體制，不只是爲了中國人民的福祉，而是將和平、秩序還給亞洲的當務之急；世盟的存在不僅是爲了保障亞洲人民安全，就國際戰略角度來看，如果世盟運動推動得宜，就能爲全人類帶來和平、安全和自由；對中國和所有國家而言，這是唯一能拯救我們自己和全世界的機會，也是付出代價最小，成功機率最大的戰略。

㈦第十七屆世盟大會

一九八四年九月四日至七日在美國聖地牙哥舉行，主題爲「加強團結、維護自由和平」（United Strength for Peace with Freedom for All!），計有九十八國和九個國際組織共一百零七個會員單位代表及觀察員兩百九十一人參加，大會主席爲辛格勞布將軍（John K. Singlaub）。我國蔣總統經國先生、美國雷根總統（一九八一～一九八九）、巴拉圭總統史托斯納爾將軍（Alfredo Stroessner Matiauda）、哥斯大黎加總統孟赫（Luis Alberto Monge）等，均致送賀詞，籲促自由世界團結合作，共同對抗邪惡的共產勢力。大會主席辛格勞布代表宣讀了（現任）美國雷根總統的賀詞。雷根總統指出，世盟長期在世界反共奮鬥中扮演領導地位；他肯定世盟結合世界自由力量，爲人類自由而奮鬥的貢獻與成就。

大會還分別舉辦中國大陸、阿富汗、安哥拉、莫三比克、中美洲、印支三邦及東歐等七個反共抗暴地區專題研討會，並做成強化反共抗暴地區的行動方案，分送世盟各區域組織、協調各分會與國際組織切實執行。

大會還通過薩伊、烏拉圭、匈牙利、坦尚尼亞、莫三比克、波蘭、巴林等爲國家會員；並通過重要議案三十二件。

(六) 第十八屆世盟大會

一九八五年九月九日至十二日在美國達拉斯市舉行，主題爲「爲世界自由而展開攻勢行動」（Count-Offensive for World Freedom），計有一百零四國和地區代表及觀察員四百七十一人參加，我國蔣總統經國先生及美國雷根總統均對大會致送賀詞。

大會由辛格勞布將軍擔任主席，谷榮譽主席在會中以「反共產、爭自由」爲題致詞。他指出：「中美洲的動亂告訴我們，門羅主義並不能保障美洲免於受赤化，唯有全面打擊共產勢力的擴張，才能全面維護世界自由與安全。本屆世盟大會再度在美國舉行，要使全世界自由力量與美洲自由力量加強結合，尤其要促使美國發揮傳統之愛好自由民主精神與強大的自由力量，在自由陣營中發揮帶動作用。」

他並懇切呼籲：「美國與全世界反共人民緊緊攜起手來，使美國兩百多年來爲自由民主而奮鬥，以及在自由經濟發展的偉大成就，擴大成爲維護人類自由，增進人類福祉的又一次『美國革命』」。

大會通過強化支援中國大陸、阿富汗、安哥拉、衣索比亞、尼加拉瓜，以及東南亞各地區反共行動方案等重要議案，同時通過甘比亞、幾內亞、貝南等國爲國家會員，法屬留尼旺為觀察員。

此次大會極受美國及國際傳播媒體重視，有來自歐洲、大洋洲、拉丁美洲及美國當地之電視臺、電臺、報紙、週刊、月刊、雜誌等一百五十八位記者參與採訪。

㈨第十九屆世盟大會

一九八六年九月六日至十日在盧森堡舉行，主題為「為自由和平而奮鬥」（Working for Peace in Freedom），計有全球一百零二國和地區代表和觀察員三百五十一人參加，包括各國國會議長、參眾議員、黨政首要、學者專家、新聞界及宗教界人士、反共組織負責人等。前比利時副總理兼國防部長戴瑪雷參議員（Josè Demaret）擔任大會主席。

世盟榮譽主席谷正綱先生以「反共新形勢與世盟新使命」為題，在開幕典禮中致詞。他強調「為自由和平而奮鬥，必不可再失去自由世界一寸土地，也必不可再容忍一半奴役世界的存在，更不可在阿富汗、薩爾瓦多、尼加拉瓜遭受共黨侵略荼毒之際，再把香港、澳門自由人民推向共產地獄。[1]柏林圍牆必須推倒，蘇俄與中共重行聯手的危機必須防範。」

在谷正綱先生大聲呼籲後，大會通過支援香港及澳門人民維護自由權益的提案。關於港澳歸還中國的問題，從此在世盟大會議程中成爲關注焦點。

大會並通過芬蘭、愛沙尼亞、「愛爾蘭世界自由協會」爲國家會員；「世盟青年自由聯盟」，「北歐退伍軍人協會」爲世盟國際組織會員。

【1】一九四四年十二月十九日，中共總書記、國務院總理趙紫陽與英國首相柴契爾夫人在中國北京簽訂《中英聯合聲明》；兩國政府在一九八五年五月二十七日互相交換批准書並向聯合國登記，正式生效，香港將在一九九七年七月一日之後歸還中國。一九八六年五月二十日，中共與葡萄牙政府正式發布《新聞公報》，宣布六月三十日在北京展開澳門問題談判，解決澳門問題。

(二十)第二十屆世盟大會、亞盟第三十二屆大會、世青盟第三屆大會及亞青盟第七屆大會

一九八七年八月十六日在中華民國臺北市舉行聯合開幕典禮，會議主題爲「爲人類自由與共同安全而奮鬥」（Common Security Through Freedom!），計有全球一百三十國與地區及國際組織代表和觀察員四百七十一人參加。開幕典禮由當屆世盟理事主席比利時戴瑪雷參議員與谷正綱先生共同主持，行政院院長俞國華應邀蒞會致詞，蔣總統經國先生、美國雷根總統均致送賀詞。

戴瑪雷參議員致詞中推崇谷先生爲締造世盟此一世界性反共組織之父，他說：「我必須強調他那過人的熱忱，他那勇於負責及豐富的經驗，對於幫助被共黨奴役人民爭取自由的偉大貢獻，他是我畢生難忘的勇者。」

象牙海岸最高法院副院長凱畢在致詞中，也稱讚谷正綱先生「是一位不平凡的自由鬥士，是對抗邪惡勢力的明燈，他以正義與熱忱，數十年來未曾稍懈的堅強對抗邪惡勢力，這種對正義執著的信念與對自由的熱愛，他正是我們所要積極追求的領導者」。

這是谷正綱先生最後一次以世盟榮譽主席身分主持世盟會議，他指出：世亞盟已成功向三大目標邁進：

第一，促使世人認識共產主義邪惡本質，結合自由民主力量，打擊戰後共產勢力的猖獗擴張。

第二，促進自由國家加強反共合作，打擊共產勢力的滲透顛覆活動，建立了自由國家基於共同利益、共同安全的新國際關係。

第三，對於自由、民主、人權、價值與不可剝奪的人類共同權利，發揮了新的號召作用。

谷先生並指出：「自由民主是不可分割的，是超越國家、地區、種族、宗教信仰的共同信念。這種世人的共識形成了時代發展的主流。自由國家逐漸認識到，達成自由民主，必須在政治、經濟、文化、科技、資訊各方面擴大交流，加強聯繫；必須在互利的基礎上，增進共同利益。自由國家更認識到，必須為共同利益尋求合作，尤其必須通過有效的組織來加強合作，發揮合作的功能。」

二、老兵不死，只是漸漸凋零！

世盟和亞盟每年召開年會、理事會和執委會，三大洋五大洲都曾盛大舉行。谷正綱先生每次都不辭辛勞，關山萬里，風塵僕僕，發表精彩絕倫的反共演說，所以被喻爲「反共鐵人」。

谷正綱先生駁斥姑息逆流的言論，都是針針見血。這些至理名言，曾被譏爲「反共八股」，然而經過三十多年奮鬥後，證諸蘇聯及其東歐附庸的土崩瓦解，以及大陸的開革開放，誰能否認谷先生當年推動世盟運動、宣揚反共的眞知灼見，早已領先群倫了呢？

一九八八年的一月十三日蔣總統經國先生因病逝世。數日後，一月十六日谷正綱先生因罹患心臟病與退化性關節炎住進臺大醫院治療。半年後，六月十六日谷正綱先生以健康欠佳，致函世盟、亞盟中華民國總會全體理監事，請辭理事長職務。六月二十日世亞盟中華民國總會召開理監事聯席會議，通過接受谷先生辭卸理事長職務，改聘爲名譽理事長，同時選出常務理事張建邦爲理事長、張希哲爲副理事長。六月二十一日世、亞盟中國總會舉行新舊任理事長交接儀式，由祕書長譚瀛代表谷正綱先生移交，內政部吳部長伯雄監交。谷正綱先生與中華民國總會共同奮鬥，推動世盟、亞盟運動三十五年之後，終於以優雅驕傲的身影走下歷史舞臺，爲他終身奉獻的反共志業，畫下美麗句點！而具有谷正綱特色的反共時期世盟亞盟運動，也告一段落，即將轉換新的角色，成爲宣揚、保衛世界自由民主的先鋒。

麥克阿瑟將軍在西點軍校的告別演說中有句名言：「老兵不死，只是漸漸凋零！」（Old soldiers never die; they just fade away）在全世界反共的史頁上，永遠的世盟榮譽主席谷正綱先生，就是那精神不死的老兵，他只是漸漸凋零而已！

第四節　亞盟成長茁壯到轉型

一、組織變遷

一九五六年亞盟憲章通過後，亞盟組織的建立有了具體依據，各會員單位分會組織也隨之分別設置。一九五七年起，更在西貢設置祕書處，負責處理大會及理事會閉會期間事宜，並協調聯繫各會員單位的聯合行動。大會理事會也從那時起成立，每年改選理事一次，並自一九六二年第八屆大會起，在理事會下設置執行委員會，以加強組織的領導，執行委員由中、韓、越、菲、泰、日等六個首席代表擔任，使亞盟領導益臻加強。此外，並於同年在韓國漢城建立亞盟自由中心，以加強推行有關反共理論研究與幹部訓練工作。

亞盟的組織和運作，隨著時代變遷與憲章修訂，也呈現多樣不同面貌。其演變過程分爲三個階段：

㈠成長期：一九五四年至一九七五年

亞盟在戰亂後草創，到了一九六三年第九屆大會後，才能按部就班舉行年會，活動也才有一定的形式，而一九六四年在臺北召開第十屆大會時，可說已塵埃落定。

亞盟工作的推動，是由常設祕書處發動，而祕書處所在國家主導能力的強弱，則影響了工作方向和成效。一九五七年亞盟祕書處首設於越南西貢，後因越南戰局不穩，於一九六四年暫移馬尼拉，由菲會長霍南德斯先生擔任祕書長；一九六七年亞盟第十三屆大會又決議亞祕處遷回西貢，改選杜登功先生任祕書長。及至一九七五年西貢陷共後，亞盟第二十一屆大會在東京開會，討論祕書處設置地點，當時中、日、韓三國均有意爭取，後經協商決定在中華民國臺北重設祕書處，並推選杭立武先生擔任祕書長。祕書處在臺北開設後，除積極恢復原有業務外，並著手推動強化會員單位與擴充會務活動，亞盟運動自此進入第二階段。

㈡擴展期：一九七六年至一九九〇年

亞盟祕書處遷至臺北後，工作趨於積極，而中華民國在亞盟的主導地位也更形確定。在此階段，亞盟在中東以及南太平洋地區的發展，獲得重大進展。在中東方面，一九七六年以前即有部分重要中東國家代表參與亞盟運動，諸如沙烏地阿拉伯、土耳其、約旦等。至一九七六年時，中東團結理事會（Middle East Solidarity council, MESC）決定全體成員加入亞盟，使亞盟在中東的發展邁入新階段。中東團結理事會係於一九七五年在黎巴嫩首都貝魯特成立，由中東知名人士組成。

另方面，當時亞盟祕書長杭立武也注意到南太平洋地區的重要，特別指示副祕書長田寶岱大使從事拓展工作。田大使於一九七六年中訪問斐濟籌設分會，由於斐濟是該地區樞紐，與南太各國夙多聯繫，東加、關島、索羅門群島、美屬薩摩亞、帛琉等島國亦相繼成立了分會。

大溪地、西薩摩亞、庫克島等雖限於條件，一時未能設立分會，但各國知名人士時以觀察員或貴賓身分參加活動。由於南太各國人士對亞盟運動的認同，極力建議主張將亞盟擴大範圍爲「亞洲太平洋」，經斐濟代表正式提案，在一九八三年亞盟第二十九屆大會一致通過亞盟改稱「亞洲太平洋反共聯盟」。

在此階段，亞盟大會曾多次在太平洋區舉行大會，包括關島、夏威夷（兩次）、澳洲波史市、斐濟、東加、帛琉等。主要是著眼二十一世紀中亞太區域合作的重要性，擴大範圍後加強亞盟對太平洋區的注意。而且，南太平洋諸島國參加亞盟活動人士多爲當地菁英份子，其中東加、所羅門群島、帛琉等三國分會會長皆曾出任國會議長或外長，大溪地的Jacques Teira則曾任總理及主席（最高首長），而萬那杜分會會長Maxime Carlot，則堅持自由反共的信念，並以該項訴求，當選總理。這些分會領導人物的成就，反映出亞盟工作在促進國際友誼的努力上，對中華民國實質外交有一定貢獻。

㈢轉型期：一九九〇年後

一九九〇年代開始，由於共產國際、東歐集團的分崩離析，爲世界帶來了新的面貌，自由、民主也匯爲世界主流。當年元月，在立法院第八十四會期中有多位立委提案建議世盟及亞盟改用「自由民主」名稱，以擴大工作領域。爲順應時代潮流各方要求，經世盟趙自齊會長暨亞盟杭立武祕書長倡導推動，世亞盟先後於一九九〇年間更名。亞盟在一九九〇年十一月馬尼拉大會上通過更名爲「亞洲太平洋自由民主聯盟」，自此亞盟發展進入嶄新時期。

更名後亞盟努力從事促進亞太地區的區域合作，並藉推動文化學術活動散播自由民主思想。在一九九二年曼谷大會亞盟發表了曼谷宣言，主要內容爲：(1)贊同建立區域集體安全體系，以促進和平與安全；(2)加強區域經濟合作，以增進區域繁榮；(3)籌設亞太大學，以凝聚自由民主與區域合作共識。換言之，亞盟的新作爲是爲了促進區域安全、繁榮與合作，帶動亞太共同體之理念。

根據曼谷宣言：在一九九一年的大會亞盟首度召開南太平洋研討會，邀請南太島國重要人士與會，交換意見。一九九三年的亞盟大會即係以「邁向亞太共同體」爲主題，並再次召開南太研討會，除探討南太情勢外，並就如何擴展中華民國與南太國家對話，交流意見。

亞盟每次會議，一方面檢討國際局勢發展，提出適時政治主張，以期擴大反共的國際政治影響，另方面，亦針對國際反共情勢需要，擬具對策，推進工作，對喚起亞太地區人民反共覺醒，促進亞洲國家間友好團結，加強亞太各國政治協調與合作，均具實質績效。例如中日合作策進會的成立、日韓的建交、亞洲國會議員聯合會擴展爲亞太國會議員聯合會、亞洲太平洋理事會的建立，以及各項反共工作的鼓吹、推動、協調、折衝和努力，都是上世紀九〇年代以前亞盟運動的成就。

二、世亞盟關係密不可分

一九六七年九月世盟誕生後，亞盟以孕育世盟的母體轉化成爲世盟組織內的洲際組織，但仍維持其獨立性與自主性，並與世盟運動密切配合。最具體的作爲就是：凡是世盟在亞洲地區召開年會或會前執行委員會，世盟、亞盟兩會便聯合舉行開幕典禮，或聯合舉行聯席會議，例如世盟第五屆暨亞盟第十七屆執委會議、世盟第九屆暨亞盟第二十二屆大會、世盟第十屆暨亞盟第二十三屆大會、世盟第十四屆暨亞盟第二十七屆大會、世盟第十五屆暨亞盟第二十八屆大會、世盟第十六屆暨亞盟第二十九屆執委會等均屬之；另外，亞盟第十四屆、十六屆、十七屆大會係緊接在世盟第二屆、四屆、五屆大會之後舉行。如此安排不但可節省經費支出，免除與會人士舟車勞頓，更重要的是，類似聯席會議可收集思廣益之效，也鞏固了兩會密不可分的關係。

第五章　世界自由日與支援被奴役國家週

（一九五四～一九八九）

第一節　世界自由日（一九五四～一九八九）

在一九五四年一月二十三日第一屆自由日紀念大會宣言就明白指出，一二三自由日運動有兩個基本目標：一是團結中華民族力量，摧毀匪僞政權，爭取中國大陸鐵幕內被奴役人民的自由；一是團結亞洲和全世界的反共力量，擊破東西鐵幕，爭取亞洲和歐洲鐵幕內被奴役人民的自由。

民國三十九年（一九五〇年）六月二十五日，蘇聯指使北韓領導人金日成進犯南韓，大韓民國守軍立刻轉進釜山待援。戰爭爆發後，在美國政府運作下，聯合國安理會於六月二十五日通過第八十二號決議，斷定北韓部隊對大韓民國施行武裝攻擊破壞和平，要求立即停止敵對行動，促請北韓當局將軍隊撤至北緯三十八度線。美國總統杜魯門立即授權海軍、空軍部隊在三十八度線以南地區攻擊北韓。

六月二十七日，安理會通過第八十三號決議：確認北韓破壞和平，通過美國所提採取緊急軍事步驟決議案，建請聯合國會員國給予大韓民國擊退武裝攻擊及恢復該區內國際和平與安全所需援助。

安理會所以能迅速通過美國主導的決議案，是因爲蘇聯抗議中共不能加入聯合國，所以聯合親共國家從一九五〇年一月至八月一日以缺席並棄權手段抵制安理會。

九月十五日美國執行聯合國決議，會同英國、加拿大、澳大利亞、紐西蘭、荷蘭、法國、土耳其、泰國、菲律賓、希臘、比利時、哥倫比亞、衣索比亞、南非、盧森堡等十五個國家，以正義之師援韓作戰。聯合國軍統帥麥克阿瑟將軍（Douglas Mac Arthur）揮軍登陸仁川，越過北緯三十八度線直搗平壤，逼近鴨綠江畔，使北韓共軍瀕臨覆沒。蘇聯於是緊急指使中共，驅迫「中國人民抗美援朝志願軍」五十萬人，於九月二十六日過江參戰。到一九五一年五月，中共、北韓共軍與聯軍接觸的五次戰役中，傷亡慘重，中共雖陸續增兵至百餘萬人，但其「志願軍」被俘人數多達兩萬一千三百人。聯軍將受傷戰俘送釜山醫院治療，其餘則在巨濟島設營管理。巨濟島位於韓國東南部，是韓國第二大島嶼，島上多良港，現今是韓國大宇造船和三星重工的大本營。

被聯軍俘虜的戰俘中，有四分之三以上公開宣布反共，與潛伏戰俘營中的中共特務曾展開極慘烈的生死鬥爭。民國四十年（一九五一）雙十國慶前夕，反共的戰俘爭相輸血，染成中華民國國旗，在雙十節早晨結集廣場，監俘衛兵雖以刺刀戳阻，連續刺傷十八人，他們卻前仆後繼毫不畏怯，將鮮血染成的青天白日滿地紅國旗升起，飄揚在營地上空。還有戰俘更遍身鏤刺「一顆心回臺灣，一條命滅共匪」及青天白日國旗等文字圖案，堅定表示拒返大陸匪區決心。聯軍管制戰俘單位乃於一九五二年四、五月間，將一萬四千餘名志願回歸中華民國的戰俘，移送濟州島木瑟浦營地收容。

一九五三年三月，俄共首腦史達林去逝，馬林可夫（Georgy Malenkov）短暫繼任蘇聯最高領導人（一九五三～一九五五），他發動和平攻勢，建議先交換傷病戰俘，僅以六百八十四名少數聯軍戰俘，換回六千六百七十名共軍戰俘。大韓民國李承晚（Syngman Rhee）大統領憤於聯軍當局對中、韓共黨的委屈遷就，毅然決然地下令釋放北韓戰俘兩萬五千餘名，以致情勢急轉直下，爲中、韓義士爭自由，開創新機。

蔣中正總統對滯韓反共義士表現的民族大義，至感欣慰；對他們爭自由、爭人權的艱苦處境，尤爲關切，特別在一九五三年七月三十日親向留韓全體義士廣播說：

「自從你們向全世界宣告了你們反共的決心，更不顧一切危難，毅然反抗被遣回匪區之後，你們不但獲得了自由中國同胞的敬仰，而且博得了整個自由世界的同情與尊敬。聯合國為了支持你們的立場，確定了志願遣俘的原則」。「你們為了獲致最後的自由，在這幾個月的過程中，必須忍耐，必須與聯合國統帥部合作。在這幾個月中，我自由中國同胞們，必為你們的自由，繼續和你們共同奮鬥」。「希望你們為國珍重，為我們偉大的中華民族作一個歷史上爭取自由的示範。我們以萬分熱忱等待你們重獲自由，回到自由中國」。被拘留在木瑟浦營第一、二、三聯隊的義士，也瀝血上書蔣總統，堅決表示寧願集體自殺，堅拒返回中國大陸。

中國大陸災胞救濟總會理事長谷正綱先生，奉命立即召開緊急會議，商討支援行動；並決定：積極發起中華民國各界援助留韓反共義士運動。

一九五三年七月二十七日，韓境停戰協定簽字，規定聯軍需將所有中、韓戰俘遷往中立區統營裡，在印度軍隊監管下，接受中共代表為期九十天的解釋（洗腦）；再由瑞典、瑞士、波蘭、捷克、印度等五個中立國組成的遣返委員會監管三十天，然後決定戰俘命運歸屬。因為印度監管軍隊有虐待反共戰俘情事，救總常務理事會立即組織「中華民國各界慰問留韓反共義士代表團」，並推救總祕書長方治爲團長，邀請英文中國日報社長魏景蒙、軍人之友社總幹事江海東、僑務委員會委員甘澐等，於八月二十六日攜帶蔣總統文告並派運輸機十一架裝載大批慰問品，飛往濟州島木瑟浦營慰問，深入各營房，剴切宣導。九月十三日起，華籍戰俘陸續由木瑟浦營抵達統營裡（中立國稱之爲「印度村」，自由世界稱之爲「義士村」）。

九月二十六日中華民國各政黨暨農、工、商、婦女、青年、文教等四百四十八個單位代表三千餘人，在臺北集會成立「中華民國各界援助留韓反共義士委員會」，推國民黨、青年黨、民社黨、救總、聯合國同志會、婦聯總會、青年反共救國團、軍人之友社、臺灣省臨時議會等二十七單位爲大會主席團，推谷正綱先生爲總主席，公開呼籲聯合國軍統帥部堅持「志願遣俘」原則，保證反共戰俘在監管期間不受安全與自由的威脅。

援助工作分四個步驟進行：一、舉行反對印軍暴行大會，期使反共戰俘獲致安全自由保證。二、發起支援反共義士百萬人簽名運動，分送聯合國及美國等有關國家，要求如期於一九五三年十二月二十三日中止中共的「解釋」行爲。三、一九五三年十月二十三日，各界援助反共義士委員會舉行第三次大會，決定次年一月二十三日爲「反共義士自由日」，並呼籲全世界愛好自由民主人士共同發起此一運動，以共同的正義力量，支援中韓反共戰俘於監管期滿即恢復平民身分，成爲自由人。四、推選立法院副院長黃國書、救總祕書長方治、國立臺灣大學校長錢思亮等三人爲代表，赴韓國板門店迎接反共義士歸國。

一九五四年一月十一日第四任聯合國軍統帥赫爾將軍（John Edwin Hull）訪華，與我政府交換釋俘意見；並在臺北賓館會晤中華民國各界援助留韓反共義士委員會負責人谷正綱、黃朝琴、錢思亮、毛振翔神父、江一平律師等二十人。谷正綱代表致詞，對赫爾將軍維護正義人道，保障人權，貫徹志願遣俘原則，致以欽佩之意；並提出四點嚴正主張：「一、反共義士自一月二十三日零時一秒起，應無條件成爲自由人。任何方面甚至聯合國，均不能阻止他們走出印度村的自由。二、對中立國遣返委員會仍藉詞延長羈留戰俘，及將反共戰俘強迫遣送至中立國等荒謬主張，請堅決拒絕。三、請作萬全準備，嚴防中共可能對反共戰俘暴力劫害的陰謀。四、屆期依照反共戰俘的志願，迅速遣送他們來臺」。赫爾當即保證「一月二十三日零時釋放反共戰俘的決定，絕不變更；並將協助中國反共戰俘依照所願歸屬的目的地，前來中華民國臺灣」。

一九五四年一月二十日清晨七時五十二分開始，印度監管軍提前將中、韓反共戰俘交還聯軍統帥部。中華民國各界赴韓迎接義士歸國代表團黃國書、方治、錢思亮偕自由中國記者訪問團等，先於一月十七日晚上搭專機飛韓，二十日上午九時即抵印度村外自由門前，會同中外記者、華僑、美軍、韓國民眾，熱烈迎接以整齊步伐走出自由門的一萬四千三百四十三位中國反共義士。聯軍統帥赫爾將軍仍待至一月二十三日淩晨零時一分始宣布反共戰俘恢復平民身分；並在美軍第八軍團司令部舉行交接儀式，司令泰勒（Maxwell Davenport Taylor）正式簽字後，即將中韓反共義士名冊移交中、韓兩國政府代表。中華民國由賴名湯將軍代表簽字接受，大韓民國由其參謀總長白善燁代表簽字接受。

中華民國各界於一月二十三日上午九時，在臺北市中山堂前廣場舉行「自由日」慶祝大會，由谷正綱先生擔任主席，各界民眾十萬人以上到場參加。鳴自由鐘二十三響，象徵「一二三自由日」。行政院院長陳誠、韓國駐華大使金弘一等均蒞會致詞。空運（傷患）與海運歸國義士先後於二十三日及二十五、二十六、二十七日分批踏上自由國土，然後送往苗栗大湖義士村安置。

三月二十三日，谷正綱在大湖義士村主持「反共義士脫離匪黨組織宣誓」儀式，義士中曾加入中共黨團者，一致申請公開宣誓脫離中共黨的組織。我政府對一萬四千餘反共義士，均按其志願妥予安置。百分之八十以上堅請加入國軍行列，約百分之十的老弱殘障，分別就養就醫，自行就業與輔導就學者各約百分之五。

全國各界爲紀念「一二三自由日」的偉大意義，每年此日各地均有隆重盛大的集會，鳴自由鐘，燃自由火，唱自由歌，並舉辦各種反共活動，以發揚爭自由的奮鬥精神。其後，經亞盟將此一運動推展到亞洲各國家及地區；世盟復於一九六八年十二月在世盟第二屆大會中作成決議，將此運動擴大爲「世界自由日」運動，成爲全人類爭自由運動的共同標幟。數十年來，此運動一直是鼓舞鐵幕內人民反共抗暴、爭取自由、以及結合自由世界人民保衛自由的號召與行動。

第二節　自由日運動

世界自由日運動自一九五四年一月二十三日以來，每年分別在中華民國及海外僑居地舉行大會及慶祝活動。首屆自由日大會在臺北市中山堂廣場舉行，出席政府高級首長、政黨領袖、各界人士、外國使節分別在會中發表演說，韓國大使金弘一也出席大會致詞。各界發起募捐運動立即收到現款三十五萬餘元。大會並發表自由宣言：團結中華民族、亞洲和全世界的反共力量，爭取中國大陸鐵幕內，以及歐亞兩洲鐵幕內被奴役人民的自由。此後幾年間，自由日當天我國都在臺北市中山堂舉行紀念大會，政府首長、中外來賓、各界人士三千餘人出席，各國駐華使節也應邀觀禮，熱烈響應「條條道路通自由」的主題運動。

一九五七年三月，亞盟第三屆會議在越南西貢作出支援亞洲鐵幕內人民爭取自由運動決議後，每逢「自由日」紀念日，韓、越等亞盟會員國都同樣舉行各種紀念活動。這不僅表現他們對此運動的熱烈響應，也表示亞洲反共力量的團結。尤其自一九五六年美國艾森豪總統宣布此後以每年七月第三週爲「被奴役國家週」，對於

「自由日」所揭示的兩大目標作了最有力的配合與呼應。

一九六〇年一二三自由日並被指定爲國際難民年中國世界難民日。因爲救濟逃出鐵幕的難民，也就是對鐵幕內人民爭取自由的有力鼓勵與援助，大會中谷正綱先生呼籲，要認識這一救濟運動的重大意義，大力支持和慷慨捐助。

自一九六〇年起，配合美國倡導的被奴役國家週，向散布在全世界各地的被奴役國家流亡組織和各國支援鐵幕人民的機構建議，訂一月二十三日在各地集會擴大推行全世界人民支援鐵幕內人民爭取自由運動，立即獲各國際反共組織熱烈響應。此運動已由中、韓、越擴展到亞、歐、美各地，漸使全世界人民對支援鐵幕內人民採取了集體聯合行動。

一九七六年谷正綱先生主持全國各界紀念世界自由日大會及戰鬥晚會，前者在國父紀念館舉行，後者在臺北市體育場舉行，充分顯示我全國軍民精誠團結，堅決反共的不撓精神。谷先生在大會之演講全文及大會宣言，經美國參議員威廉史考特在參院院會提議通過，列入美國國會紀錄。

在國內部分，一二三自由日紀念活動規模越來越盛大，活動場所從中山堂搬到了新落成啓用的中華體育文化中心（中華體育館，現已廢棄），參加人數也遽增至一萬五千人左右；一九七六年後自由日活動則多使用國父紀念館。

紀念會除邀請國內政要親臨致詞，每年大會還邀請國內外貴賓演講，或是各國反共人士來臺報告經驗、心得。例如：一九六〇年韓國大使金弘一、于斌總主教、美駐華新聞負責人，分別發表演說，呼籲全人類爲爭取人類自由而奮鬥不懈。一九六二年韓國大使崔用德、越南公使阮功勛、美國大使代表克勞夫、美國被奴役國家委員會主席杜布林斯基（Lev E. Dobriansky）、韓國義士蔡善慶、越南義士杜文苑等分別發表演說。一九六三年美國眾議員福樂德、韓國義士伊基禎等人在大會演講。一九六四年美國國會議員戴文斯基、西德國會議員蘇斯德亨、歐洲被奴役國家委員會主席庫特、亞盟韓國主席朴寬洙（Kwan Soo Park）、琉球公共關係處長奧斯本，均在大會演講。一九六五年古巴前總統烏魯蒂博士（Manuel Urrutia Lleó）、美國眾議員湯姆生、阿根廷國會議員費南代斯、韓國義士趙誠植、越南斐文六先後在大會致詞。一九六六年美國會議員杜恩、比利時神父萬廣禮、韓國義士李榮茂、越南義士陳光鎮，均發表演講。一九六七年越南共和國副總理阮友固中將、美國眾議員威廉白萊、韓、越代表崔光石、丁龍長均在大會演說。一九六八年美國眾議員芮立克、韓越代表李弼殷、黎春專、繆眞白等發表演講。一九六九年美國眾議員布肯南發表專題演講，韓國義士薑禮默、越南義士潘文倡分別報告心得。一九七〇年韓國義士李東濬、越南義士陳文得、美國藍恩將軍及捷克流亡國家委員會主席安乃克等在會中發表演說。一九七一年美國會眾議員魯肯斯、韓國代表金容龜及越南代表范成材在會中致詞。一九七二年美國參議員布克萊、加拿大人權委員會主席瓦爾許和賴索托總理府祕書長庫依等曾在會中發表演講。一九七三年五大洲領袖人士如美眾議員但尼爾伉儷、英國議員、世盟英國分會主席嘉瑞諾、泰國參議員巴攀上將、澳洲議員達比伉儷等、韓、越代表成樂五、黎春瑞均參加。一九七四年美、韓等二十餘國均派代表參加，美國參議員韓姆斯曾在會中演說。一九七五年美國眾議員梅逸爾斯、沙烏地部長古地貝、賴比瑞亞羅斯、智利代表亞普、巴西主席巴百里等曾在大會講話。一九七六年美國眾議員麥克唐納曾發表演講，而菲律賓樞機主教羅沙利、肯亞國會議員歐廣耀、比利時世盟分會主席范克霍文等也曾講話。一九七七年，美國威斯康辛大學校長費爾德博士，西班牙軍人協會會長古榮、賴比瑞亞前部長毛根、沙烏地阿拉伯工學院詹佐、泰國議員瓦塔納、阿根廷國科協會主席賴拉教授等在會中發表演講。一九七八年美國前參議員墨菲、賴索托議長柯拉聶、荷蘭副議長史卡高、巴西議員瓦格士、沙烏地大學校長阿法德等在會中講演。一九七九年美國眾議員羅德、日本眾議員加藤六月、法國議員梅斯邁、沙烏地阿拉伯前交通部長陶飛格、巴西國會議員歐利維拉、上伏塔前駐聯合國大使古裡瑪均發表演說。一九八一年祕魯國會副議長曼哲果、荷蘭國會議員馬德曼、德國議員孔茲、澳洲分會主席皮爾遜、史瓦濟蘭內政部長加本尼、世盟歐洲區域組織主席比利時隆鮑艺等多人分別發表演說。一九八二年三十多個國家和地區的外賓參與盛會，阿根廷前總統李文思敦等發表演講。一九八五年美國眾議員克雷恩、哥倫比亞參議員艾斯科巴、法國達敏市長、史瓦濟蘭國會議長馬文比納、韓國議員黃炳晙、日本眾議員船田元、紐西蘭國會議員馬歇爾先後發表演說。一九八七年比利時國會議員克羅斯、韓國國會議員朴實、英國下議員墨菲、印尼國會議員羅塞迪等發表專題演講。一九八八年，美國殷合費議員、瓜地馬拉色古拉博士、比利時克羅斯將軍、模里西斯法基拉先、韓國鄭顯繁議員、日本藤井孝男議員、沙烏地詹馬爾先生、代表各地區發表意見。

此外，地方也配合舉辦自由日活動，例如：一九七八年在臺中市省立體育場舉行的世界自由日自立自強大會，有來自卅餘國代表和地方領袖及民眾十萬人參加；一九七九年、一九八〇年一月二十四日晚間，在高雄舉行反共產爭自由群眾大會，和世界自由日戰鬥晚會；一九八一年在臺南市舉行爭取人類自由大會活動；一九八四年自由日大會在臺南市立體育場舉行，來自世界各國各界人士十萬人參加了大會。此外，在自由日大會前，也會舉辦各種群眾活動，自由日活動從臺北走到其他縣市，讓更多國人參加為人類爭自由的活動，體認自由日活動的眞諦。

第六章　一九八九年後的世盟運動

第一節　張建邦短暫領導世盟

一九八五年，當時擔任臺北市議會議長、淡江大學校長的張建邦博士，受世盟創始人谷正綱理事長的邀請，擔任世盟中華民國總會常務理事，協助谷先生推動會務。一九八六年十月再被推選爲副理事長，直接參與會務。一九八八年六月谷理事長因健康關係把理事長的職務交棒，張建邦負起了承先啓後的重責大任。張先生同時兼任世盟理事會主席（一九八七～一九八八）。

張建邦接掌理事長之初，正値國際形勢與海峽兩岸關係發展的關鍵時刻；當時共產國際內部正吹起經濟自由化改革風，蘇聯旗下的波羅地海三小國紛紛要求獨立，並推翻共產極權，企圖建立自由民主的制度。而中國大陸也正興起「經濟學臺灣」的一股熱潮。在經過四十多年的冷戰歲月後，正是自由民主國家爭取最後勝利，埋葬共產極權的時機；也是世盟爲爭取人類自由、民主、提升全人類福祉最好的時刻。

因此，張建邦於上任之初擬訂世盟未來努力的方向時，即揭示下列各項推展運動的基本原則，爲以爭取政府全力支持：

一、發揮政治、經濟、社會、教育、文化、美術、宗教等各層面的資源，匯聚成爲一股整體力量，來推動會務，達成目標。

二、從國內至海外，動員民眾來徹底地反共產、反極權，共同爲全人類的幸福和生存而努力。

三、用和平的方式達成目標，不參與任何軍事行動、不打游擊戰、不介入國際戰爭或武力衝突；同時也避免與極右派及國際聲譽欠佳人士接觸，以提升世、亞盟嚴正而美好的形象。

四、新時代世、亞盟所擔任的角色與肩負的任務遠比過去更爲重大，亟需政府及各界人士更進一步的參與及支持。

一九八八年八月，世盟在瑞士日內瓦召開第二十一屆大會，由張建邦先生以世盟理事會主席身分主持開幕，並交地主國世盟瑞士分會主席國會議員奧白麗女士接任大會主席，計有一百零三個國家（地區）與國際組織會員單位代表及觀察員，共二百六十九人參加。大會期間國際共黨和左派團體對瑞士政府施壓，企圖阻止世盟集會，甚至在開幕典禮時，以石塊、木棍、油漆及沖天砲襲擊大會會場，經瑞士警方出動鎮暴部隊強力驅散，並逮捕違法示威群眾多人法辦，且對大會實施嚴密安全防護，方使大會議事得以順利進行。

惟恐美、蘇之間的和解動搖了愛好民主自由人士反極權、反共產的鬥志，張建邦在年會開幕詞中，特別引述前美國總統尼克森的著作《一九九九年沒有戰爭的勝利》（*1999: Victory without War*）一書中所說的話：「一九九九年當我們憶及二十世紀時，我們會認為它是人類歷史中最冷酷殘忍的世紀……也就是成就最輝煌的世紀」；「讓我們大家有所警惕，勿忘本世紀全球各地所發生的大小戰爭，及千千萬萬犧牲陣亡的人們，才不至於陷入和平共存的幻想中，反而更要提高對共產主義擴張的警覺，絕對不可一刻放鬆」。張建邦指出：在和解假象下，全世界仍有百分之三十五的世人在共產極權統治中，仍然過著不自由和貧窮的日子，他們仍在奮鬥努力爭取自由的天空。他呼籲所有愛好自由、民主的人們，不應被當前和平假象所迷惑，更應加緊奮鬥，以和平為號召，共同努力來進行一場沒有砲火的戰爭，爭取「沒有戰爭的勝利」。

張建邦特別呼籲：「自由世界應建立一個分區發展和國際間共同發展的經濟

體系。唯有經濟的發展，使人民生活水準提升，才能證明自由民主制度優於共產制度」；「知識就是權利，知識也就是財富，我們應致力發展人類的智慧，將知識作明智的運用。自由世界實爲一整體，建立全球資訊交流及分享新知的體系，以加速發展，厚實與共產制度比較之經濟力。」

一九八八年十月亞盟第三十四屆大會在澳洲柏斯（Perth）舉行，張建邦也以世盟中華民國總會理事長身分出席會議，並以「邁向繁榮的新途徑」爲題致開幕詞，鼓吹成立「亞太經濟共同體」。

他指出，亞太地區具備許多經濟發展條件：

一、具有豐富的原料及農業發展潛力。

二、在國際貿易中之分量日形重要（爲國際貿易成長的主要因素）。

三、年經濟成長率大幅超出歐美的市場經濟成長率及蘇聯的計畫經濟成長率。

四、拓展了更爲富裕的外銷市場。

五、對未來的展望樂觀，因爲其經濟成長與其技術進步密切結合，而且對經濟社會結構的不斷重建亦具有特殊的適應能力。

六、充滿經濟活動的國家不斷向未來邁進的衝力，尤其是新興工業國家，諸如香港、中華民國、新加坡及南韓（後來被稱爲亞洲「四小龍」）等。

除了上述新興工業國家外，尚有屬於「東南亞國協」的印尼、馬來西亞、菲律賓、新加坡、泰國及汶萊等國，緊跟在後，並很可能成爲下一代的新興工業國家。亞太盆地工業化的步伐日趨重要，其組合亦日俱規模，可以預測的是世界經濟的重心勢必從大西洋轉移到太平洋。因此，學者們已紛紛研議成立「亞太經濟共同體」之可能性。

張建邦認爲，對亞太地區的發展可以抱持樂觀態度，可是如果沒有政治安定，就沒有經濟發展。「今日的亞洲，由共產主義所產生的貧窮，與基於政經自由所造成的富裕，形成空前顯明的對比。共黨統治者，一天不放棄共產主義、無產階段專政、或顚覆陰謀，世界上就沒有一個國家能確保其經濟繁榮，社會正義及自由民主。」

張建邦說，共產與民主二大陣營經過四十年的冷戰和競爭之後，共產國家及第三世界國家內部自由民主運動正蓬勃發展，共產與非共產國家間政府與民間的往來亦逐漸展開。「自由民主」正成爲全球新的風尚，民主陣營理應乘此一大好時機，以和平爲號召，透過經濟、文化、學術……等活動的交流來瓦解共產政權的統治。世盟若能適時以「自由民主」爲名，並適當修訂運動方針，當更能有效達成追求全人類自由民主的目標。因此，他要求世盟幕僚及所有分會研究進行更名及聯盟憲章修訂等事宜，此一工作雖未能在張理事長任內完成，但也爲後日世盟更名「世界自由民主聯盟」奠下基礎。

一九八九年六月張建邦被派任交通部長因而離開世盟。張理事長任期間雖然短促，但在會務及世盟運動的推展上確實也進了一番心意。例如他要求世盟所有活動與學術結合，透過與各大學合辦學術研討會、演講會及座談會的方式，讓學者將有關共產主義本質及民主自由的成就等相關性的研究發表出來，以代替空洞的文宣口號。總計在他任內先後與淡江大學、東吳大學等學術機構舉辦過：

一、「拉丁美洲研究國際學術會議」：共有十九國學者參與，論文計三十二篇，另有十四位中南美洲記者來採訪。國內參與人士有大使、大學校長、院長、系主任、教授等學者專家，二百餘人。

二、「太平洋研究會議」：各國學者專家共計一百餘人參與，發表論文計卅篇，成果非常豐碩。

三、「大陸傷痕文學研討會」：與會學者專家、民眾及青年約五百餘人，盛況空前。

四、其他如「新形勢、新做法」系列座談會之舉辦也在世盟主導下召開。確實結合了學術力量，達到了在國內外民間「深耕．生根」的目的。

隨著冷戰結束、蘇聯解體、東歐變天，東、西德統一，以及多數共產國家進行市場經濟改革，世盟也在張建邦博士交棒給趙理事長的領導下，在二十一世紀來臨前夕，完成階段性任務，更名為「世界自由民主聯盟」，世盟運動進入新的里程碑。

第二節　趙自齊接棒領導世盟

一九八九年七月趙自齊接任世盟中華民國總會理事長。當年東歐共產集團國家如波蘭、匈牙利、捷克等國紛紛唾棄共產主義，實行民主改革，接著蘇聯共產政權垮臺，蘇聯瓦解，東西方冷戰結束，國際新秩序進入重整。鑒於國際情勢變遷如此之速，一九九〇年七月世盟在比利時舉行第二十二屆大會，提議通過將「世界反共聯盟」改名為「世界自由民主聯盟」，以適應時代潮流，然反共原則不變，繼續以追求全人類自由、民主、人權、世界和平為總目標，得到國際社會的贊同與支持。一九九一年八月世盟二十三屆大會在哥斯大黎加舉行，修改世盟憲章，建立總會會長制度，強化統合領導功能，各國出席代表一致推選趙自齊為首任會長。世盟總會會址設在中華民國臺北市，成為完全由我國主導之國際組織，有助於提升我國國際地位。

一九八九年六四天安門事件後，中國民主陣線聯盟主席嚴家其隨法國民主船來臺停靠基隆港，世盟委由反共愛國聯盟出面請嚴家其及民主船人士午餐。餐會由空中大學校長陳義揚擔任主人，趙自齊理事長陪同嚴家其等人到會場，主桌還有大同盟理事長馬樹禮。席間嚴家其堅持不就坐主桌貴賓席，請他上臺講話，他也堅持站在原座位上表達感謝之意。

趙自齊先生私下究其原因，嚴家其才回答說，他從事民主運動事業，但不能被扣上反共的帽子，主桌後面掛著紅布，上面寫著「反共愛國聯盟歡迎民主船抵臺」等字樣，如果他坐上貴賓席位，背後「反共」字樣會使消息馬上傳到大陸，對家人不利。這番話除讓趙理事長看到嚴家其對中共的恐懼，也讓趙自齊興起了要修改世盟憲章，更改世盟名稱的動機。

趙自齊先生在他的《訪談錄》中說：

有了這個動機，重新檢視世盟，發覺世盟要有前途，必須擺脱過去反共名稱，而且需要有個領導人會長和固定會所，才能督導平時工作。但要如何進行，的確得有詳細計畫運行，因爲當時谷先生還是中華民國分會的榮譽主席。修改世盟名稱，茲事體大，除了谷先生，還得與黨國大老商量，在拜訪了十一位大老後，竟是半數以上不同意改名稱。這些大老認爲反共是既定國策，如何可以修改！我盡力地説服他們，但他們並不完全接受我的理由，可是當時我有決心，決定先與法政學者研商，擬好腹案。我的腹案有四：一、修改憲章，更改名稱；二、成立總會；三、選出總會會長；四、將總會會所設在臺北。

除修改名稱，趙自齊同時進行了幾項重要改革：

一、谷正綱先生領導世盟時，舉辦很多紀念會，這些活動多在國內舉辦，趙先生認爲反共理念應向外宣傳，所以取消國內活動，把活動地點轉移到世界各國首都舉行。經過審慎研究，除「世界自由日」活動在我國臺北市舉辦外，從一九九〇年開始，決定作突破性改變，取消大型群眾大會，改辦國際性學術研討會，邀請學者專家參加，提高參與層次。採取教育方式，使各界人士能徹底了解自由、民主人權的眞諦。

二、谷先生主持世盟時代，六十多個會員國會長半數以上是退役軍人，他們的立場的確是反共，但是軍人退役後影響力量減少，需要調整。趙先生要求各單位檢查，對接替人選有下列考量：必須是現任政府官員或國會議員；議會層次必須在國會議員以上，政府必須是部長以上階級；不以單一政黨領導。根據此三大原則整理、吸引新會員後，三分之二以上分會會長皆是國會議員、大學校長或政黨領袖。

趙總會長上任之初即以「創新求變，務實前瞻」自勉。在創新方面，創立總會，修改憲章；求變方面，改變各分會會長素質；務實方面，各分會一定是一個組織，而不是只有一個代表；前瞻方面：提高在國際社會的地位，也將活動推向國際層次。先後以歐洲比利時、匈牙利、德國、俄羅斯、中美洲哥斯大黎加、美國洛杉磯，亞洲泰國、南太平洋紐西蘭、澳洲等重要國家為據點，全面開展世亞盟活動。

第三節　世盟年會活動

一、世盟第二十二屆年會在澳洲受阻

一九八九年七月十二日，趙自齊先生接任世盟中華民國總會理事長。當時世盟類似聯合國組織型態，但是沒有常設機構，主席是由大家推選，任期一年，大會事務由祕書處祕書長負責，當時世盟祕書長是韓國的禹在昇博士。

趙理事長上任後，首當其衝的便是世盟第二十二屆年會的波折。原訂一九八九年

八月二十一日在澳洲布里斯市舉行的年會，卻因澳洲政府拒發世盟中華民國總會理事長趙自齊和蔣緯國將軍的簽證，遂由世盟執委會決定，將大會改為臨時座談會，依原定議程進行，計有五十個國家及地區、一百二十位代表參加，由亞盟祕書長杭立武兼代我國代表團團長職務。

開幕後，美國索羅門議員對澳洲政府拒發中華民國代表團團長等人簽證，向澳洲總理霍克表示不滿，澳洲國會議員霍華、古德拉克議員及各國多位代表，也一致譴責抗議澳洲政府拒發簽證的措施。

因應國際情勢的變化，會議期間分別召開「天安門事件後中國大陸民主運動的展望」、「開發中國家如何提升經濟發展」、「戈巴契夫的和平攻勢及歐洲的穩定」、「共產國家及第三世界的自由民主運動」、「現階段自由世界如何運用柔性攻勢」等五個專題研討會，經熱烈討論均獲得共識。閉幕時通過聯合公報，嚴詞譴責中共在天安門廣場屠殺中國大陸民主鬥士的罪行，呼籲對中共實施嚴厲經濟制裁。

一九八九年東歐發生變局後，世盟決定拓展自由民主領域。一九九〇年七月二十三日大會在比利時首都布魯塞爾舉行，頗受歐洲各國人士重視。

會前世盟中華民國分會將趙理事長的腹案，提交各國分會主席徵詢意見，多數分會主席對更名為「世界自由民主聯盟」表示贊同，但對後三項有意見，因為總會的成立與會長大有關係。他們要求趙理事長必須競選會長，才同意設置總會。

開幕當天計有歐洲區域組織及世盟各國代表兩百餘人出席。此係趙自齊首次參加世盟年會，因此約好與各國分會代表見面，目的是互相認識。由於人數眾多，因此將出席的五十八個國家依語言分類分組，在四天會議中，利用早餐、午餐、茶會和晚餐與代表分別討論分會組織情況及工作推展情形。

經過面對面溝通會談後，趙理事長對世盟運動的體制和運作有了全盤了解。例如，有些分會只有一人，總會和分會間的溝通，以及非會議時間的連繫工作等，都是問題。因此他提出了幾個要求，第一，不能一人一個分會，至少要有個委員會，而且委員會必須包括現職政黨領袖、政府人士或國會議員或學界代表；第二，不用一個政黨作為唯一主席；第三，會員不能完全是退休人員。趙理事長接任時，分會主席多是退伍軍人，好處是軍人徹底反共，缺點是太偏右，無法全面動員。

針對以上問題，趙理事長提出六項修改方案：一、改名，將反共聯盟改成自由民主聯盟；二、成立世界自由民主聯盟總會；三、將會員國分成南美、北美、歐洲、亞太、中東和非洲六洲區會，各洲半年開一次會，並授權洲區的主席；四、由總會選出會長，任期四年，連選得連任；五、總會所在地設置會所；六、仿照聯合國組織，向聯合國非政府組織進軍。

在修改名稱上，遭到韓國分會的反對，當時韓國由曾任外長和總理的丁一權，和曾任陸軍中將和安全局長的金永光代表參加。金永光要求改成「自由聯盟」，並運作日本代表支持。趙自齊則認爲這是大會權責，經過討論後，決定由二十五人組成執行委員會，最後大會通過提議更改世盟名稱，將「世界反共聯盟」改爲「世界自由民主聯盟」等案，交由下屆大會決議。

對世盟更名一事，爲何韓國分會反對？事後了解，是因爲韓國國會編有「自由聯盟」的預算，如果改名，預算可能被取消。

此外，本屆大會通過的重要議案有：加強與東歐各國接觸並促請自由世界對東歐提供支援與協助；打擊亞洲地區共黨勢力，促其順應民情進行民主改革；世盟繼續參與聯合國各國際組織活動，結合國際力量擴大自由民主陣營等。

大會閉幕後，世盟中華民國代表團訪問了比利時、德國、法國、瑞士、匈牙利等國，分別在各國舉辦「中華民國近況座談會」、「來自臺北的問候」等活動，介紹我國經濟發展，政治革新進步實況，參與活動的有各國國會議員、學術、傳播、工商界人士及當地華僑。許多東歐國家了解世盟運動意義後，欣然希望加入世盟組織。

二、世盟第二十三屆年會

世盟第二十三屆年會暨世青盟第五屆會議，一九九一年八月二十日在哥斯大黎加首都聖約瑟市聯合舉行，主題爲「合力推動政治民主與經濟發展」，計有九十六國和地區的單位代表及觀察員六百零三人參加。出席貴賓包括哥斯大黎加總統喀德容、哥國三位前任總統、兩位現任副總統、中華民國副總統李元簇、薩爾瓦多、宏都拉斯、瓜地馬拉、尼加拉瓜、巴拿馬等六國副總統。此外，哥斯大黎加、多米尼克、格瑞那達、聖克里斯多福、聖露西亞、史瓦濟蘭六國國會議長也出席了大會。

此次大會的決議，對世盟組織和此後的發展，具有重要影響：

㈠修改憲章，揭櫫世盟運動理念，以推動政治民主、經濟自由、人權尊嚴爲目標，並提高會員素質、強化各區域組織和分會的功能。

㈡建立世盟總會長制度，任期四年，以強化領導功能，發揮統合力。

㈢經全體代表一致推選中華民國分會理事長趙自齊爲首任總會長。

㈣將世界自由民主聯盟總會會址設於中華民國臺北市，世盟祕書處仍設於韓國漢城，祕書長爲韓籍的禹在昇。

㈤設置專責委員會研究與聯合國加強合作的途徑，並繼續參加聯合國非政府組織活動執行計畫。

同時大會支持波羅地海三小國愛沙尼亞、拉脫維亞、立陶宛（Estonia, Latvia and Lithuania）宣布獨立，並對蘇聯放棄共產主義思想，解散共黨組織深表肯定（一九九○年三小國與喬治亞陸續脫離蘇聯宣布獨立）。在聯合公報上，這屆大會主張中華民國已發展成爲世界主要貿易國，應支持中華民國加入關稅貿易總協定（GATT），且呼籲共同防止中共在國際社會孤立中華民國的企圖，以及放棄在臺海使用武力。

世盟中華民國總會爲了擴大當屆年會在國際的影響面，並協助政府拓展務實外交，所以事前擬定「眾星計畫」，邀請中美洲各國元首和李總統登輝先生，趁參加世盟年會之便，舉行高峰會議。行前總統府祕書長蔣彥士、國安局長宋心濂先後向李總統報告國內政情可能生變，所以李總統臨行前取消行程，改由副總統李元簇前往，我方立刻改邀請七個國家副總統相陪。李副總統除蒞臨世盟年會發表演講，並與各國副總統舉行高峰會議，發表聯合公報。此外，外交部部長錢復也分別與哥國外交部長、匈牙利勞工部長和紐西蘭執政黨主席等晤談，對促進我國務實外交，助益良多。

三、世盟第二十四屆年會

爲配合我國外交政策，及推展世盟運動於前共黨國家，世盟二十四屆大會於一九九二年八月八日至十二日在匈牙利首都布達佩斯召開，主題爲「合力拓展自由民主領域」，計有全球六十三國和地區代表及觀察員共二百八十一人參加，由世盟總會會長趙自齊博士主持大會開幕式。萬那杜總理卡洛特先生（Maxime Carlotkorman）、拉脫維亞外長尤肯斯先生（Janis Jurkans）、幾內亞比索新聞及電信部長桑哈先生

（Malam Baxai Sanha）及俄羅斯民主黨主席崔福金先生（NIcolai I. Traikin）等人皆在大會作了講演。

此次會議的重要意義爲：開展中、匈關係，推動高層外交，廣結邦誼，擴大發展世盟組織。眾多東歐、獨立國協、波羅的海等國家重要人士首次參加世盟年會，對自由民主運動均表示支持，是爲此次年會最大特色。此外也通過厄瓜多爾等十二個會員國入會案。

一九四四年蘇聯占領匈牙利；一九四九年立憲成立匈牙利人民共和國，由蘇聯扶植的傀儡政權統治。一九五六年十月匈牙利民眾揭竿而起，發動全國性革命，是鐵幕內最早爆發的抗暴運動，不幸因爲蘇聯軍隊入駐匈牙利並配合匈共國家安全局進行鎮壓而告終。直到一九八九年十月二十三日共產政權倒臺，改名匈牙利共和國，人民才獲得民主和自由，成爲東歐民主運動的前鋒。

由於匈國的民主化過程在歷史上頗具代表意義，所以趙自齊總會長決定世盟登陸東歐，要從匈牙利開始。早在一九九〇年世盟在比利時召開第二十一屆大會時，即曾邀請匈牙利總理府祕書長吉許（Gyula Kiss）參加。一九九一年世盟在美洛杉磯舉辦支援被奴役國家週活動時，又邀請匈牙利總理安塔爾（Jozesf Antall）和外交部長傑任斯基（Geza Jesznsky）參加，爲到匈牙利召開年會做足了準備。

雖然趙總會長事前精心安排，但二十四屆年會還是出了狀況。原定負責籌辦年會的匈牙利分會主席、獨立農民黨主席陶格揚博士，因爲陷於黨務危機，無暇籌辦年會事務，加上他與總理敵對，致使匈牙利政府對世盟在該地召開年會持保留態度。經世盟總會派員協調未果，乃決定由總會直接接手籌辦，以減少匈國政府的阻力。

經過我方多次協商和安排，以及駐匈代表處代表魏武煉的支持與駐處外交同仁的配合，大會終於得以順利完成，世盟東歐登陸成功。當地報紙均以巨大版面報導世盟年會新聞，匈牙利電視臺甚至以三十分鐘的時間播出對趙自齊總會長的專訪。

八月九日世盟還與匈牙利經濟大學聯合舉辦「一九九二年支援被奴役國家國際學術研討會」，主題是「支援自由民主活動」。

唇齒相依的反共盟恩斷情了！

自從一九四九年八月的鎮海會議開始，同時被美國排除在遠東防線之外的中華民國與大韓民國，就成爲了唇亡齒寒的反共盟友，直到韓戰於一九五〇年六月二十五日爆發之後，中華民國和大韓民國被一起納入了美國圍堵蘇聯與中共的第一島鏈防線內，蔣中正總統與李承晚大統領也自然而然成爲了在遠東最堅強的兩位反共領袖。

不同於日本對中華人民共和國始終抱持著曖昧不明的態度，當年中華民國與大韓民國在反共方面的合作卻是積極的，蔣總統曾經將韓戰視爲反攻大陸的契機，而主張派遣國軍進入朝鮮半島作戰，儘管事後遭到了美國的反對，卻絲毫不減兩位反共鐵人之間合作的情誼。

一九六〇年五月，李承晚大統領被迫流亡夏威夷，但是中華民國與韓國之間的反共友誼卻絲毫不受影響，相反的，在朴正熙擔任大統領期間（一九六二年三月二十二日～一九七九年十月二十六日），雙方的合作變得比過去更爲堅固，例如：一九六五年六月，日、韓建交，許多老一輩的中韓外交家都認為，谷正綱先生所主導的亞盟是居功厥偉的。

中華民國政府曾經幫助過韓國獨立建國，然而兩國之間的傳統友誼，也僅僅維持到冷戰結束就搖搖欲墜了。一九九二年，盧泰愚取代了全斗煥出任大韓民國總統，這位首位經由民主選舉所產生的南韓總統，上任之後便把與中華人民共和國建立邦交，看成自己最為重要的政治資本，當時的李登輝總統深知大勢已去，在一九九二年八月二十二日宣布與南韓斷交，中華人民共和國也因此在兩天之後，正式與大韓民國完成了外交承認。幾十年來唇齒相依的反共盟友就此恩斷情了！

四、世盟第二十五屆年會

一九九三年十月二十二日至二十五日在德國柏林市舉行第二十五屆年會，計有七十四國和地區代表一百九十二人及三十五位觀察員參加，大會主題為「全球合作拓展自由與人權」。開幕式由世盟總會會長趙自齊博士主持，應邀演講貴賓包括聯合國大會前任主席保加利亞外長甘乃夫先生、保加利亞前總理狄米托夫先生、柏林市內政廳廳長海克曼博士、白俄羅斯副總理戴斯丘先生，及諾貝爾和平獎得主達賴喇嘛等。

大會發表聯合公報，呼籲國際支持中華民國參與聯合國，並希望各國加強經濟合作，促進政治民主，經濟自由及保障人權。

(一)會師德國的理由

此次世盟會師德國的理由是：德國統一後，政治民主化、經濟自由化，逐漸成爲歐洲重心，柏林市將在二〇〇〇年恢復德國首都的地位。而且柏林在戰後成爲歐洲人民爭自由民主，獲得勝利的象徵，未來也勢必成爲歐洲政治、經濟、文化的樞紐，所以決定在柏林召開世盟年會，具有時代意義。

此次大會最大特色是：由趙自齊總會長策動德國國會議員、世盟德國分會負責人魯瓦克等在大會中提出「支持中華民國進入聯合國案」，獲得與會七十四個會員國代表一致支持，無異議通過，決議案經會員國代表簽名後，送請聯合國大會主席處理。

關於年會活動的安排，開始籌備時，趙總會長曾提示三項工作重點：一是與會人士層次必須是總理、部長或國會議長；二是主辦學術研討會；三是參加國家代表人員，一定要有助於拓展我國外交。所以這次與會重要人士有美國阿肯色代州長哈克比（Mike Huckabee）、義大利參院副議長金聖斐（Giorgiode Giuseppe）、前烏克蘭總理夫人史特茨科夫人、拉脫維亞前任外交部長尤肯斯（Janis Jurkans）。

依趙總會長指示，這次年會規畫了學術討論會，研討主題是：「亞太地區的集體安全和經濟合作」。討論的重點爲：支持區域安全與經濟發展；以自由、民主、人權開展國際經濟合作。

在專題報告上，趙總會長要求國家對等。我方事先與德國官方商議，邀請德國經濟研究院院長霍夫曼（Luts Hoffmann）代表德國提學術報告「新德國的經濟調適」，德國政府的經濟政策都是出自他。由於霍夫曼是經濟研究院院長，所以我方由中華經濟研究院院長于宗先提出「臺灣經濟發展及其與大陸的經濟關係」報告。德國請歐洲安全合作安員會主席瑞茲門諾夫斯基博士（Kersten Radzimanowski）報告「作爲歐洲安全之基礎與促進要素的經濟合作——其現今與過去之經驗」，我國則是由前財政部長、當時的大安銀行董事長陸潤康爲「臺灣的國際經濟合作政策」進行專題報告。另外，做專題報告的還有莫斯科大學教授盧欽科博士（Nicholas I. Zhodaoff-Lutsenko）的「後共產俄羅斯的經濟人權和發展需要」，以及烏拉圭國會議員亞摩林（Oscar Amorinsupparo）。

這次大會安排的專題研討，贏得與會人士一致的讚賞，主要原因是：第一，我國經濟成就素爲東歐所崇拜；第二，中華民國的反共精神，以彈丸之地竟能支撐四十餘年，是東歐學習反共的榜樣；第三，中華民國民生主義的建設令東歐嚮往，譬如實施「土地改革」、「耕者有其田」，以農業助長工商業，中小企業才能蓬勃發展。陸潤康、于宗先兩位先生曾經是參與土改的成員和主持人，歷史正在發生他們就在現場，由他們提出經驗報告，對提升我國在國際上的地位和經濟地位頗有助益。

另外，參與這次年會有七十四個國家，一百九十二位代表，會場內懸掛所有國家的國旗。三天開會期間，會場門前左右各懸掛德國與我國青天白日滿地紅的國旗，中共雖然抗議，但是世盟德國分會會長，也是德國國會議員魯瓦克（Ortwin Lowack）明白告訴德國外交部長，世盟是世界性的組織，同時也是聯合國非政府組織成員，不是中華民國的組織，讓中共無法抗議。

當然，中共完全知道世盟年會的動態，也異常關切達賴的行蹤，屢次向德國外交部探詢，但世盟對中共的反制已早有經驗，保密功夫到家。等達賴演講完畢，中共想抗議都來不及。

㈡ 達賴來了

這次大會重要外賓致詞，議程安排第一位是達賴、第二位是保加利亞前總理狄米特夫（Philip Dimitrov）、第三是白俄羅斯代副總理、第四是德國國會議員魯瓦克、第五位是德國國會議員海克曼代表市長致詞、第六位是前聯大主席、當時任保加利亞外交部長的甘乃夫（Stoyan Ganev）。

達賴是國際知名人物，剛榮獲一九八九年諾貝爾和平獎，又是西藏人精神領袖。在會前記者招待會時，各國記者有四、五十人問達賴來不來，什麼時候來？趙總會長只回答由達賴自行決定。對宗教家來講，信用最要緊，一九九二年趙自齊到印度訪問時，達賴就已答應參加世盟第二十五屆年會。本來達賴決定會前一日即報到，但爲保密起見，趙自齊請他當天抵達即可，而且變更議程，把達賴演講由第一位改爲最後一位，拖到最後一刻出現，以免中共抗議，影響會場秩序。

大會進行到最後一位貴賓，前聯大主席甘乃夫致詞快結束時，達賴才由祕書長葛永光引領進場，帶來大會高潮。達賴最初以藏語演講，由他的隨從和尚翻譯，後來他覺得翻譯耽誤時間，便直接用英語演說，臺下一陣掌聲，氣氛非常熱烈。

達賴致詞結束後，趙自齊向大會介紹他專程從印度趕來。達賴爲人權奮鬥，幾十年如一日，也因爲有這樣的貢獻，所以能得到一九八九年諾貝爾和平獎，他的得獎，也更加重他爲人權的奮鬥。他的目標正是世盟努力的方針，請他出席大會是最恰當的人選。

世盟到柏林開會還有兩個理由：一是二次大戰後，德國、中國、韓國和越南都變成分裂國家，但如今隔絕東西德的柏林圍牆首先被推倒，德國統一，足以爲分裂國家的模範。第二，德國統一後，駐於波昂的（西德）聯邦政府決定西元二〇〇〇年遷都回柏林。報載柏林國民不同意太晚遷都，柏林市議會遂決議要求提前兩年，也就是在一九九八年遷回。

趙自齊在年會後應邀參加柏林市長餐會時透露，世盟此次到柏林開會就是支持柏林市議會行動。他告訴柏林市長，雖然國會決定是二〇〇〇年遷都，但他以爲應該提前，否則外資認爲對德國的投資還要再等七、八年，就會裹足不前，甚至準備離去。在大家觀望不前，或者外資紛紛準備離去的時刻，率領世盟六十三個國家貴賓會師柏林，就是爲了支持柏林人。

柏林市政府的人聽了趙自齊這番話，熱烈鼓掌，隔天報紙也刊登有關報導，咸認爲這是雪中送炭之舉，高興極了，覺得應與中華民國交朋友。

五、世盟第二十六屆大會前進莫斯科

(一)紅場飄揚青天白日旗

第二十六屆大會於一九九四年八月二日至五日在俄羅斯莫斯科市舉行，主題：「和平、合作、繁榮」，計有全球六十三國和地區代表一百五十九人參加。大會由俄羅斯世盟分會主席卜波夫先生主持，演講貴賓包括克里米亞總統梅希可夫先生、美國阿肯色州代州長哈克比、保加利亞前總理狄米托夫、蒙古前總理邊巴蘇榮、南非獄政部長米齊梅拉，與俄羅斯國家廣電委員會委員長雅克夫烈夫等人士。

大會最大成果是：世盟全體會議由世盟美國分會主席哈克比提案，支持中華民國參與聯合國，經大會一致通過，提案函送聯大主席及祕書長。

世盟總會到莫斯科召開年會是在一九九一年八月第二十三屆年會後開始部署，具體作法是，各屆世盟年會及活動均邀請俄羅斯政要出席，例如一九九四年世界自由日大會邀請前任莫斯科市長、當時任莫斯科國際大學校長的卜波夫（Gavril Popov）來華，趙總會長當面與他討論在莫斯科召開世盟年會等事宜。我方提出三項要求：第一，這次會議不是中華民國的會議，是世盟總會召開年會，預計有八十個國家、一百多位來賓參加；第二，此次開會必須得到葉爾欽總統首肯和歡迎，並邀請葉爾欽在大會演講，請他務必保證給予特別禮遇；第三，這是國際會議，會議期間不受任何政治迫害或影響。

卜波夫回國後向總統府祕書長費洛托夫轉達世盟要求，費洛托夫以正式公文呈報葉爾欽總統，在收到葉爾欽親筆承諾公文後，趙總會長下定決心到莫斯科開會。也因有葉爾欽總統親筆批准的公文，世盟才得以租用莫斯科總統飯店作爲年會會場。並得發函給上、下議院議長、國防部長等政要出席，增添大會光彩。

世盟二十六屆年會於八月三日舉行開幕典禮，趙自齊總會長主持開幕儀式，並請前後任主席交接。前任主席魯瓦克因兼任德中協會主席，正籌畫組黨，不克前來，遂由德國分會祕書長史密斯代表交接。卜波夫說明世盟俄羅斯分會是俄國走在自由民主道路上的第一個團體，現在不單是他個人心願，而且是所有學術界人士都希望俄羅斯踏實平穩地走在自由民主的道路。

克里米亞總統米須可夫（Yuriy Meshko）表示，俄羅斯走向自由民主，而克里米亞也經過公民投票選他擔任獨立後的總統，他要把克里米亞帶向自由民主。東歐代表前保加利亞總理狄米特夫（Philip Dimitrov）提醒共產政權崩潰後思想言行並未完全脫離共產黨，是自由民主國家應該注意的。外蒙古前總理邊巴蘇榮（Jambyn Batmönkh）則說明他在一九九一年蘇聯垮臺前，即已著手推動自由，今後還要更加努力。

大會期間曾發生一段掛國旗的插曲。江澤民預定於稍晚九月二日訪問莫斯科，也是選擇入住總統飯店。當中共大使館勘查場地時，發現飯店牆上懸掛中華民國國旗，於是向飯店表示抗議；飯店工作人員不察，擅自將懸掛於飯店大廳的我國國旗取下，結果招致各國代表不滿。經我方偕同世盟俄羅斯分會人員向飯店嚴正交涉抗議，言明世盟是民間團體，屬於國際組織，去年在柏林開會時，飯店也不理會中共抗議，一直懸掛中華民國國旗。希望除了立即掛回我國旗，還要向我方正式道歉。

(二) 關於支持中華民國進入聯合國議案

在提出支持中華民國進入聯合國議案前，趙總會長即考慮請美國分會主席哈克比州長出面較為恰當，以他的知名度，容易使其他國家簽署。於是趙自齊親向哈克比表示世盟有意請他領銜提議支持中華民國進入聯合國，並向他說明提案內容。

提案內容大致是：有鑒於中華民國是一主權獨立自主的國家，其在經濟及政治方面有卓越表現，外匯存底幾乎居全球之冠，同時也是當今世界第七大投資國。依中華民國現有能力，應讓她積極參與國際社會活動，俾能對愛好民主的國家有所貢獻。另有鑒於中國如同德國及朝鮮不幸被分爲二，當德國被分爲二時，東、西德均同時爲聯合國會員，韓國被分爲二，但南、北韓也同時爲聯合國會員。因此，將中華民國排除於聯合國之外，是不公平而且是負面的，有關中華民國參與聯合國及其所屬各機構運作問題，應由聯合國大會鄭重考慮。

趙自齊很快就爭取到哈克比的支持，他同意以美國阿肯色州代州長名義擔任提案人，再請南非獄政部長慕齊美拉等人聯署，哈克比並在大會上說明案由，呼籲全體出席國家簽名，然後由南美洲的賓多、歐洲魯瓦克（德國國會議員）的代表史密斯，以及非洲、亞洲等地區的主席跟進一如在柏林開會時由魯瓦克提案的程序。

議案提出後，大會隨即展開討論，日本分會祕書長古田表示反對，他認爲這樣做會使中國主權重疊。趙自齊還沒來得及說明，歐洲分區代表馬上表示古田來自日本，應該比歐洲人更清楚，中華民國是自由、民主、均富的中國，要求進入聯合國、受到國際的保障，是其內部兩千多萬人口的權利，不應把中共扯進來，這點是不公道的。處理這類案件，事前必須要安排妥當，過程要果斷快速，趙自齊根據以往豐富的議事經驗，請地主國的卜波夫馬上簽名，與中共有交往的白俄羅斯、烏克蘭等國代表也簽了字，全體一百五十九個國家都簽上名，連古田也不例外。這個提案很順利的討論通過，成爲大會決議案。

大會同時發表聯合公報，支持獨立國協、東歐新興民主國家追求自由民主。對於亞、非、中東等地區國家人民尚未獲得自由民主的，也應讓他們早日享有自由民主的生活。

㈢前進紅場三年大計

一九九一年八月第二十三屆世盟大會在哥斯大黎加聖荷西市舉行時，八月十九日至二十一日蘇聯發生政變（八月政變），一些高級官員企圖推翻蘇聯共產黨中央委員會總書記兼蘇聯總統戈巴契夫並取得對蘇聯的控制。二十日哥斯大黎加國會議長羅德里格斯（Miguel Rodríguez Echeverría，一九九八～二〇〇二出任總統）進行專題報告前，先說明戈巴契夫宣布退位，葉爾欽領導民軍瓦解蘇聯共產政權，與會人士爲之雀躍。

羅德里格斯議長在宣布了此一令人興奮的消息，並邀情全體與會人士向發動推翻蘇聯共產的革命人士致敬，且爲犧牲者哀悼。不料，此舉卻引起烏克蘭代表，也就是反布集團領導人史特茨科夫人（Slava Stetsko）的抗議。反布集團發源自烏克蘭，當時蘇聯意圖占領烏克蘭，烏克蘭總理史特茨科（Yaroslava Stetsko）創辦反布爾塞維克反對共產主義，遭蘇聯殺害。其夫人史特茨科夫人（Slava Stetsko）爲繼承夫業，將反布集團由烏克蘭遷至西德，繼續在海外發展反對共產主義運動。

史特茨科夫人抗議的理由是，她的丈夫領導推翻蘇聯政權不成功，被史達林殺害，卻沒有人爲他們的犧牲哀悼，而她爲了推翻蘇聯共產政權成立國際組織，號召全體烏克蘭人反對蘇聯的壓迫，奮鬥多年，犧牲慘烈，也沒有任何人說句公道話或鼓勵的話，如今卻要爲莫斯科的政變犧牲者默哀，這太不公平了！

世盟的成立，就是爲了反對共產極權，而中華民國受害最深，犧牲最多，所以總統才會提出「反共抗俄」的口號。因爲前述這一連串事件的發生，強烈觸動了趙總會長要在共產主義的老巢召開世盟大會，把自由民主推進克里姆林宮的念頭。於是他在大會上宣布，希望三年之內打進共產國家的心臟莫斯科。

一九九三年，世盟中華民國分會祕書長葛永光赴莫斯科考察當地資源能否配合召開年會。評量的要素包括：一、要在當地成立分會，才有籌備處準備開會事宜；二、政局得安定，以保障外賓安全；三、是物資、通訊資源要充足，因爲人多、時間短，必須有先進科技處理年會事務。

葛永光在莫斯科停留十天，認爲當時的葉爾欽總統與國會屢次衝突，政局相當不穩，甚至引起政爭，而且可能轉成武力衝突，其他條件也無法配合。不過，此行還是有收穫，因爲剛卸任的莫斯科市長卜波夫（Gavriil Popov）轉任國際大學校長，他欣然接受世界自由民主聯盟的邀請，擔任俄羅斯分會籌備會主任，進行籌備工作。

若不能在莫斯科開會，世盟第二後備地點是自由民主的搖籃地——法國巴黎。大陸早期逃出的民運人士多是到巴黎，如民陣主席嚴家其，後來有些民運人士如柴玲、吾爾開希到美國。法國保護自由、民主、人權，向來受到國際肯定。所以，趙總會長決定到巴黎開會。

世盟總會副祕書長雲中君先赴巴黎考察。雲副祕書長是法國巴黎大學博士，對法國情形有深刻了解。他與巴黎大學校長商量召開學術討論會，法國外交部原則上也同意協助，而且與我駐法代表處邱榮男代表也有接觸。

一九九三年七月間法國忽然表示不能接受世盟在當地開會。他們的理由是：中華民國採購法國幻象戰機，法國顧慮雖是世盟的年會，但前身卻是中華民國主導的反共組織，中共提出抗議，他們無法解釋。第二個理由卻是趙總會長邀請達賴喇嘛參加年會，達賴在法國擁有眾多信徒，尤其會期訂在十月二十二、二十三日開會，正是法國佛教組織的紀念日。達賴的到來，勢必造成佛教盛會，法國怕招致中共抵制達賴。另外，籌備會和我駐法代表處因擔心中共反彈，也反對世盟在法國開會，於是在巴黎召開世盟大會的計畫只好作罷。

本來，每年年會都是八月召開，但是爲遷就地點，並配合達賴時間，直到一九九三年八月才決定到柏林開會。世盟總會派葛永光祕書長到柏林，並著手籌備在德國開會。剛開始和德國官方接觸時，他們並不怎麼理會，後來知悉大會邀請的對象盡是各國政要，態度馬上改變，並主動探詢我駐德國柏林辦事處處長張北齊。原本辦事處人想接近卻始終不得其門而入的德國外交部，甚至主動表示願提供保護與會貴賓安全的支援，這對我國外交推展有很大的幫助。

一九九二年八月東歐共產政權骨牌效應垮臺後，世盟立刻選了匈牙利作爲開會地點，鼓勵東歐走向自由民主國家之路。一九九三年柏林圍牆倒了，趙自齊也把世盟的理念推進統一後的德國，召開二十五屆年會。一九九四年就是趙總會長許下願望的第三年，他率領世盟大會進駐莫斯科克里姆林宮總統飯店，接受葉爾欽盛大歡宴。五十多年來，兩國沒有任何來往，甚至是敵對的態度，但是，趙自齊在他的《訪談錄》中記著：「我終於把青天白日滿地紅的國旗插在蘇聯的土地上，飄揚在莫斯科的天空，眞是皇天不負苦心人，我做到了！」

六、世盟第二十八屆年會在臺北

一九九六年世盟第二十八屆大會原擬在南非召開，並已取得南非政府首肯，南非總統曼德拉也同意在開幕典禮時親臨致詞。不料此事外交部堅決反對，建議世盟到菲律賓開會。（按：應與中斐關係頻臨破裂有關。一九九四年南非黑人政府上臺後，中斐關係岌岌可危，一直拖延到一九九六年十一月曼德拉總統終於宣布將於一九九七年底與中華民國斷交，並繼續與我維持建設性關係；一九九八年一月一日中斐正式斷交。）可是當時菲律賓治安不好，而且南非一地是世盟執委會一九九五年決定通過的，擅自改到他處，對世盟執委會、或是南非政府都難以交待。經過一番折騰後，趙總會長決定回到臺北舉行，一方面可以爲中華民國首任民選總統、副總統就職典禮共襄盛舉，而且部分執委也認爲，如果不能到南非開會，就改在總會所在地臺北爲宜，而且會期就訂在五月二十日總統副總統就職典禮之後。

年會於五月二十一日開幕，開幕時，除代表團、各國使節團，約有三百人參加。總統府資政蔣彥士代表李總統宣讀賀詞，史瓦濟蘭國王斯瓦帝三世（Mswati Ⅲ）、東加總理加華力庫博士、司法院長施啓揚、日本眾議員中山正暉等貴賓也應邀致詞。

大會首先由捷克分會主席班達轉達哈維爾總理的親筆信，祝賀李登輝總統就職；其次，印度分會主席加馬拉尼即將入閣擔任法務部長，執委會也拍發賀電致上祝賀之意。另外，美國分會主席哈克比即將接任阿肯色州長，世盟喜事連連。

會議期間召開兩次專題研討會，主題分別是「兩岸關係與亞太和平」、「民主、繁榮、和平」。

此次大會邀請了十餘位前蘇聯官員、議員及大學校長與會，他們是：俄羅斯前總理帕夫洛夫、尼可萊・斯托良洛夫議員、加利恩議員、夏克議員、歐洛娃議員、莫斯科市首席副市長托卡雪夫，和薩夫成科、米納辛、盧欽科，以及獨立國協祕書處祕書哥羅成尼亞、顧問薩連恩波夫斯基、烏克蘭基輔大學院長柯羅年克、達達爾斯坦的薩波哥夫斯基議員等十三人，對日後世盟運動的推展，以及我國對俄羅斯、烏克蘭及其它獨立國協務實外交的拓展，產生了積極正面的效果。安排烏克蘭大學校長柯羅年克博士晉見連戰副總統時，趙自齊總會長請他面邀連副總統訪問烏克蘭大學，給予榮譽禮遇。柯羅年克博士表示樂意爲之，返國後不久，他的承諾均實現。連副總統接受對方邀請，突破外交困境，造訪烏克蘭，曾在報上喧騰一時。

第四節 「支援被奴役國家週」學術化

「支援被奴役國家週」運動以往均在國內舉辦，以萬人群眾大會活動方式進行，趙自齊以爲這項活動與「世界自由日」活動同一類型，目的均爲反共，如今共產鐵幕已被摧毀，所以必須改變活動形式和性質。因此，他把「支援被奴役國家週」活動改爲學術討論，與學術界合作，例如在一九九〇年召開世盟第二十二屆年會前，與比利時魯汶大學合作共同舉辦「支援被奴役國家週」，邀請各校學者、校長從事反共理論的探討，邀請對象除自由國家外，也同時邀請鐵幕內反共國家代表，如六四學運的領袖柴玲、嚴家其、萬潤南等人。會議結束後，並將論文集結出書，並譯成各國語文，發行到世界各地。

一九九一年七月間，世盟將此一運動移往國外辦理，首先在美國洛杉磯召開國際學術研討會，會議具有國際性、學術性、高層次的意義，與過去在國內萬人群眾大會形態迥異。這次是與美國克萊蒙研究所（The Claremont Institute）合作，當時正值波斯灣戰爭，烽火漫天，剛結束之後，因此研討主題爲「波灣戰後的世界新秩序」。參加研討會的有美國、蘇聯、東歐等國學者專家一百五十餘人。活動期間特別商請美國前任總統雷根發表演講，藉以提高影響力。

一九八二年六月雷根總統在英國國會演說時有句名言：「把共產主義棄之於歷史的灰燼」[1]，所以趙自齊總會長特別請他在演講中把發揚這個理念，爲自由民主宣傳。雷根總統在演講時，特別稱讚中華民國務實成就，他說「美國人是自由世界避風港，任何國家人民不見容於專制政府，逃入美國尋求避護，但不要忘了遠東也有一個

[1] "I have discussed on other occasions, including my address on May 9th, the elements of Western policies toward the Soviet Union to safeguard our interests and protect the peace. What I am describing now is a plan and a hope for the long term-the march of freedom and democracy which will **leave Marxism-Leninism on the ashheap of history** as it has left other tyrannies which stifle the freedom and muzzle the self-expression of the people. And that's why we must continue our efforts to strengthen NATO even as we move forward with our Zero-Option initiative in the negotiations on intermediate-range forces and our proposal for a one-third reduction in strategic ballistic missile warheads." **Ronald Reagan, Address to Members of the British Parliament, June 8, 1982**.

避護所，就是臺灣。」他還提到臺灣多年的努力和改革，並稱許李總統改革和奉獻。雷根的演講是以售票餐敘進行，票價並不便宜，但聽眾仍然非常踴躍，讓人見識到雷根總統的魅力。世盟改變形象後，活動廣受歡迎，雷根總統的演講打響了第一炮。

第五節　自由火炬照耀南太平洋

一、亞盟第三十五屆年會

一九八九年十月十八日亞盟在太平洋新興島國帛琉（Palau；一九九四年從美國的託管下獨立，稱爲Republic of Palau）舉行第三十五屆年會，共有二十個會員國、三個觀察員和兩個國際組織，六十四位代表出席。

大會以「共產主義陷入改革泥沼」爲主題，邀請大陸民運人士遠志明報告民運人士的悲慘命運及處境，引起與會人士對中共屠殺、逮捕民運人士暴行的強烈不滿。帛琉總統艾特比森（Ngiratkel Etpison）表示，帛琉願為滯留香港的民運人士提供助力。閉幕時發表聯合公報要求中共天安門事件暴行應受到國際制裁，自由世界應大力支持大陸民主人士爭自由、爭民主的努力，且應關注香港九七問題，支持香港居民的爭民主行動。

二、亞洲太平洋自由民主聯盟更名

一九九〇年十一月四日亞盟在菲律賓馬尼拉舉行年會，主題為「亞洲人民為自由奮起」，計有二十三個會員單位和觀察員，共一百一十七位代表出席。會中中華民國分會與菲國分會共同提出更改名稱案，這是世盟改名之後，各洲區相繼辦理的活動，以附合世盟總會的要求。因此在這次亞盟大會中，順利將「亞洲太平洋反共聯盟」更名為「亞洲太平洋自由民主聯盟」。

三、自由民主的新時代

一九九一年在紐西蘭舉行的亞盟年會，主題是「自由民主的新時代」，研討「變動中的國際秩序」、「亞太地區民主合作展望」，及「爲美好世界建造一個更完美的亞盟」。務期建立共識，以革新、突破的行動，使亞太地區成爲促進國際新秩序的動力泉源。

四、曼谷宣言促進亞太地區的安定與繁榮

一九九二年十一月上旬亞盟在泰國曼谷舉行年會，趙自齊先生以世盟總會會長身分主持，有亞太地區二十五個國家近一百五十餘代表參加。大會主題爲「亞太地區的安定與繁榮」，會中通過由各國代表簽署的《曼谷宣言》：呼籲亞太地區各國致力於拓展貿易交流與科技交換，促進環境及電子，陸、空通訊網路的改善，協助各地區難民的安置。此外，教育文化水準之提升，撥發獎學金促進學術交流，乃至創辦亞太自由民主聯盟大學等，使有助於證實學識與和平的關連性，對種種紛爭，均可用協調促進和平。

五、建立亞太地區共同安全體系

一九九三年十一月下旬，亞盟在澳洲舉行年會，主要目的爲加強南太平洋亞盟各會員國組織力量，促進建立亞太地區共同安全體系，確保繁榮與和平。出席者有二十二個會員國及地區代表一百二十餘人，主題爲「邁向一個亞太共同體」。因時值「亞太經濟合作會議（APEC）」正在美國西雅圖市舉行，年會討論亞太地區經濟合作有關問題，廣爲國際人士所矚目。各國代表就促進亞太地區之經貿合作，確保區域安全，伸張自由、民主、人權等，均作深入討論。年會並發表聯合公報，支持曼谷宣言（一九九二年亞盟年會通過），繼續推動建立亞太地區集體安全構想，及中華民國在聯合國應享有席位與權利。

六、會晤達賴喇嘛，促進漢、藏民族情誼之凝聚與團結

趙自齊總會長每次亞盟會議都親自參加，會後並曾訪問泰國、印度、印尼、紐西蘭、澳洲等地區世盟分會，與當地政要及國會議員會談，藉機拓展我國國民外交。

一九九二年十一月間訪問印度時，趙總會長會晤了西藏精神領袖諾貝爾和平獎得主達賴喇嘛，其對我政府在臺灣建設成就極爲讚揚，並派其二兄嘉樂頓珠訪臺，對促進漢、藏民族情誼極有裨益。一九九三年柏林世盟大會，達賴專程來柏林參加大會，一再呼籲國際應支持中華民國參與聯合國組織，影響國際視聽，對我國外交政策頗爲有利。

第六節　世盟與聯合國

一、參與聯合國世盟有備而來

聯合國是最具影響的國際組織。冷戰結束後，國際互動關係大幅增強，聯合國及其周邊組織在「世界新秩序」的建構過程中，扮演極爲重要角色。一九八九年開始共產國家紛紛土崩瓦解，當時甫接任世盟中華民國總會理事長的趙自齊先生，便順應世局發展，積極配合政府務實外交政策及拓展我國國際活動空間。首先於一九九〇年七月在比利時布魯塞爾召開世盟第二十二屆大會時通過決議，將「世界反共聯盟」更名爲「世界自由民主聯盟」，同時通過更具前瞻性的決議案：「世盟積極參與聯合國主導之國際民間組織活動，以期進一步結合國際民間力量，擴大自由民主陣營」。趙自齊總會長劍及履及即刻派員積極參與聯合國周邊組織活動，一九九〇年至一九九三年間曾四度派員參加聯合國非政府組織活動，廣結善緣。終於在一九九三年十二月十三日經審查通過，世盟成爲聯合國非政府組織正式會員，並且肩負發動會員國協助我國參加聯合國的大任，對我國外交政策產生了有利影響。

一九九〇年提出世盟更名方案時，同時也進行爭取加入聯合國非政府組織活動。首先指派世盟總會祕書長韓籍的禹在昇博士代表世盟，請聯合國非政府組織將世盟列爲觀察員。當年八月聯合國在瑞士日內瓦舉行「防止核子武器擴散條約檢討會第四次大會」，世盟指派中華民國分會祕書長胡志強和世盟總會祕書長禹在昇以觀察員身分參加。

一九九一年年初，聯合國非政府組織祕書處發函邀請世盟以觀察員身分，參加在聯合國召開的「限制核武試爆修訂條款會議」。趙總會長派世盟中華民國分會副祕書長劉碧良（曾任立委）和日本分會祕書長古田武夫（Takeshi Furuta）前往紐約參加。

一九九二年六月世盟顧問劉志同出席北美地區會議，會後訪問聯合國總部，負責非政府組織事務的茅勞依（Farouk Mawlawi）先生表示歡迎世盟參與聯合國非政府組織活動，隨即正式邀請趙自齊出席當年九月十三日在聯合國總部舉行的非政府組織第四十五屆年會。由於聯合國每年九月第三個禮拜二開會，所以非政府組織就在九月第一個禮拜後開會，按規定在聯大召開前開會。同時非政府組織祕書處通知趙總會長，請他率團出席年會，因爲申請正式會員資格，除必須先成爲觀察員外，還要經過審查會審查。

一九九三年九月，經過三年努力，世盟總會終於成爲聯合國非政府組織正式會員。趙自齊總會長率同祕書長禹在昇、顧問薛毓麒、劉志同等與會。報到之初，曾遭遇中共阻撓，他們表示只要來自臺灣都屬於中國，而中國就是「中華人民共和國」，所以否定世盟代表團的參加地位。經過交涉和說明，祕書長禹在昇以韓籍身分代表世盟總會交涉，終於克服困難。趙自齊等一行順利參加了聯合國非政府組織第四十六屆年會，與當屆聯大主席甘乃夫（Stoyan Ganev，前保加利亞外長）、聯合國副祕書長玖納博士（James O. C. Jonah；在聯合國祕書處工作長達三十年）、索倫森夫人（Gillian M. Sorensen）會晤，表達我國重返聯合國意願。

一九九四年九月下旬，趙自齊首次以非政府組織正式成員身分出席四十七屆年會，並應邀參加聯合國四十九屆大會開幕典禮、新舊任聯大主席交接典禮及聆聽美國柯林頓總統演講。同時，兩度與主辦聯合國五十年慶的副祕書長索倫森夫人晤談，她希望世盟能於一九九五年積極參與聯合國五十週年慶各項活動。

成了非政府組織正式成員後，非政府組織祕書處除發給世盟會長本人聯合國常年出入證外，還提供兩個祕書名額，可以帶人進出聯合國內各會場，且可以旁聽聯合國召開的大會，蒐集資料。這些成果都是因爲世盟改變名稱，擴大功能，才有此斬獲。

二、世盟第二十七屆年會在聯合國

一九九五年聯合國慶祝創立五十週年，主要慶祝活動有：三月在丹麥首都哥本哈根舉行社會發展問題的世界各國高峰會議，六月在舊金山舉行聯合國五十週年慶典，九月在北京召開世界婦女高峰會議，以及十月聯合國總部的大會。由於世盟是非政府組織成員，是以均在這四項慶祝活動邀請名單之內。

世盟既已成爲聯合國非政府組織成員，且世盟活動和聯合國宗旨及目標頗相吻合，而中華民國更是首先簽署聯合國憲章創立聯合國的國家之一，爲配合我國參與聯合國行動及貫徹務實外交政策，世盟除積極參與聯合國各項慶祝活動外，更計畫於一九九五年七月下旬赴紐約聯合國總部召開第二十七屆年會，宣示世盟今後和聯合國緊密配合，推動全人類自由民主與和平的立場。

世界盟第二十七屆年會於一九九五年七月二十七日至三十日在聯合國廣場飯店及聯合國總部內會場舉行，主題是：「全球合作提升人類福祉」，有來自全球八十二個會員國家代表及貴賓三百餘人出席。會前趙自齊總會長在紐約聯合國廣場飯店主持記者會，向各國新聞媒體說明世盟在紐約聯合國總部配合慶祝聯合國成立五十週年舉行年會的意義。隨後介紹與會貴賓：哥斯大黎加甫卸任的總統喀德戎（Rafael A. Calderón Fournier）、美國著名物理學家氫彈之父泰勒博士（Edward Teller）、保加利亞前總理狄米托夫先生（Philip Dimitrov）等，他們希望廣爲結合愛好自由和平人士、建立友誼、增進合作、化解紛爭，使世界免於戰亂，提升人類福祉。

執委會會議隨後召開，通過大會議程及討論下屆年會地點與時間。會中並選擇新任世盟執行委員、世盟總會長暨祕書長。經過全體執行委員一致通過，推舉中華民國總會趙理事長自齊續任總會長，並由趙總會長提名韓國禹在昇博士連任祕書長，會址設於臺北市。參加二十七屆世盟大會的各國貴賓、代表，應邀參觀聯合國總部，並在聯合國祕書處安排下，在聯合國大廈第四會議廳聽取多種簡報。

七月二十八日召開第二十七屆大會，由美國分會會長阿肯色州長哈克比主持。爲慶祝聯合國成立五十週年，邀請哥斯大黎加前總統喀德戎、美國氫彈之父泰勒博士、獨立國協祕書長克羅欽尼亞、法國國民議會副議長布瓦等人在開幕演說。

三、中共打壓無所不在

早在一年前世盟就決定第二十七屆年會在聯合國召開，除年會外，還召開世盟海外事務委員會會議，以及世盟和美國傳統基金會、中山學術研究所合作舉辦的學術討論會。

世盟即將在聯合國召開年會的消息事先曝光，加上會議資料印有李登輝總統賀詞及中華民國國旗，這是繼六月李總統訪問母校康乃爾大學後，對中共極大的刺激，中共駐美人員對聯合國祕書處抗議力道之重可想而知。為慎重起見，也不希望會議中途被制止，對世盟造成重大傷害，開幕和閉幕乃另覓其他地點舉行，但酒會、學術討論會等不違聯合國規定，依然在聯合國內舉辦。年會最後選在廣場飯店舉行，但受限於場地只能容納一百八十人，所以世青盟等會員就在另一個餐廳透過大型電視牆觀看大會進行。因為應變得宜，二十八日開幕大會進行順利。

世盟與美國克萊蒙研究所（Claremont Institute）於七月二十九日上午在廣場飯店會議廳舉辦國際學術研討會，主題為：「聯合國的理念與實踐」，由美國分會主席哈克比主持，著名學者專家及世盟各國代表兩百多人參加。克萊蒙研究所是美國著名保守派的智庫、重要政策研究機構之一，一九七九年創立於加州。

第一場次有：美國克萊蒙研究所賀爾斯成森教授（Bruce Herschensohn）、美國喬治梅森大學（George Mason U.）史貝爾丁教授（Elizabeth Spalding）、美國前助理國務卿、駐聯合國大使包爾頓教授（John Bolton）、印度國會議員傑特馬拉尼先生（Ram Jethmalani）、宏都拉斯文化部長巴斯特先生（Rodolfo Pastor Easquelle）發表論文。

第二場次首先由保加利亞前總理狄米托夫（Philip Dimitrov）以「綜觀東歐國家之政局」爲題發表演講。接著由美國約翰霍普金斯大學教授巴賽維克先生（Andrew Bacevich）、美國天主教大學愛德華教授（Lee Edwards）、聖伯納迪諾大學克拉克教授（Mark Clark）及中華民國中國文化大學陳純一教授發表論文。

與會人士聽取論文後，一致認爲世盟爲人類自由、民主而奮鬥的崇高理念，與聯合國憲章精神一致，都在爲國際社會善盡服務人群的責任，並呼籲聯合國應依據憲章基本精神，會籍普遍化原則，廣納會員、擴大參與、實踐聯合國崇高理念，維護世界永久和平。

會議休息時間，俄羅斯代表向趙總會長致謝，因爲五月二十八日庫頁島大地震，災情慘重，趙自齊得知消息，在五月二十九日立刻打電報給葉爾欽總統，表達慰問之意，同時以世盟名義捐了五千美元賑災。所以葉爾欽總統特別要他們向世盟表示謝意。

七月三十日閉幕典禮由哈克比主持，通過由八十二個國家代表簽署要求聯合國討論中華民國入會案。此外，世盟四十年的奮鬥和貢獻，也受到地主國美國的普遍敬重，除紐約州長柏塔基氏在宣布七月二十八日世盟二十七屆年會開幕典禮，當日爲「紐約世盟日」外，紐澤西州瓊斯議員更代表州議會，在自由女神像前舉行的世盟自由大會致送「致敬決議書」。美國國會斐因眾議員也代表國會，將美國國會肯定世盟對自由民主運動所作貢獻的國會紀錄，加以精裝致贈給趙自齊總會長，在在顯示世盟在國際社會所受到的肯定與尊重。

四、參加第五十屆聯合國大會

第五十屆聯合國大會一般辯論於九月二十五日起展開，十月十一日結束，最後一天有三國聲援我國。據臺北駐紐約聯合國工作小組統計，共有二十九個友邦或非邦交國發言直接、間接支持我參與聯合國。這是正式推動聯合國工作三年來，發言支持我國數目最多的紀錄。

聯合國最高權力中心是聯合國大會，只要聯大通過，祕書處是沒有權力否決的。所以，世盟決議文是送聯合國大會，不是祕書處，因此中共在聯合國祕書處人員特別關切聯大會議。也因此，聯大會議一般辯論一直被視爲我國推動重返聯合國「成績」好壞最鮮明的指標之一。一九九五年適逢聯合國成立五十週年之際，兩岸關係空前緊張，使一般辯論過程更敏感、戰況也更激烈。

一九九三年第四十八屆聯大，有二十四國在一般辯論聲援我國；第四十九屆聯大，增至二十六國，五十屆聯大則有二十九國。因對發言有不同認定，外交部積極設法增加聲援國家數目，顯示在中共全面打壓下，我國仍全力運作友邦或友好國爲我們爭取機會。

世盟派員觀察友邦發言情況，並歸納出幾點心得：

㈠運作友邦已近極限。當時與臺北有外交關係國家共三十國，其中二十六國為聯合國會員，另外四個友邦中，教廷只是聯合國觀察員，東加、諾魯、吐瓦魯三國尚未成為聯合國成員。如果友邦不再增加，未來聯大一般辯論能發言支持我國的國家數目增長空間有限。

㈡與非邦交國關係有所突破。一九九四年比利時副總理兼外長柯萊斯曾在一般辯論鼓勵兩岸對話、進一步建立互信，首開西歐國家為兩岸關係發言的先聲，但是沒有任何西歐工業國聲援。一九九五年七個聲援我國的非邦交國中，非洲的多哥是首次提出會籍普遍化間接支持我國。

㈢會籍普遍化逐漸成為共識、也成為聯大議題。第五十屆聯大主席、前葡萄牙外長佛雷塔斯在聯大揭幕首日演說中，特別提出聯合國會籍普遍化原則，要求聯合國作出努力，確保所有還不是成員的國家，能盡快獲准入會。佛雷塔斯這項重要演說，對隨後一般辯論產生相當影響，許多聲緩我國的國家在發言時，特別引申會籍普遍化原則，甚至直接引用佛雷塔斯這段話。

參加這次大會具有相當意義，趙總會長和隨員不僅參加聯合國大會主席交接典禮和總務委員會，也蒐集到許多重要資料。

五、參加聯合國非政府組織年會

一九九三年世盟成爲聯合國非政府組織成員，此後每年都會收到開會邀請函，趙自齊總會長不但親自到紐約出席聯合國非政府組織年會，也參加聯合國大會開幕典禮，同時加強指派世盟代表參加聯合國非政府組織每年在各國舉辦的重要集會，希望世盟能成爲聯合國領導人肯定並支持的重要國際民間團體。當年我國要求進入聯合國，但除世盟外，沒有任何機構進到聯合國。世盟不僅有聯合國祕書處正式發出的邀請函，擁有大會出席證、座號編位，且可在大會表示意見。

按慣例，聯合國大會每年在九月第三個禮拜二開幕，非政府組織年會則在聯合國大會前一天，或是同一天上午或下午舉行。非政府組織在一九四五年六月二十六日聯合國成立時，就跟著成立，因爲有二年沒召開年會，所以非政府組織年會的屆數總是少於聯大屆數。

聯合國非政府組織第四十九屆年會於一九九六年九月十日在紐約聯合國總部揭幕，大會主題是：「面對世局轉變挑戰的聯合國」（The United Nations Facing Challenge of a Changing World）。來自全球各地的非政府組織代表達一千七百餘人，盛況空前。大會首先由祕書長蓋里致歡迎詞，再三強調非政府組織的重要性，並以聯合國憲章開宗明義揭示聯合國爲達成其各項使命，除各會員國原有政府組織外，必須善用廣大人民力量，透過各種非政府組織促其實現，才能事半功倍。蓋里說，憲章宗旨是保護世界和平，因此聯合國不只是一百八十五個會員國的聯合國，更是全世界的聯合國，聯合國的民眾也是全世界的民眾，而非政府組織就是聯合國的後盾和依靠。

當屆聯大主席是葡萄牙籍的佛雷塔斯博士，他強調自冷戰結束以後，聯合國的地位更形重要，特別在共同安全的問題上，光靠各國政府的支持還不夠，必須取得大眾的全面支持，在這方面，非政府組織就充分發揮它的功能。

世盟總會長趙自齊也在會議上提出呼籲，促請各代表在致力謀求和平、安定、民主自由與經濟社會發展同時，應注意：第一，要結合各種力量如學術界、傳播界、民意機構等，共同努力；第二，發動全球人民力量，反對核武；第三，協調各地力量，防止經濟壟斷及保護主義蔓延；第四，努力配合聯合國維護人權的主張；第五，有計畫的協助消除貧窮，疫癘等災害；第六，在文化方面，發揮移風易俗力量，從根本挽救當前人類危機。趙自齊還提出，世盟願以全球一百四十四個分會的力量，與大家一齊朝此方向努力，得到與會員各代表的好評及熱切回應。

最後主席表示一九九七年是非政府組織五十週年，準備擴大舉辦慶祝活動。南韓早在一九八一年慶熙大學校長趙永植發起「世界私立大學校長會議」上，就提議非政府組織五十年慶到漢城召開，目的就是爲提高南韓的國際地位。對於這點，世盟很難使力，因爲世盟經費被削減，縱使非政府組織五十年慶受到聯合國各階層領袖重視，但世盟已無力量辦理聯合國非政府組織年會慶祝活動。

六、世盟申請加入經社理事會受阻

世盟成爲聯合國非政府組織成員後，趙自齊總會長開始積極運作參與聯合國內部其他組織。一九九五年漢城世盟祕書處送出申請加入聯合國經濟社會理事會（The United Nations Economic and Social Council, ECOSOC）資料，並由美國分會祕書長波特在一九九六年第四十九屆聯合國非政府組織召開年會前，親自送交聯合國非政府組織審查。由於中共係十一個審查委員之一，其代表聲明反對世盟的原因是：第一，臺灣與中華人民共和國是不可分離的，世盟申請進入理事會，背後是由中華民國主導，世盟總會與中華民國分會是二而一的單位；第二，世盟總會在臺北，理事長是趙自齊，世盟做的就是李登輝的務實外交；第三，從一九九二到一九九五年，世盟連續三年表明支持中華民國進入聯合國，如讓世盟進入委員會，便違背《二七五八號決議》。結果世盟未能加入經社理事會。

中共阻撓世盟加入聯合國非政府組織經社理事會，最主要的原因就是我國政府從當年七月起即發動中華民國各界，支援中華民國政府在臺灣參與聯合國行動。我國退出聯合國二十二年從來都沒有動作，一九九三年起忽然在聯合國四十八屆大會前發動大型活動，且要立法院院長劉松藩率團去聯合國請願，表明我們進聯合國的意願。因此，中共提高警覺，防備我們進入聯合國。

聯合國五個常任理事國，每個國家都有一位副祕書長審核跟自己本國有關的申請進入聯合國文件。當年我國還是常任理事國時，副祕書長是胡世澤。自一九七一年起，中共就在聯大提出中華人民共和國是中國唯一合法代表，任何有關中國地區、人名、地名有關文件等問題都要交由中共副祕書長處理，此案獲得聯合國大會通過，成了《二七五八號決議文》。此後不管是從臺灣或海外，只要是中國的團體想進到聯合國，中共就可根據這項決議文，要求把申請案件送中共在聯合國的副祕書長核定是否接受處理。一九九五年七月初，我國發動要求進入聯合國行動，等於告訴中共臺灣想要敲開聯合國大門，中共當然加派人員防備。

一九九六年初中共飛彈演習，兩岸關係情勢一度非常緊張，所以當年我們對進入聯合國一案淡化處理。七月外交部製作一份「中華民國參與聯合國說帖」，表達中華民國政府及人民參與聯合國及國際活動的基本權利。外交部這份說帖說是歷年來我國爭取重返聯合國最詳細的說明，也充分表達我們的想法和立場。

第七章　振興世盟策進國際

第一節　世亞盟是中華民國的香火

「亞洲人民反共聯盟」是蔣中正總統基於反共國策，聯合亞洲民主國家共同抵抗共黨侵略、威脅，所倡導組織的反共聯合陣線，成立之初，即由執政黨組織「國際反共組織指導小組」負責督導，由執政黨書長、總統府祕書長、亞盟負責人谷正綱等擔任召集人，小組委員涵蓋執政黨各組主任、政策會祕書長、外交部長、新聞局長與中央常委等黨政首長。

指導小組初期集會頻繁，幾乎每個月都開會，舉凡亞盟以及後來的世盟憲章、組織規程、議事規則、世盟宣言及共同行動綱領等重要文獻，均經該小組審愼研議定案施行。其次，對歷屆世、亞盟大會我國應採取的立場等，也作政策性提示。其他如大會提出的重要議案、世亞盟祕書處地點、人選及其他重要事件、中華民國代表團人選、大會主題、開會地點、聯合公報內容等，以及世界自由日、支援被奴役國家週活動計畫、世亞盟重要工作項目，甚至世亞盟大會經費預算，均經該小組審議通過後實施。世盟、亞盟在會後也須撰寫報告呈中常會核備，世盟負責人還要赴立法院外交委員會報告。世盟若有建設性的提案，均經執政黨總裁、主席親自批交政府有關部門的從政同志研擬參辦。

總體而言，反共時期的世、亞盟，在「國際反共組織指導小組」督導下，加強世界各國反共團結、揭露共黨侵略陰謀、凝聚反共力量，對國家整體利益的維護有相當貢獻。此外配合政府政策，推動國民外交、拓展國際參與空間，更具成效。

一九九〇年世盟更名爲「世界自由民主聯盟」，「指導小組」也配合更名爲「中央國際關係工作指導小組」，仍由總統以執政黨主席身分領導，舉凡世、亞盟重要工作，仍須提執政黨中常會報告，經費預算也透過黨政協調方式，通過立法院審查。

一九九二年起國內政治情勢快速變遷，立法院全面改選體質蛻變，世盟工作最高決策小組成員也配合變更，召集人仍是總統府祕書長、中央黨部祕書長和世盟負責人；成員則變更爲：行政院副院長、國安局祕書長、外交部長、立法院副院長、政策會祕書長、海工會主任、政黨協調會主任及立法院工作會主任等。

從國際反共組織指導小組到中央國際關係工作指導小組，歷屆召集人名單如下：

一九五七年：張道藩、黃少谷、谷正綱、葉公超

一九六一年：張道藩、黃少谷、谷正綱、谷鳳翔

一九六六年：黃少谷、谷正綱、谷鳳翔、魏道明

一九六八年：黃少谷、谷正綱、張寶樹、魏道明

一九七三年：黃少谷、谷正綱、張寶樹、沈昌煥

一九八〇年：黃少谷、谷正綱、張寶樹、沈昌煥、蔣彥士

一九八一年：黃少谷、谷正綱、蔣彥士、沈昌煥

一九八五年：黃少谷、谷正綱、蔣彥士、沈昌煥、馬樹禮

一九八六年：黃少谷、谷正綱、馬樹禮、沈昌煥

一九八八年：黃少谷、谷正綱、沈昌煥、李煥、張建邦

一九八八年底：黃少谷、沈昌煥、李元簇、李煥、張建邦

一九八九年：李元簇、施啓揚、趙自齊、錢復、宋楚瑜

一九九一年：蔣彥士、施啓揚、趙自齊、錢復、宋楚瑜

一九九三年：蔣彥士、趙自齊、宋楚瑜
一九九五年：吳伯雄、許水德、趙自齊

第二節　世盟薪火代代相傳

一九八八年一月十三日蔣經國總統逝世，李副總統登輝先生繼任中華民國第七任總統。國內政局劇變，世盟與中華民國命運共同，領導人谷正綱先生也因罹患心臟病與退化性關節炎病倒了。同年六月十六日谷正綱先生以健康欠佳，致函世盟、亞盟中華民國總會全體理監事，請辭理事長職務。他在辭職信中指出：

亞盟與世盟組織歷經三十餘年成長發展，在歷屆理監事先生之指導協助，黨政有關機構之鼎力支持，正綱偕同工作同仁全力以赴，會務因之順利開展，爲國際反共運動奠定深厚基礎，此時，理應繼續追隨各位努力奮鬥，奈以年事已高，體力大不如前，頗有力不從心之苦。爲不負全體理事付託之重任，唯有退讓賢能，使此一國際反共組織，繼續強化其活力及功能。謹此，懇辭本會理事長職務，敬請惠予同意，並請另選幹才接替，以期本會會務，更趨蓬勃發展。

世亞盟中華民國總會隨即於六月二十日召開理監事聯席會議，接受谷正綱先生辭卸理事長職務，改聘爲名譽理事長。世盟中華民國總會理事長由副理事長淡江大學校長張建邦先生接任，張先生並同時兼任當屆世盟理事會主席（一九八七～一九八八年）。張建邦先生接任世盟中華民國總會理事長近一年，一九八九年六月因入閣擔任交通部長請辭。七月十二日世盟中華民國總會理事長職務由趙自齊先生接任。

一九九〇年世盟大會決議改名爲「世界自由民主聯盟」，並於一九九一年哥斯大黎加年會修改章程成立總會，地點設在中華民國。第一任總會長由趙自齊先生當選，長期主導世盟運作的谷正綱先生則擔任榮譽主席。

第三節　饒穎奇接掌世盟

一九九七年五月十七日趙自齊先生請辭理事長，常務理事饒穎奇當選代理理事長，趙自齊先生仍擔任世盟總會長。饒穎奇先生是以國際社會福利協會中華民國總會理事長身分加入世盟中華民國總會，並獲選爲常務理事，因此受命代理理事長職務。趙自齊先生是一九八九年七月接任中華民國總會理事長，一任四年，連選得連任一次，所以他的理事長任期要到一九九七年七月才屆滿，剩餘任期由饒穎奇委員代理之。

饒穎奇先生被選派爲世盟中華民國總會理事長，其實有前例可循。趙自齊先生是資深立法委員，長期擔綱國民黨中央政策會領導工作，饒穎奇先生則是從一九八〇年當選增額立法委員起，做了八屆二十四年立法委員，也在趙先生之後擔任過中央政策會執行長。

世亞盟的存在有其歷史背景，政府基於政策考量長期予以經費補助，但一九九二年國會全面改選（第二屆立法委員）後，立法院生態丕變，世亞盟功能遭在野黨立法委員質疑，其經費長期由政府補助尤為在野黨立法委員所反對。立法院一九九三年度中央政府總預算所作附帶決議及注意事項中，即要求外交部督促世、亞盟執行成效；一九九四年一月立法院相關委員會審查世、亞盟一九九三年工作報告時也作成附帶決議，認為世亞盟是國際性民間團體，政府補助其活動經費，應比照一般民間團體辦理，不應特別予以補助；一九九六年度中央政府總預算案審查時，因朝野立法委員對補助世、亞盟預算經費歷年來都有不同意見，於是建議外交部於六個月內向行政院提出我國從事國民外交的整體改革方案。外交部抗拒不了國會審查壓力，大幅刪減補助世盟預算，甚至有裁撤世盟之議。此舉非但引起世、亞盟各會員國疑慮，同時也不利我國務實外交的推展。

趙自齊總會長在其《訪談錄》中指出，世盟總會祕書長韓國籍的禹在昇對中華民國政情瞭若指掌，當世盟預算被外交部削減之事傳開後，禹在昇曾告知趙總會長，在中共指稱世盟與中華民國是二而一的情況下，若世盟經費困難，韓國願意接辦世盟總會。世盟韓國分會背後主要的依靠，就是現今韓國總統朴槿惠所屬新國民黨（Hannara

Dang）[1]，還有統一教（Unification Church）的支持。韓國國會補助世盟韓國分會「韓國自由總聯盟」預算，極具掌握世盟主導權的優勢。如果世盟拱手讓韓國接手，則中華民國總會數十年的努力，一夕之間將化爲烏有，好不容易建立起來的聯合國非政府組織管道，也將由韓國接管。

趙自齊總會長接掌世盟時尚具有立委身分，還是國會多數黨的大黨鞭，要爲世盟多爭取些政府補助，似乎問題不大；但在一九九二年之後，包括趙總會長在內的第一屆立法委員全數退職，世盟的前程開始有了阻礙。饒穎奇總會長回顧當時的情況指出，每年立法院審查中央政府預算時，都要爲中廣、中央社、救國團、世盟等單位的補助大傷腦筋，儘管在野黨立委對世盟等單位的補助案有很多的意見，但在黨鞭的指

【1】新國民黨（Hannara Dang）原名大國民黨，是戰後韓國執政最久的保守右翼政黨，從一九六一年朴正熙大統領上臺始，至一九九八年一直是韓國的執政黨。一九九七年大韓民國總統選舉，該黨首次成為在野黨；二〇〇七年大韓民國總統選舉，代表大國家黨參選的李明博勝出，結束十年的在野時期，二〇〇八年二月重新執政，與我國的國民黨處遇頗為相似。

揮之下，國民黨籍委員強力支持，對世盟等單位補助的預算項目總是能順利審查通過。也許趙自齊想借重他擔任中央政策會執行長的影響力，所以向李登輝總統建議，指派他接任世盟中華民國總會理事長的職務，至於世盟總會長職位仍由趙自己保留，這是世亞盟成立四十多年來未曾發生過領導權分裂的現象，為世盟總會長鬧雙包案種下禍根。

世盟和亞盟的社團登記

「世界自由民主聯盟中華民國總會」其前身為「亞洲人民反共聯盟中華民國總會」，簡稱亞盟，於一九五四年七月一日成立，經內政部於一九五四年八月二十六日以內社字第五五一七六號函准予立案，後自一九六九年起該會公函名稱以「世界反共聯盟中華民國分會」（簡稱世盟）及「亞洲人民反共聯盟中華民國總會」併列的方式對外行文（按世盟及亞盟就名稱而言，雖為二個團體，但在國內實為同一單位）。

亞盟於一九八四年十一月一日改名爲「亞洲太平洋反共聯盟中華民國總會」，並經內政部於一九八四年十一月十六日以七三臺內社字第二六六五六八號函准予備查在案，後該會因應一九八九年動員戡亂時期人民團體法修正，經檢討後，自一九九一年一月一日起修正名稱爲「世界自由民主聯盟中華民國總會」向內政部登記爲社會團體，並經內政部於一九九一年三月二十八日以臺（八〇）內社字第九一四八三六號函准予備查在案。

第四節　世盟總會鬧雙包案

饒穎奇總會長代理中華民國總會理事長時，政府經費支援越來越少，更何況，他只是代理理事長，世盟總會長仍由趙自齊先生擔任，事權既無法集中，有限資源又被分散使用，世盟處境堪慮。一九九九年饒總會長升任立法院副院長，由於院務纏身，世盟會務無法親力親爲故委由吳錦才顧問擔綱處理，也因此與趙總會長有了怨懟。

饒穎奇指出，世盟總會向由中華民國總會主導，但他基於政治倫理，對趙自齊總會長極爲尊重，兩人分工的原則是饒主內，趙主外，即是世盟在國外舉行的活動由趙總會長主持，在國內舉行的活動則由饒理事長主持。所以，一九九七年世盟第二十九屆大會在美國首都華盛頓舉行，就是由趙自齊先生以世盟總會長身分與美國分會會長阿肯色州州長哈克比先生共同主持。一九九八年八月世盟第三十屆大會在泰國首都曼谷舉行時，仍由總會長趙自齊與泰國分會會長柴坎將軍共同主持。

一九九八年八月五日饒穎奇先生正式當選世盟中華民國總會理事長，然而世盟總會與中華民國總會的相互關係卻於一九九九年初發生重大變化。當年一月二十三日，在趙總會長的籌畫下，世盟總會於臺北市召開執委會，選出亞盟祕書處祕書長張建邦接替他爲第三任世盟總會總會長。

根據世盟憲章，總會長由執行委員會執委中推選之，選舉結果向大會報備後確認。當時任總統府資政的張建邦爲了取得參選世盟總會長的資格，還先屈就亞盟祕書長的職位，取得執行委員會執委身分，斧鑿之深可見一斑。

據說，李總統是想叫張建邦過渡一下，然後將總會長職務讓給彭明敏。饒穎奇知悉李總統這番心意後，接掌世盟總會無望便向中華民國總會理監事會謙辭理事長，但是理監事聯席會主席邱創煥認爲張建邦已非常務理事不能擔任總會長。當時主管社團登記的內政部長黃主文，與主管世盟業務的外交部長胡志強也都主張世盟總會長一職不能交給張建邦。

由於兩會合一未能落實，阻礙會務推展，饒理事長一再面請當初指派他擔任中華民國總會理事長職務的李登輝總統出面解決。惟直到李總統卸任，世盟領導權兩會合一仍懸而未決。

第五節　世盟香火要傳下去

二〇〇〇年中華民國總統大選後，世盟總會長雙包案的案情更形複雜。中國國民黨成爲在野黨，主席連戰（曾任世青盟主席，是一九七二年世盟第六屆大會中華民國代表團成員）不忍世盟數十年努力成果被踐踏，鼓勵饒理事長撐住世盟大旗，把香火傳下去。

二〇〇〇年九月十一日，世盟中華民國總會召開臨時理事會議，通過支持饒穎奇理事長爭取世盟世界總會長的決議。十月二十七日在美國紐約市卡爾頓飯店召開的世盟執委會，也選出饒穎奇先生爲第三任世盟總會長。二〇〇一年一月十三日，世盟第三十一屆大會暨二〇〇一年世界自由日慶祝大會，由世盟總會長、世盟中華民國總會理事長饒穎奇先生主持。大會並通過確認饒總會長任命案，葛永光教授擔任世盟總會祕書長案。

另一方面，陳水扁總統上臺後，也有意承李總統的意旨，安排彭明敏出任世盟總會長。原本張建邦總會長的任期（一九九九年一月至二〇〇三年一月）還有兩年，爲配合陳水扁總統安排人事，張建邦提議辭總會長由彭明敏接任，再由彭進一步接掌中華民國總會，惟由於彭明敏並非中華民國總會理事，並不具備出任理事長的資格（如前節所述），故未能如願擔任世盟總會長。陳前總統對世盟領導權所作安排受阻，彭明敏只能擔任亞盟祕書處祕書長，張建邦先生則繼續擔任總統府資政和世盟總會長，並於二〇〇四年被陳水扁總統提名爲監察院長，惟未獲立法院同意。

由於政黨輪替之故，世盟發生雙胞案，現任監察委員葛永光當時任世盟祕書長，負責從中協助溝通協調。他說，國民黨敗選時張建邦便向前總統李登輝請辭總會長，也向國民黨提出辭呈，國民黨因此決定提名世盟中華民國總會理事長饒穎奇競選世盟總會會長一職。葛永光指出，張建邦早已辭去世盟總會會長職務，饒穎奇循程序接任總會會長，其正當性無庸置疑。

葛永光並且強調，世盟總會的執委會只有一個，根據世盟總會章程，除了會長可以召集執委會議外，五名以上執委也可以連署要求開會。在張建邦總會長去職後，總會已由七位執委召集臨時會，並在會中推舉饒穎奇擔任臨時主席，隨後在正式的執委會中，有超過二分之一以上執委出席，並一致同意由饒穎奇出任總會會長，二〇〇一年一月十三日舉行的世盟大會也予以確認，正當性無庸置疑。所幸雙方都維持君子風度，相互尊重、合作，雖然各自表述，最終仍回到一個世盟的體制內協商化解爭議。

第六節 韓國協調雙包案

世盟是中華民國、韓國和菲律賓三國所創立，韓國在世盟一向扮演重要角色。以往世盟祕書處都設在韓國，祕書長也一直由禹在昇（Woo Jae - Seung）擔任，所以世盟一切動靜，盡在韓國分會耳目中。世盟總會長雙包案的爭議，韓方高度關注自然不在話下。二〇〇一年七月八日，饒理事長由葛永光祕書長陪同，應世盟韓國分會——韓國自由聯盟會長權正達（Kwon Jung-Dal）邀請訪韓，一方面討論如何解決世盟雙包案問題，另方面則是會見世盟老友——總理李漢東，以加強中韓關係。

權正達會長是全斗煥總統時代的執政黨祕書長，在位期間提拔過不少政府官員，李東漢總理就曾受其提拔，因此權會長在政壇上具有相當影響力。關於世盟雙包案，權會長甚爲關注，饒理事長詳細說明雙包案原委，並說明雙方曾多次溝通，及所做讓步等等。權會長希望雙方繼續溝通，平和解決問題，以擴大世盟在國際間的影響力。權會長並答應饒理事長，九月將親赴紐約參加世盟執委會，以具體行動用示對饒理事長的支持。

第七節 雙包案終得和解

饒穎奇理事長在二〇〇一年元月就任世盟總會長後，全力開展世盟的國際工作，四月指派葛永光祕書長赴紐約出席聯合國非政府組織（UN／NGO）舉辦的「限武會議」，並取得出入聯合國通行證及參加九月聯合國非政府組織大會的邀請函。饒總會長原來構想，組織龐大的國際代表團參加非政府組織大會，世盟執委共二十三人均已獲ＵＮ／ＮＧＯ同意參加大會。同時，世盟總會也首次規畫在聯合國內主辦研討會，且獲大會同意。未料聯合國於六月間知悉世盟雙包案爭議，ＵＮ／ＮＧＯ爲避免捲入爭議，決定拒絕爭議雙方參加。

爲顧及國家形象饒理事長，乃請陳水扁總統居中協調。在陳總統介入下，張建邦先生同意依饒理事長提議，由渠繼續擔任世盟總會長，並於二〇〇三年元月任期屆滿後，將總會長一職交由饒理事長接任。雙方並同意合組代表團參加二〇〇一年的ＵＮ／ＮＧＯ大會。

二〇〇一年九月十日饒理事長和張建邦先生，偕同葛永光和禹在昇兩位祕書長，以及世盟會員——美國的波特、俄羅斯的盧欽科、哥斯大黎加的嘉賓多、比利時的克勞斯將軍和淡江大學戴萬欽教授等，參加了ＵＮ／ＮＧＯ大會。當天中午並在聯合國內舉行世盟執委會，邀請聯合國前副祕書長裘納（James A. Jonah）及助理祕書長索倫森女士（Gillian Martin Sorensen）演講。

十一日上午世盟代表與美國外交政策全國委員會史瓦普會長（George D. Schwap）、柴哥利亞教授（Donald S. Zagoria）及魯道夫副會長（William M.

Rudolf）座談兩岸關係時，與會人員被告知，恐怖分子劫機攻擊紐約世貿大樓，所有人員應即撤往安全處所，世盟人員隨即撤離。稍晚在確定安全無虞後，世盟繼續召開執委會，通過決議：一、接受並確認饒理事長與張建邦先生達成的協議，由張建邦先生繼續擔任世盟總會長，其任期於二〇〇三年元月屆滿後，將總會長一職交由饒理事長接任；二、成立特別委員會修改世盟憲章，使更符合現實需求。

世盟雙包案爭議順利解決，不但有利於維護我國國際形象，也使世盟重新成爲我國推動國際活動的重要利器。另一方面，由於這項爭議能及時解決，使世盟得以順利參加當年的UN／NGO大會，也因饒理事長的堅持，擴大參與，使世盟代表團成爲受矚目的國際代表團，非但有助於UN／NGO對世盟的接納，更可運用國際人士適時爲我發言。

延宕多時的世盟雙包案，終於順利解決，但聯想到它落幕時的時空背景，竟是「九一一」事件發生時慘絕人寰的悲慟，著實令人難忘！

第八節　陳水扁還給饒穎奇一個人情

饒總會長指出，雙包案之所以能夠順利解決，陳水扁總統的態度是主要關鍵之一。饒穎奇說，爲了雙包案組團去參加UN/NGO大會的計畫受阻，他以立法院副院長的身分要求陳總統居中協調，經當時總統府副祕書長陳哲男聯繫結果，陳水扁總統立刻回應將登門拜訪。但因當時政局未穩，基於政黨政治的考量，饒總會長暫予婉謝，不過透過陳哲男和簡又新的出面協調，雙包案爭議總算及時解決了。

饒穎奇說，他在政策會擔任執行長期間，陳水扁兩任民進黨團的幹事長，雙方在國會互動良好，陳水扁常說他是「可敬的對手」。爲了推動世盟的工作，在連戰正式擔任國民黨主席後，饒穎奇徵得連主席同意與陳水扁有了政務上的互動。當時新上任的陳總統對各方實力人士的拉攏自不在話下，饒穎奇始終不爲所動，唯獨在二〇〇一年下半年，政府在民意的壓力和期盼之中，召開全國經濟發展諮詢會議時，饒穎奇在連戰主席兩次的催促下（連主席說，民調顯示有百分之七十的民意贊成召開經濟會議，國民黨不能缺席，「你代表去參與！」）受陳總統聘爲會議籌委會的副召集人，並向政府提出有關兩岸和平與發展的共同意見。饒穎奇說，會議結束後，全民尤其是企業界對於兩岸經貿改善問題的結論讚譽不絕，「我也還了阿扁一個人情」。

第八章　塵埃落定重新出發

第一節　建立永久會址

一九九七年饒穎奇先生接任世盟中華民國總會理事長後，念茲在茲的就是推動世盟總會與中華民國總會兩會合一，發揮團結和諧、相互支援的特質和精神，並根據世盟宗旨積極推動相關業務。他的計畫一直等到雙包案塵埃落定方才開始落實。

二〇〇四年世盟年會通過新憲章修訂，將總會祕書處從漢城移到臺北，建立目前永久會址。依新憲章，饒穎奇先生同時擔任世盟總會長和中華民國總會理事長，設副總會長（曾永權擔任）和副祕書長，並由葛永光兼任世盟總會祕書長。總會長、祕書長首度皆由我國人士擔任，使世盟組織事權統一，指揮系統穩定發揮作用，眞正確立中華民國在世盟的主導地位。而世盟組織的更順暢運作，將有利於協助國家推展務實外交，使世盟成爲我國推展外交的重要一環。

孟子曾說：「無恆產者無恆心」。一個機構或是團體要能永續經營，必要先置產建立永久會址。世亞盟初創時會址設在臺北市青島東路一號，屬於國有財產；一九九二年國會全面改選，立法委員激增到一百六十一席，立法院區空間不敷使用，院長劉松藩便提出補貼租金的方式商請世盟搬家，原址改爲青島第一會館作爲委員研究室之用，世盟則搬遷到臺北市敦化南路租用商業大樓辦公。

由於租金昂貴，每年編列預算時都成爲立委爭議的焦點，而且站在國家財政觀點損耗公帑不貲，租用辦公室終非長久之計。所以，饒總會長決意購置永久辦公室以絕後患，經與立法院長王金平、主計長韋端商討一次編足預算，花了六千多萬元購買羅斯福路裕民大廈現址，世盟終於有了自有辦公室，不再寄人籬下。

第二節 開拓各國分會

跌宕六年後世盟重新出發，首要之務是進行組織重整。二〇〇四年世盟改組後，饒總會長逐步按計畫推動會員年輕化的工作，並強化會員國間的合作。首先，是推動世盟分會組織的更新和建立新分會。例如，成立烏拉圭、拉脫維亞、阿根廷、尼泊爾、波蘭、捷克、委內瑞拉、塞內加爾、巴西、墨西哥等新的國家分會；又重組巴拉圭、日本、德國等國家分會。無論是新分會或改組的分會，都由國會議員或高層政要出任分會負責人，以提升各國分會層次，強化世盟組織，如巴拉圭分會是由副總統賈司迪優尼（Luis Castiglioni；任期：二〇〇三年八月－二〇〇七年十月）擔任會長；二〇〇六年四月日本分會改組則是由國會議員平沼赳夫[1]擔任會長，大大增強了世盟在國際上的影響力。

總會長饒穎奇認為，世盟成立近六十年，許多分會負責人年紀已大，各分會已面臨非改組不可的局面，希望藉改組機會推動分會年輕化，這是世盟轉型的關鍵，也是未來永續發展之道。

為拓展世盟會務，強化會員的合作，饒總會長、葛祕書長等藉著出訪各國以及接

【1】平沼赳夫眾議員是日本政壇知名的親臺派，擔任過日華議員懇談會會長。在一九九五年～二〇〇三年擔任運輸、通產、經產大臣期間，積極協助臺灣加入世界衛生組織的運動，並促成臺灣人民赴日觀光免簽證。

待外賓訪華、外賓出席自由日活動等機會，與外賓懇談，促其了解世盟宗旨與工作，進而達成參與世盟活動並協助各該國改組或籌組世盟分會。

例如世盟美國分會主席前阿肯色州哈克比州長（Mike Huckabee）曾多次來訪，就世盟會務及中美關係交換意見。尼泊爾分會祕書長謝臣來華參加二〇〇六年世界自由日暨世盟年會時，特別感謝世盟總會長暨祕書長於該國動亂之際（二〇〇五年十二月十六～二十日），不顧安危遠赴該國主持分會成立典禮，並表達希望世盟會員支持該國爭取自由民主。後來世盟全體執委一致表示支持尼泊爾爲民主而努力，並通過致函聯合國前祕書長安南，請他籲請尼國國王恢復民主制度，現該國已實施民主制度。

一、成立尼泊爾分會

㈠唯一百花齊放的國度——尼泊爾

尼泊爾是南亞山區的內陸國家，位於喜瑪拉雅山脈，北與中國西藏自治區相接，其餘三面皆與印度爲鄰。包括珠穆朗瑪峰（全世界最高的山峰）在內，世界十大高峰有八個在尼泊爾境內。她是亞洲的古國之一，西元前五六三年佛教始祖釋迦牟尼即出生於今天尼泊爾境內。

十七世紀中葉廓爾喀人（Gurkha）統一了尼泊爾，曾兩次入侵西藏，最終被清軍擊退，史稱「平定廓爾喀」。戰後廓爾喀成爲中國藩屬，向清朝皇帝稱臣進貢。而英屬東印度公司在占領印度後，漸漸向北進犯，廓爾喀和清朝保持著親密的宗藩關係，以遏制英國的侵略。但自清朝中葉以後國勢衰弱，清廷被內憂外患困擾，無暇理會外藩。中華民國建立後，袁世凱曾想邀請尼泊爾（即廓爾喀）加入「五族共和」，但當時尼泊爾已受英國控制。

二次世界大戰後，英國在尼泊爾的特權地位逐漸喪失。一九五一年，尼國開始實行君主立憲；一九九〇年受人民愛戴的畢蘭德拉國王（Birendra Bir Bikram Shah Dev）開放以君主立憲爲政體的多黨議會制。二〇〇一年六月一日的皇室喋血案震驚全球，王儲狄潘德拉（Dipendra）連續殺害國王、王后、王子、公主等十多名王室成員，狄潘德拉本人亦自殺身亡。國王弟弟賈南德拉（Gyanendra）繼承王位，但不少民眾認爲血案其實是賈南德拉所策畫並嫁禍予王儲，尼泊爾王室聲望大跌，遂予尼泊爾共產黨可趁之機，終致政局大亂。二〇〇六年四月二十一日在美國和印度施壓下，賈南德拉下臺，還政於民。

㈡雪中送炭，捐建友誼學校

世盟饒穎奇總會長於二〇〇五年十二月十六日，率團前往尼泊爾參加世盟尼泊爾分會成立大會。當時該國七個反對黨聯合反對國王賈南德拉的專制政府，要求恢復民主。但國王鎮壓反對運動，軍警和民眾間發生嚴重衝突，政情極不穩定。值此時刻，饒總會長不顧危險組團訪問，並與多位反對黨領袖會晤，世盟尼泊爾分會和反對黨領袖均認爲是「雪中送炭」之舉，心存感激。

尼泊爾分會成立後，祕書長謝臣曾主動以世盟名義爲貧苦民眾舉辦免費醫療健診活動，參加民眾踴躍。另一方面，尼泊爾人民因推崇我國先總統蔣公對臺灣貢獻卓著，爲追念其豐功偉業，並對世盟推廣自由民主運動的宗旨及促進臺灣在國際良好形象有所助益，計畫於該國創立「蔣中正小學」，免費提供兒童教育機會，以解尼國眾多因戰亂失學小朋友之困境，謝臣特別提請世盟總會支持。總會長饒穎奇，樂見其成，即請該分會提出具體計畫，世盟除量力資助外，將根據該計畫連絡及協調中華民國各有關單位盡力配合協助。世盟還成立了專案小組研辦，邀請辦學經驗豐富的世盟中華民國總會理事陳璽安先生，及前教育部長楊朝祥先生共同參與小組運作，進行規畫，並洽請民間相關社團提供協助。籌備委員包括：世盟總會長饒穎奇、世盟祕書長葛永光、前教育部長楊朝祥、國家發展研究文教基金會董事長陳璽安、世盟顧問劉志同、世盟顧問王能章、中華民國婦女聯合會主任委員辜嚴倬雲、中美文經互益基金會董事長簡漢生、中華救助總會理事長葛雨琴、世界臺商聯合總會名譽總會長連元章、尼泊爾獅子會副會長公保等；及尼泊爾方面的尼泊爾司法暨會事務部長蓋倫、部長祕書羅肯達、世盟尼泊爾分會副會長喬旭、世盟尼泊爾分會祕書長謝臣等。

饒穎奇總會長指出，尼泊爾因內政紛擾不休，每年約有一萬個成人因愛滋病而死，遺留孤兒及弱勢兒童缺乏照顧。當時尼泊爾約有三十萬孤兒，且人數持續增加中。世盟計畫捐贈一所孤兒學校給尼泊爾政府，提供孤兒基本照顧與教育，免於受政治問題殃及，並幫助他們長大成爲獨立公民。

在世盟總會積極推動下，總會與尼泊爾分會終於達成共識，決定共同合作重建一所孤兒學校。二〇〇八年元月二十五日雙方在臺北簽訂建校備忘錄，雙方正式合作興建「世盟尼泊爾臺北友誼學校」，事後再捐贈給尼泊爾政府經營。世盟總會並發起募款活動，動員中華民國各界善心人士及單位人道援助，踴躍參與捐獻，共襄盛舉，幫助尼泊爾偏遠地區孤兒渡過坎坷童年。為積極落實本案，本會海外發展委員董淑貞女士偕同夫婿於二〇一三年九月訪問尼泊爾，並確定相關建校計劃，同意支持三所學校進行改建，本案預計於二〇一四年底完成。

㈢ 發展兩國關係的最佳助力

二〇〇八年二月十三日世盟祕書長葛永光奉派前往尼泊爾勘察建校地點，校址就在加德滿都附近山區的Shree Indra Primary School。葛永光此行會執政黨內的共黨祕書長C. P. Mainali，該黨另一資深領袖，和身兼政府土地改革部長的共黨資深領袖，強調臺灣在各方面之進步，可協助尼國與臺灣發展經貿文化等關係。Mainali表示，歡迎透過世盟發展雙方的關係。

葛祕書長也前往外交部與部長Sahana Pradhan見面，說明代表世盟來勘察建校地點並將捐贈學校給政府的來意，同時也說明兩年前世盟聲援尼國自由民主運動的過程。葛祕書長還會晤了世盟舊識國大黨副主席Gopal Man Shrestha，國大黨祕書長Bimalendra Nidhi及總理外交顧問Minendra Rijal。他們皆對臺灣選舉和兩岸關係頗有興趣，葛祕書長對二人說明了臺灣立委選舉的結果及總統選舉的現況。

葛祕書長還拜會了左派的「尼泊爾人民陣線」（People's Front Nepal）主席Amik Sherchan（世盟尼國分會祕書長謝臣之兄）和副主席Lila Mani Pokhrel。Pokhrel副主席強調，執政聯盟的共識是建立一民主聯邦共和國，同時採取內閣制，過程中雖有少數阻力，但執政聯盟掌握政府的情勢不會改變；尼國因爲缺電和交通建設不佳，影響發展，但又不願印度協助，以免被印度控制，希望臺灣能予以協助。

除捐建世盟尼泊爾臺北友誼學校，二〇〇六年和二〇〇七年世盟均邀請尼泊爾分會參加「世界自由日」活動，二〇〇八年尼泊爾分會由負責司法和國會事務的蓋倫部長（Indra B. Gurung）率團一行四人參加。經過多年耕耘，世盟在尼國已建立良好形象與人脈，成爲發展與尼泊爾關係的最佳助力。

二、成立澳門分會

二〇〇九年八月三十日澳門臺商聯誼會舉行成立大會，暨首任會長林啓明就職典禮，饒穎奇總會長率謝代祕書長出席典禮並致詞賀勉，大陸駐澳門聯絡辦公室臺灣事務部部長程金中、澳門貿易投資促進局主席李炳康、臺北經濟文化中心副主任錢釧燈等兩岸官員、澳門議員及亞洲臺商總會長齊偉能率亞洲各地臺商五十餘人出席成立慶典。世盟澳門分會亦同時成立，林啓明會長兼任分會會長。由於澳門隸屬中國大陸，所以該分會成立時未舉行公開儀式。

三、成立寮國分會

二〇〇九年世盟大會加入了一支生力軍——寮國分會，會長爲溥儀姪兒愛新覺羅・毓昊。二〇〇九年五月九日至十五日，世盟寮國分會籌備委員會主任委員、東盟經貿中心主席愛新覺羅・毓昊，應世盟總會邀請率領寮國退伍軍人發展基金委員會委員長汶咪・替帕翁夫人等一行十人，來臺訪問一週。期間會晤世盟饒總會長、世盟中華民國總會曾永權理事長，並與世盟總會召開世盟寮國分會成立籌備會議。

會議由世盟饒穎奇總會長主持，世盟出席人員有謝文煌代祕書長、于定玉顧問、丘長清顧問、周育仁顧問、曾更生顧問、王能章顧問、黃福田顧問、本會全體工作同仁暨世界自由民主基金會劉志同執行長。愛新覺羅主席率領的寮國代表團成員包括：東盟經貿中心主席愛新覺羅・毓昊、老撾退伍軍人發展基金委員會委員長汶咪・替帕翁、財政部部長祕書室專員西利萊・替帕翁、首都市委市政府組織部辦公室主任汶達・替帕翁、總理府國土資源部土地局局長阿儂松・彭麥章、寮國礦業集團董事長阿迪・替帕翁和東盟經貿中心發展七處副處長坎維・隆賽西以及隨行翻譯等。

饒總會長熱烈歡迎愛新覺羅・毓昊，主席成立世盟寮國分會，亦感謝陳金龍董事長的引見，希望將來有更多臺商到寮國投資，並參與世盟活動。饒總會長，很高興世盟多了一個新成員，世盟將和寮國共同分享我國發展經驗，一起爲地球村的自由、民主、和平以及永續發展共同努力，善盡國際公民的責任與義務。

四、二〇〇九年韓國自由總聯盟訪華

二〇〇九年世盟大會於菲律賓馬尼拉舉行時，通過二〇一〇年世盟大會在韓國首都首爾舉行的決議。二〇一〇年是韓戰爆發六十週年紀念，朝鮮半島迄今未獲得真正和平，所以世盟韓國分會——韓國自由總聯盟（Korea Freedom Federation）決定舉辦盛大活動，以揭示和平與自由的重要。該聯盟主席朴昌達（Park, Chang Dal）特別在二〇〇九年底到臺北訪問，拜會饒穎奇總會長並研商二〇一〇年大會事宜。

十一月十日朴昌達主席率領副主席姜勳九（Kang, Jong Goo）、金相晚祕書長（Kim, Sang Man）、發言人尹性煜（Yoon, Sung Wook）以及首席祕書李昌株（Lee, Chang Soo）等一行五人訪華。朴主席曾任三屆韓國國會議員，全力輔選李明博當選總統，在韓國政壇扮演極重要角色。

朴昌達主席拜會饒總會長時表示：他接掌韓國分會才七個月，計畫邀請四百位外賓，舉行盛大的年會，請總會長多指導明年世盟大會各項事務。饒總會長表示：世盟自一九五四年成立迄今，雖擁有一百四十會員國，但分會主持人多已漸漸有了年紀。自他接任總會長後，已重新慢慢改組，積極運作的會員國家大概有六十多個，其中二十五個是執行委員。饒總會長強調，世盟年會的舉辦，是以弘揚自由民主精神爲首要，而不是計算有多少國際人士出席。所以，邀請更多當地具有影響力的人士以及會員出席，更能彰顯世盟活動的意義。二〇一〇年世盟年會是聯盟蛻變的契機，希望每個會員國都能派代表參加。

朴昌達主席在十一月十一日拜會饒總會長，當天正是柏林圍牆倒塌的日子。饒總會長特別提起：迄一九八九年世盟初期階段性任務已達成，爲順應潮流乃於一九九〇年改名爲世界自由民主聯盟，「目前，北韓仍是共黨國家，我認爲在南韓舉行世盟年會是非常具有意義的」。饒總會長並指出，世盟年會成功的例子有一九九〇年哥斯大黎加大會，當時有中華民國的李元簇副總統、哥國總統以及中南美洲六國副總統出席盛會；一九九三年柏林年會邀請達賴喇嘛發表專題演講；一九九四年俄羅斯年會在莫斯科總統飯店舉行；一九九五年紐約年會在聯合國內舉行慶祝聯合國五十週年紀念等等，都具有非凡的意義。期望二〇一〇年韓戰六十週年紀念時，韓國分會能舉辦一個最好的世盟年會。

關於年會舉辦的時機，由於二〇一〇年十一月韓國將舉辦G20會議，爲避開焦點，韓國分會決定提前於六月召開世盟年會。至於年會主題的設定，饒總會長建議要能吸引國際的注意力，才能發揮巨大無比的影響力。他說，二〇〇九年的一二三自由日，馬英九總統在演講中提到：「我們不和中共比賽軍事，要和他們比賽自由民主，我們一定贏。」目前兩岸關係漸趨和緩，希望韓國分會也能以此自勉，相信朝鮮半島的情勢將能改觀，未來北韓也有自由民主。

朴昌達主席等一行，並由謝文煌代祕書長、劉志同顧問陪同拜會外交部，由非政府組織國際事務委員會（ＮＧＯ）吳建國副主委接見。吳副主委指出世盟是一個很重要的非政府組織，他表示兩岸關係慢慢趨向和諧，未來中華民國與韓國的交流不必再顧慮中國大陸的反對，希望有朝一日世盟能夠在中國大陸設立分會，推廣自由與民主。朴主席感謝吳副主委對韓國自由總聯盟的關心，認爲中華民國與韓國的關係歷史悠久，雖然礙於國際情勢兩國斷交，但民間的交流不應停止，尤其世盟應當作爲表率，以增進兩國民間組織之交流活動。

五、成立墨西哥分會

二〇一〇年十一月十七日，世盟總會由饒總會長率領謝文煌祕書長及祕書施德倫前往墨西哥市，參加世盟拉丁美洲區域分會會務會報及墨西哥分會成立典禮，受到我駐墨西哥代表處陳新東代表，以及世盟中南美洲分會會長及代表等的熱烈歡迎。

首先登場的是世盟拉丁美洲區域分會會務會報，十一月十八日下午四點在墨西哥市希爾頓飯店舉行，出席的世盟分會國家有：中華民國、美國、阿根廷、厄瓜多、哥斯大黎加、墨西哥、巴拿馬、烏拉圭及委內瑞拉等，共有九個國家，近二十人與會。會議由總會長饒穎奇主持，他在致詞中表示，世盟拉丁美洲區域組織多年來積極參與會務，對世盟的貢獻獲得各會員國的尊敬。世盟創立以來，曾在拉丁美洲舉辦第八屆、第九屆、第十二屆以及第二十三屆年會。此次「世盟拉丁美洲區域會議」，爲世盟會自一九九二年在哥斯大黎加召開第二十三屆世盟年會以來的首次重要會議，殊爲難得。總會長表示，「今天的聚會，就是希望加強洲區間各分會之聯繫、切磋以及相互支援，以共創區域和平與經濟發展」，世盟推動國際友誼務實的工作方向是正確的，這是世盟擴大國際友誼的利基，希望能促使國際社會充分了解世盟對國際事務參與的熱誠，以及推動「和平、自由民主與人權」的高度努力。

會議中各分會會長及代表均踴躍發言，互動密切，大家對這次會報都很興奮，希望拉丁美洲區域分會會務會報能持續下去，其中厄瓜多會長阿布哈及委內瑞拉會長阿克雷皆建議成立網路連絡系統，並於每個月發表意見及看法，藉機了解其他分會現狀及與各國分享經驗與文化，希望下次的會議能有更豐碩的表現。本次會議也安排中華民國總會謝文煌祕書長就推動會務與大家分享經驗與心得。

當天下午七時，並於同一地點舉行世盟墨西哥分會成立大會，大會儀式由饒總會長主持，除來自美國及中南美洲世盟分會國家代表，還有旅墨國臺商、僑胞，共計六十多位貴賓出席。現任墨國參議院副議長賈西亞（Ricardo Francisco García）、眾議院副議長薩維艾爾（Francisco Xavier）、墨國聯邦司法委員會四位執委、參議院外委會亞太小組祕書長賈斯戴羅（Javier Castelo）及其他多位參眾議員都應邀觀禮。

爲慶賀墨西哥分會成立，我駐墨西哥代表處陳新東代表宣讀馬英九總統賀電，緊接著墨西哥分會會長也是墨國聯邦最高司法監委會委員郝雷齊（César Jáuregui）致詞。饒總會長親授世盟會旗給郝雷齊會長，並多次讚揚郝雷齊會長學經歷豐富及擁有廣大人際關係，在墨國具有很大影響力，是位非常傑出的人才，相信墨國分會在他的領導下，更爲茁壯，並將世盟影響力擴及其他拉美國家。饒總會長也說明目前臺海兩岸和平安定交流熱絡的現況，希望墨國能加強拓展與臺灣的雙邊關係。參議員María Teresa Ortuño、參議院副議長Ricardo Francisco García以及司法委員會委員Juan Carlos Cruz亦分別以貴賓身分致詞。

由郝雷齊會長領導的墨西哥分會，重要幹部包括：副會長參議員María Teresa Ortuño、世盟墨西哥海外發展委員李健民先生、祕書長參議員Victor Manuel Torres及財務長眾議員Claudia Ruiz Massieu。

訪墨期間，饒總會長一行除參加拉美區域會報及墨西哥分會成立典禮，也在郝雷齊會長安排下，與陳代表新東共同作陪拜會墨國眾議院副議長Francisco Xavier Salazar、參議院副議長Ricardo Francisco García Cervantes、執政黨參議院政治協調黨團總協調人José González Morfín及教育委員會主席María Teresa Ortuño參議員等人。饒總會長除簡短介紹世盟的由來，並表示中華民國與墨西哥兩國均崇尚自由民主，墨西哥分會在郝雷齊會長帶領下定能展現新風貌。由於適逢墨國革命一百週年慶及建國兩百年，饒總會長當面表達恭賀之意，並邀請大家二〇一一年元月來臺參加爲中華民國百年而擴大舉行的一二三世界自由日慶祝活動。

饒總會長一行在郝雷齊會長、駐墨西哥代表處陳代表新東及館員陪同下，還拜會墨國教育部長路翰比歐（Alonso Irazábal Lujambio）就教育話題交換意見，饒總會長稱讚路翰比歐部長年輕有爲，歡迎他能抽空訪臺，而部長也歡迎饒總會長一行，並開玩笑的抱怨饒總會長此次訪問墨西哥的時間太匆促，希望饒總會長能早日再度造訪墨國。拜會結束後部長即邀請饒總會長一行參觀號稱全墨西哥最漂亮的辦公室，即是擁有九十年歷史之部長辦公室，之後部長指派專人接待繼續參觀其他設施。

六、成立西班牙分會

西班牙是世盟在歐洲重要的據點，世盟早年在西班牙設有分會，惟原來的會長年事已高，且無力拓展會務。爲培養年輕一代，讓世盟更年輕化，在我駐西班牙代表處協助下，西班牙眾議員也是西班牙——中華民國國會議員友好協會會長巴紐先生

（Francisco Vañó Ferrer）以及旅西僑領、世盟海外發展委員李耀熊先生乃共同籌備重整世盟西班牙分會。歷經多年溝通協調，終於在二〇一二年召開成立大會。

二〇一二年六月二十四日世盟總會饒總會長穎奇伉儷與總會顧問王能章及祕書施德倫等，親赴馬德里參加世盟西班牙分會成立大會。成立大會二十七日於Hotel Melía Castilla附屬之Café Saigón舉行，由饒總會長及西班牙分會會長古提雷茲（Antonio Gutiérrez Molina）共同主持，西國政商以及僑胞代表三十餘位貴賓出席，其中包括參議員蕾黛女士（María del Carmen Leyte Coello）和艾洛莉雅嘉女士（Beatriz Elorriaga），以及眾議員巴契戈先生（Arsenio Pacheco）、布拉佛女士（Concepción Bravo）等十位，共計十二位國會議員出席，另外還有三位民眾黨青年幹部、二位律師以及商界人士出席。

爲慶賀世盟西班牙分會成立，我駐西班牙代表處代表侯清山代爲宣讀馬英九總統賀電及致詞。分會會長古提雷茲致詞時表示，世盟西班牙分會成立後，會是一個非常年輕有活力的分會，他們會盡力配合總會的宗旨，爲世界人類的自由、民主與人權盡一份心力，並促進西班牙與臺灣雙方的貿易與商業發展。饒總會長致詞時表示，「今天對西班牙來說也是一個非常重要的日子，因爲今晚的足球賽將決定西班牙是否可參加總決賽，但就如大家所看到的，今晚成立大會辦的很成功，所以今晚西班牙的球賽也一定會贏！」另外，總會長亦向分會承諾，回國後將極力推動兩項西班牙希望我方協助的事情：一、將西班牙著名火腿肉（Jamón Ibérico）出口至臺灣；二、爲了促進西國觀光，讓我國人能更方便進出馬德里，希望能促進馬德里與臺北直航。饒總會長也提到，世盟總會在臺北是大家的家，希望西班牙分會的朋友們，有機會到臺北就回家來喝杯茶，我們會非常的高興、萬分的榮幸。

饒總會長隨後將世盟會旗授予古提雷茲會長，再由會長介紹西國分會幹部：副會長爲世盟海外發展委員李耀熊先生、祕書長爲眾議員巴紐（Francisco Vañó Ferrer）、財務長爲眾議員菲蘭朵（María Amparo Ferrando Sendra），以及執行理事黎萬棠教授。

七、重組德國分會

二〇一二年九月二十七日，世盟德國分會重整暨新任會長費雪國會議員（Axel E. Fischer）就職典禮在德國柏林舉行。在此之前，德國分會是由林克國會議員（Walter Link）負責，他曾出席二〇〇五年世界自由日暨世盟執行委員會，但當年底退休後即未再參與世盟各項活動。德國分會爲世盟執委國，曾在柏林主辦一九九三年大會，加強與德國分會的合作勢在必行。

費雪議員是由我駐德國代表處引薦出任世盟德國分會會長，他也是國會德國－中華民國國會議員友好協會成員。費雪議員二〇一二年應邀出席世盟澳洲年會，並在大會發表演講，相當推崇世盟推展自由、民主與人權的努力，對中華民國總會積極推動民間外交，也非常支持，並表示希望進一步參與世盟活動。饒總會長邀他協助重整世盟德國分會，希望該分會能在世盟這個大家庭中扮演重要角色。幾經聯繫，雙方遂決定於當年九月二十七日在柏林舉行分會重整與新任會長就職典禮。

世盟德國分會重整暨新任會長就職典是在德國柏林市Maritim Hotel舉行，饒穎奇總會長率祕書長周育仁、李呈祥主任與何麗鳳主任出席，受到駐德代表處魏武煉大使和駐處同仁熱烈的歡迎。總會長對魏大使率領駐處同仁協助世盟德國分會重整典禮表示感謝，並對魏大使領導駐處的優異成果表示推崇。

典禮前，魏武煉大使全程陪同代表團赴德國國會拜會，費雪議員親自接待及導覽。饒總會長表示曾擔任八屆立法委員暨一任立法院副院長，參訪德國國會有回到家裡的熟悉感。饒總會長嫻熟國會議事運作，參訪時頻與德國議員討論兩國國會投票表決方式，並詢問德國爲何不採電子投票，以及黨團與委員會運作方式。費氏表示曾赴臺訪問，除拜會外交部外，同時也曾拜會立法院，對我國國會多所了解。雙方互相交換推動自由民主心得，以及未來如何共同推動中華民國（臺灣）、德國兩國民間交流。

參觀國會後，費雪議員安排饒總會長、周育仁祕書長等於國會議員聯誼社（Palarmentarische Gesellschaft）與德國主要政黨基民黨、基社黨聯盟（CDU／CSU）黨團聯盟副主席費絲貝克國會議員（Ingrid Fischbach）布蘭特國會議員（Helmut Brandt）、谷丁國會議員（Olav Gutting）以及瑞夫國會議員（Josef Rief）等人舉行座談。德國國會議員相當關心釣魚臺主權爭議我方的立場，且很關心在此爭議中，我國有無可能與中國大陸合作，促使兩岸開始政治接觸或統一；他們也很關心中國大陸民主化的可能性與民主制度在大陸施行的可能性。費絲貝克國會議員表示，身爲女性，她非常關切臺灣因應人口老化以及低出生率之措施等。德方議員對我國之現況十分了解饒總會長與周祕書長均一一答覆，雙方互動熱烈。饒總會長表示，他致力於兩岸關係的交流，近年臺灣與中國大陸關係已改善不少，兩岸通商、直航業已開展，雙方務實溝通與日俱增。

世盟德國分會新任會長費雪國會議員就職典禮於九月二十七日晚間六時在Maritim旅館維也納廳（Salon Wein）舉行。典禮由饒總會長與費雪議員共同主持，計有德國國會議員、德方友人、僑界人士與新聞媒體等五十餘位嘉賓出席。我國留德音樂系學生於現場演奏韓德爾、巴哈、莫札特以及臺灣風格音樂，深獲好評。

費雪會長致詞首先感謝饒總會長一行專程前來德國主持分會成立典禮，十分榮幸擔任世盟德國分會會長，將遵從世盟宗旨配合總會領導，共同爲人類自由、民主與人權而努力。魏武煉大使於典禮中宣讀馬總統賀電，並致詞祝賀德國分會成立以及歡迎各界貴賓出席典禮。

饒總會長致詞時感謝費雪會長協助重組德國分會，並稱讚新任會長年輕有爲，具領導及協調能力，期許將來德國分會在世盟會員中名列前茅，成爲分會中之翹楚；並期盼在費雪會長領導下，早日於此歐盟重鎮再度舉辦世盟年會。饒總會長強調世盟的成立宗旨是追求自由民主的普世價值；世盟是聯合國非政府組織UN／NGO／DPI的重要成員之一，世盟將與各界共同促進兩國人民交流。隨後進行授旗儀式，饒總會長頒贈會員證書予費雪會長，並頒授象徵世盟精神的會旗。

最後，費雪會長介紹兩位分會副會長——國會議員谷丁（Olav Gutting）與麥特費爾德議員（Andreas Mattfeldt），分會幹部有安妮塔國會議員（Anita Schafer）、費許博士（Doreen Fischer）、比克爾先生（Kai Marcus Bickel）、祕書胡娜（Kerstin Hübner）與布雪琳（Yvonne Bächlein）。此外，國會議員貝克（Ernst- Reinhard Beck）、布爾森（Wolfgang Börnsen）以及梅耶（Stephan Mayer）也到場致意。

分會重組典禮適逢德國前聯邦總理柯爾（Helmut Josef Kohl）擔任聯邦總理三十週年，費雪會長所屬基民黨當晚舉辦盛大慶祝活動，駐德國代表處仍協助邀得多位國會議員出席大會，殊屬不易。

出席酒會之僑界人士中，前德東臺商會長藍志仁先生亦偕夫人出席。由於藍會長與費雪會長交誼深厚，饒總會長特於酒會結束後邀藍會長晤談，除介紹世盟於全球各地推展會務之概況，與世盟共同致力民間交流工作外，並邀他擔任世盟海外發展委員，協助費雪會長推動德國分會會務，藍前會長欣然接受。

德國分會能順利推動重整，象徵世盟在歐盟的重大進展，駐德代表處魏大使與駐處同仁的協助，功不可沒。未來透過費雪會長及其國會同僚之參與，世盟將與德國分會攜手配合代表處強化兩國經貿、文化、觀光、學術與政治交流，並強化世盟會務之推展。

八、世盟英國分會會長羅根勛爵訪華

世盟英國分會會長羅根勛爵（Lord Rogan）暨臺英國會小組主席福克納勛爵（Lord Faulkner）、英國國會議員等一行五人，由英國貿易文化辦事處梅馮瑞副代表（Margaret Tongue）陪同，於二〇一一年一月五日拜會世盟總會長饒穎奇，總會謝文煌祕書長與劉志同執行長作陪。

羅根勛爵表示，很高興介紹臺英國會小組成員與世盟結識。羅根勛爵並在當月底偕同分會祕書長、北愛爾蘭議會韓夫瑞議員（William Humphrey）來臺出席世界自由日活動，並慶祝中華民國建國一百年。

其他如二〇〇一年九月世盟烏拉圭分會成立，米佑參議員擔任主席；二〇〇六年八月世盟阿根廷分會成立大會，饒總會長均率團親臨祝賀並致詞。

第三節 推動國會議員交流

一、拓展國會外交

饒穎奇總會長自從二〇〇五年卸任立委後，把所有時間投入世盟工作，讓世盟與時俱進，肩負起推動臺灣參與聯合國非政府組織活動的重責大任。

當初李登輝總統指派他接掌世盟會務時，饒穎奇曾一度婉辭。但是，李總統了解他長年擔任立法院黨政協調工作著有成效，正好可在國際舞臺派上用場。「你把它當作國會外交來辦就對了！」李總統明確交代任務，饒穎奇只好接受。

一九九四年世盟第二十六屆大會在俄國莫斯科召開，當時蘇聯剛剛瓦解，各國政治領袖紛紛應邀參加世盟盛會，冠蓋雲集造成轟動。歷史正在發生他就在現場，應趙自齊總會長之邀初次參與世盟活動的饒穎奇，親眼見證了世盟無遠弗屆的影響力和號召力，怦然心動，註定和世盟結下不解之緣。

既然接掌了世盟，饒總會長不忘初衷，運用在立法院二十多年積累的經驗，使出渾身解數推動國會外交。每次出國訪問時，都馬不停蹄會晤各國國會領袖，建立良好關係，先後邀請到捷克參院副議長擔任分會負責人，與日本國會領袖、日華懇談會會長平沼赳夫擔任日本分會會長。

風塵僕僕奔走世界各國拓展世盟會務，饒總會長走動式的領導風格，讓他在國際間快速累積許多友誼，有助於世盟會務的推動。

二、跨黨派參與共襄盛舉

國會議員是自由民主的基礎，也是推動臺灣民主政治向前行不可或缺的力量。世盟要推動國會外交，非得由國會議員出馬不可，還要請各黨各派立法委員共襄盛舉才能全竟其功。因此無論在國內舉辦世界自由日活動、世盟年會、國際會議，或邀請國際重要人士來臺，或到海外參加會議、活動，饒總會長都會邀請立院各黨派代表參與。饒總會長接掌後，世盟實施的國際專案中，普遍見到各黨各派立法委員參與的例子。例如：

㈠二〇〇一年五月「東歐自由民主外交」，立法院外交及僑務委員會委員及葛永光祕書長訪問匈牙利、波蘭、捷克等東歐國家。期間拜會各國國會領袖與世盟分會負責人，並就推動世盟會務舉辦座談。

㈡二〇〇一年七月專訪世盟老友——韓國李漢東總理，以加強中韓關係。

㈢二〇〇一年八月「非洲紀行」，率立法院外交暨僑務委員一行八人訪問團，訪問非洲友邦塞內加爾和甘比亞，受到兩國友邦元首熱烈歡迎。

㈣二〇〇一年九月「世盟南美專案」，強化我國與巴西、巴拉圭、烏拉圭雙邊關係，開拓世盟與我國的國民外交，此行成立世盟烏拉圭分會，由米佑參議員擔任主席，並拜會烏拉圭副總統佛蘭哥先生、巴西參議員卡瓦甘迪與眾院祕書長家保甘迪等。

㈤二〇〇二年四月偕同立法院「臺美國會議員聯誼會」訪美成員，前往華府參加美國「國會臺灣連線」（Congressional Taiwan Caucus）成立大會。

㈥二〇〇二年九月拜會英國保守黨國會議員艾京生（David Atkinson）。艾京生係世盟舊識，願意協助組織英國分會，共同爲世盟目標而奮鬥。艾京生同時也是歐洲理事會國會議員大會主席，在歐洲理事會甚具影響力，又是連任二十五年的資深議員，在保守黨內有很高地位。

㈦二〇〇四年四月，爲加強和日本的聯繫及推動世盟在日本的工作，組織「世盟國會議員日本參訪團」，邀請邱鏡淳、何智輝、陳進興、林郁方、柯淑敏、劉盛良、范揚盛等現任和前任客籍立委參加，拜會前國土交通大臣扇千景參議員、前文部大臣鳩山邦夫眾議員、眾議院副議長中野寬成、佐藤信二眾議員、麻生太郎大臣與椎名素夫參議員等人。

(八)二〇〇四年五月饒理事長、葛永光祕書長、瑞士分會會長前國會議員奧白麗女士（Genevieve Aubry）與分會祕書長薛佛利（Pierre Schifferli）組成「世盟ＷＨＡ觀察團」，聲援臺灣加入ＷＨＡ。隨行者有立法院外交委員會孫國華委員、蔡啓芳委員、簡肇棟委員與王政中委員等。除參加ＷＨＡ大會外，還安排會晤瑞士國會外交委員會議員Walter Schmied、國會議員Theo Toggweiler、瑞士人民黨青年組織祕書長Jurg Stauffer，並與瑞士分會副會長梅格利（Phillipe Maegerle）研商並考察在瑞士舉辦年會之可行性。

(九)二〇〇四年八月參加美國共和黨和ＩＤＵ大會，邀請共和黨阿肯色州州長（Mike Huckabee，世盟美國分會會長）、參眾議員和聯合國前副祕書長玖納（James Jonah）座談。

(十)二〇〇四年十月饒理事長應捷克參議院副議長盧摩爾（Jan Ruml）邀請前往訪問，並磋商相關合作事宜，乃籌組「立法院外交委員會暨世盟東歐訪問團」，計有孫國華委員、顏錦福委員、王雪峰委員、世盟監事長韋伯韜、祕書長葛永光、外交部國會聯絡組長林銘勳，前往匈牙利、拉脫維亞和捷克訪問，拜會世盟分會會長和國會議員，從事國民外交和國會外交。

世盟致力於，推展國會外交，凡出國開會必與各該國國會議員聯繫；各國國會議員來訪臺，或應本會之邀，或應其他單位之邀，也安排與立委座談，交換意見。例如：

㈠二〇〇一年元月法國國民議會議員勒納（Jean-Claude Lenoir）、柏瑞爾（Andre Borel）及國民議會友華小組執行祕書夏磊（Bernard Chalet），由法國在臺協會主任羅蘭（Elisabeth Laurin）陪同拜會饒理事長，雙方就我國與歐洲外交事務交換意見。

㈡二〇〇五年六月「印度國會議員訪問團」巴洛帝亞主席一行四人來訪，就中印國會關係暨中印文化交流等問題交換意見。

㈢二〇〇五年八月韓國前總理李漢東及世盟韓國分會權正達會長、朴宗雨議員、金明燮議員與李次浩祕書等應邀來訪，世盟安排拜會花蓮及臺東縣政府外，並參訪客家、原住民文化以及縣政建設，尤以原住民文化讓李漢東總理等一行留下深刻的印象。

㈣二〇一〇年三月饒總會長會及曾永權理事長，會晤來訪的巴拿馬國會外交委員會主席阿雷曼（Francisco Alemán）伉儷一行六人。阿雷曼主席表示，他和夫人是第三次訪臺，臺灣社會活絡充滿朝氣，不斷進步。他也不忘記饒總會長曾邀他參加世界自由日慶祝大會。饒總會長表示，世界自由民主聯盟在世界各地都有分支機構。臺灣最寶貴之處就是實施自由民主制度，希望能透過阿雷曼主席在巴拿馬設立分會。

㈤二〇一〇年八月南美洲烏拉圭眾議員艾斯畢諾沙（Gustavo A. Espinosa）拜會饒總會長。艾斯畢諾沙眾議員在國會擔任人權小組召集委員會副會長，追求自由民主的理念與世盟宗旨相同，與饒會長相談甚歡。會中談及世盟烏拉圭分會會長米佑先生（Pablo Millor）將退休，目前會務由祕書長慕尼茲先生（Gustavo Muñiz Gutiérrez）負責，饒總會長邀請艾議員擔任世盟烏拉圭分會會長，艾議員表示很樂意，並表示有意願參與世盟各項活動。

第四節 連結各國智庫

饒總會長非常重視與各國智庫之連繫，如美國外交政策全國委員會（NCAFP）、英國國際戰略研究所（IISS）、法國外交暨戰略研究中心（Centre d' Etudes Diplomatiques et Strategiques）與日本國際問題研究所（JIIA）等，世盟均建立了制度化聯繫關係。

所謂「唯其交流通暢，方能增進了解」，世盟多次安排各國有影響力的智庫人士與我國會各黨派立委座談，並曾邀請國外政治學者，包括美國政治學報總編輯來臺實地了解我國民主憲政的現狀，舉行研討會並拜會三黨負責人及總部。這些學界人士在其國內對外交政策形成及執行，均有影響力，饒總會長歷年來也多次由祕書長陪同拜會各智庫，合辦學術座談會以及參與其主辦的會議。例如：

㈠一九九七年九月赴哈佛大學費正清東亞研究中心專題演講「中華民國憲政改革與政黨政治」。

㈡一九九八年元月邀請美國哈佛大學甘迺迪政府學院院長奈伊博士（Joseph S.

Nye）出席世盟研討會：「美國的亞洲安全策略及對華政策」。

㈢二〇〇〇年十月與美國「二十一世紀中國基金會」、「多渠道外交研究所」等機構在波士頓主辦「臺灣、大陸、香港、澳門各族群青年領袖研習營」。

㈣二〇〇二年三月世盟美日「固本專案」，饒理事長率同祕書長葛永光教授，訪問美國舊金山與史丹佛大學胡佛研究所（Hoover Institution Stanford University）資深研究員馬若孟教授（Ramon H. Myers），就兩岸關係交換意見暨探討世盟與胡佛研究所合作召開學術研討會的可能性。

㈤二〇〇二年四月與日本國際問題研究所（The Japan Institute of International Affairs）合辦「亞太安全暨臺日關係」研討會，日本外務省官員和前駐中共大使等多位重量級人士參加；二〇〇二年四月及二〇〇六年四月也合辦兩次座談會。

㈥二〇〇二年九月拜會「美國外交政策全國委員會」（National Committee on American Foreign Policy）會長史瓦伯（George Schwab）、「美中關係全國委員會」（National Committee on US-China Relations）會長何立強（John Holden）、哥倫比亞大學東亞所所長呂曉波，就兩岸關係交換意見。

(七) 二〇〇二年九月加入英國「國際戰略研究研究所」（Institute of International Strategic Studies, IISS）爲會員並參加年會，與會兩百多人多爲各國大使、研究戰略學者與各國相關智庫人士，美國國務院政策規畫室主任哈司（Richard Haass）發表專題演講：「全球戰略回顧」。饒總會長、葛祕書長向IISS主任齊普曼（John Chipman）和參加「轉型中的中國」研討會的美國學者喬治華盛頓大學國際事務學院院長哈定（Harry Harding），表達了世盟希望彼此加強合作的意願。

(八) 二〇〇二年九月饒總會長與葛祕書長拜會法國「外交與戰略研究中心」主任錢諾（Pascal Chaigneau）。錢諾主任表示樂見世盟與該中心加強合作，除舉辦國際會議外，也歡迎世盟與該中心進行學者專家交流，並歡迎派遣專家到該中心進行研究。

(九) 二〇〇二年三月饒總會長主持「中俄關係十週年新展望——科技經貿合作」座談會，由俄羅斯普列漢諾夫經濟大學協辦，該校校長維迪雅平（Vitaly Ivanovitch Vidyapin）率團參加，團員包括俄羅斯《Who is Who》主編暨《人物》雜誌社社長呂巴斯（Svyatoslav Yur evich Rybas）、國會議員（V. I. Volkovsky）、藍塔銀行董事長都庫契夫（Sergey Dokuchaev）、國際科學技術研究院主席古賽夫（B. V. Gusev）及普列漢諾夫經濟大學商貿中心顧問包里述（Arkady Borisov）等，與會貴賓尚有中國輸出入銀行理事主席符寶玲。會中就俄國尋求與中華民國在科技及經貿領域合作關係廣泛交換意見，咸表示世盟可扮演很好的溝通橋樑。

(十)二〇〇六年四月拜會國際勝共聯合會小山田秀生會長（Oyamada）。

(十一)二〇〇六年六月會見聯合國事務專家訪華團，訪賓包括：威廉斯（Abiodun Williams），美國和平研究院衝突分析及預防中心副所長；玖納（James Jonah），紐約市立大學國際研究院資深研究員，一九六三年起服務於聯合國三十餘年，歷任聯合國負責政治事務之副祕書長（一九九二～一九九四）、聯合國祕書長政治顧問助理祕書長等；科依卡德（Jean-Marc Coicaud），美國Rutgers大學全球事務中心主任；范彼得（Peter Pham），「大西洋理事會」非洲事務中心主任；杰洛德（Michael Gerrard），哥倫比亞大學法學院氣候變遷法律中心主任。

團長威廉斯博士（Abiodun Williams）表示很高興認識對聯合國有實務經驗的「世盟」，增進他對臺灣現階段參與聯合國的了解，希望將來與世盟能進一步合作，加強與臺灣參與聯合國團體之聯繫工作，他很有興趣得知世盟在兩岸關係的工作發展情形。饒總會長表示，世盟爲聯合國非政府組織之一員，宗旨爲結合愛好自由民主、尊重人權之各國人士，共同推動世界和平與人道支援工作。目前世盟積極致力於向中國大陸推展民主理念，兩岸和平氣氛爲歷年來僅見，世盟希望大陸民眾也能享有自由民主的生活。

關於智庫外交部分，由於國外學術機構年費過高，在經費有限狀況下，世盟只有另闢蹊徑，精選主題，做較小規模、有深度的學術交流，以達到實現世盟宗旨的目的。

第五節　推動自由民主

二〇〇〇年十月世盟執委會在美國紐約選出饒穎奇先生爲世盟總會長後，歷年世界自由日活動皆配合我國政策，邀請各國貴賓蒞臨。包括巴拉圭副總統、國會議長、副議長、前任總理、現任黨主席、議員、世盟各國分會負責人與代表、海外中國民運人士以及中外學者等來華參與盛會，層次頗高。活動期間並召開國際學術研討會、國會議員圓桌早餐會議，並安排拜會我重要黨政機關首長等，對開展國民外交具有實質意義。至於年會部分，由於預算經費縮減，世盟逐年將自由日慶祝活動與年會合併在臺灣舉行，規模雖不如以往，但邀請對象精選嚴選，每年均有來自三十至四十個國家一百多位重要外賓參加，對於增進外賓對中華民國的友誼，與協助政府推動實質外交，仍有相當的貢獻。

一、民進黨執政時期

受到政黨輪替影響，執政的民進黨對世盟的支持不若以往，所幸的饒穎奇總會長和中華民國總會曾永權理事長，均曾先後擔任立法院國民黨（多數黨）大黨鞭和立法院副院長，在政治上相當具有影響力。加上他們默契十足，工作上無縫接軌，所以兩會合一團結和諧，世盟會務和活動的發展尚能維持良好局面。

二〇〇一年一月十三日世盟第三十一屆大會暨二〇〇一年世界自由日慶祝大會在中華民國臺北市舉行，主題爲：「鞏固新興民主，締建世界和平」，由饒穎奇總會長主持，計有四十三國（地區），九十六位國家會員單位代表及貴賓參加，其中包括關島議長、烏拉圭眾議院副議長、史瓦濟蘭國會副議長等。大會並通過確認饒總會長任命案與葛永光教授擔任世盟總會祕書長案。

二〇〇二年二月二日，世盟二〇〇二年世界自由日慶祝大會在中華民國臺北市舉行，主題爲：「擴展世界人權，鞏固自由民主」，由饒穎奇主持。同年五月二十日，世盟第三十二屆大會在也在臺北市舉行，由世盟總會長張建邦先生主持。

二〇〇三年一月二十三日世盟二〇〇三年世界自由日慶祝大會在中華民國臺東市臺灣史前文化博物館舉行，主題爲：「在全球化中促進人權與和平」，由饒穎奇總會長主持，計有二十六國（地區），五十一位國家會員單位負責人、代表及貴賓參加。同年十二月二十日，世盟第三十三屆大會在澳洲墨爾本市舉行，由世盟總會長張建邦先生與世盟澳洲分會會長史凱格議員共同主持，大會並通過確認由世盟中華民國總會理事長饒穎奇先生接任世盟第四任總會長。

二○○四年一月十七日世界自由日五十週年慶祝大會在中華民國臺北市舉行，主題爲：「民主深化與人權擴展」，由世盟總會長饒穎奇先生主持，計有四十國（地區），九十餘位國家會員單位負責人、代表及貴賓參加。

二○○五年一月二十三日世盟二○○五年世界自由日慶祝大會在臺北市舉行，主題爲：「新千禧年的公民社會與民主化發展」，由世盟總會長、饒穎奇先生主持，計有四十國（地區），九十餘位國家會員單位負責人、代表及貴賓參加。

二○○六年一月十九日世盟第三十四屆大會暨二○○六年世界自由日慶祝大會在臺北市舉行，主題爲：「在全球化的脈絡中提升民主與人權」，由饒穎奇總會長主持，計有二十一國（地區），六十餘位國家會員單位負責人、代表及貴賓參加。

二○○七年一月二十一日世盟第三十五屆大會暨二○○七年世界自由日慶祝大會在臺北市舉行，由饒穎奇總會長與曾永權理事長共同主持。（中華民國立法院副院長曾永權先生，在二○○六年十月十六日接任世盟中華民國總會理事長。）爲配合聯合國NGO活動，大會主題訂爲：「建立非政府組織與政府間的戰略夥伴關係」

（Building a Strategic Partnership between NGOs and World Governments），聯合國NGO執委會主席柯璧修女（Sister Joan Kirby）首次應邀參加，並在開幕典禮發表專題演說，大大提升世盟與聯合國非政府組織的關係。法國國會議員雲諾（Michel Hunault）及吉里巴斯國會眾議員賴希寧（Tinian Reiher）等人也應邀致詞。

由於世盟中華民國總會理事長饒穎奇擔任兩屆理事長任期屆滿，該會新任理事長由國民黨政策會執行長曾永權接任，大會上也同時舉行交接儀式。

另外，饒總會長新聘任一批海外發展委員會委員十三人，大致皆來自亞洲各國僑胞，包括劉東光（日本）、詹德薰（日本）、呂春霖（越南）、劉雙全（印尼）、李芳信（馬來西亞）、鍾仕達（新加坡）、黃盛雄（菲律賓）、闕圳（印尼）、許瑞麟（荷蘭）、詹凱臣（美國）、連元章（巴拉圭）、施慶桂（紐西蘭）、曾雄富（貝里斯）等人，大會上亦舉行頒發聘書儀式，正式委請這些委員返回僑居地後，爲世盟海外發展工作盡一份心力。

大會後緊接著舉行一場國際研討會，就本次大會主題進行專題研討，由本會祕書長臺大政治系教授葛永光主持，並請聯合國非政府組織執委會主席柯璧修女、馬來西亞國會眾議員哈山馬列（Datuk Hasan Bin Malek）及中山大學大陸研究所教授國際非政府組織研究中心主任林德昌（Lin The-chang）擔任論文報告人。國內各有關之非政府民間團體組織如紅十字會、臺灣世界展望會、佛教慈濟慈善事業基金會、臺灣路竹會、國際特赦組織臺灣總會、國際獅子會、國際扶輪社等四十餘單位被邀請參加研討會。

二、與UN／DPI／NGO同步的世盟

從二〇〇七年開始，世盟活動的推展有了新方向，就是配合聯合國非政府組織（UN／DPI／NGO）的活動，將其年度活動主題作爲世盟奮鬥的目標。另一方面，二〇〇八年馬英九總統當選後對世盟的支持不遺餘力，也振奮了世盟更積極結交盟友。

二〇〇八年一月二十三日世盟二〇〇八年世界自由日慶祝大會在臺北市圓山大飯店擴大舉行，開幕典禮由饒穎奇總會長與曾永權理事長共同主持，計有十八國（地

區），四十餘位各國貴賓參加，包括政府部會首長、國會議員、政黨主席、民間菁英領袖、世盟執行委員、世盟各國分會負責人等，他們對推動自由民主運動、發揚基本人權著有貢獻。另外國內貴賓則包括立法委員、各縣市政府首長、外交部一級主管、世盟海外發展委員、世盟中華民國總會會員、中華海峽兩岸客家文經交流協會會員、韓戰榮民義士及世盟之友等，總計約有三百餘人出席大會。

大會主題訂爲：「全球治理與世界自由民主的提升」（Global Governance and the Promotion of World Freedom and Democracy），呼籲全球各國政府確實採行維護人權之民主制度，以追求全世界之自由民主。饒總會長致詞時指出，自由民主業已成爲全球人類追求的理念與價值。世界上大多數不爲人民所接受的各種形式政體，紛紛邁向自由民主，這象徵自由民主在國際上獲得最大勝利，也使得國際間彼此關係日益密切，相互依賴加深。

饒總會長說，爲解決共同問題與滿足需求，建構「全球治理」（Global Governance）機制，乃爲必須的途徑，而聯合國就是「全球治理」理想的實踐。透過聯合國此一「世界政府」組織，促成世界各國簽訂保護世界人權公約，乃是提升世界人權的重要方式。聯合國轄下的非政府組織，在積極強化保障與促進各國自由民主方面，付出不少心血，也獲得豐盛成果。世盟是聯合國非政府組織成員之一，UN／DPI／NGO的任務就是世盟積極推動和發展的目標。

立法院院長王金平也在大會表示，民主與自由的最終目標是爲了提升人類福祉，他相信，世界自由民主聯盟總會暨全體會員的努力，可以帶動民氣，匯聚成民主的洪流，朝人類普遍享有民主與自由的目標繼續向前邁進，實現世界大同的理想。

此外，大會還邀請來自南太平洋的友邦吉里巴斯國會眾議員、獨立黨主席馬莫（Taneti Maamau），以及多位來自與我國沒有正式邦交國家的貴賓，如尼泊爾司法部長蓋倫（Indra Bahadur Gurung）、智利國會眾議員烏里亞德（Gonzalo Uriarte）、墨西哥國會眾議員托雷司（Victor Manuel Torres Herrera）等發表專題演講，分享他們對自由民主的理念與推展自由民主的經驗。他們不畏中國大陸的壓力，毅然決然前來中華民國參與盛會，正是風雨故人來，精神令人感佩。

自由日活動後，世盟舉辦了一場國際學術研討會，就本次大會主題進行專題研討，由總會祕書長、臺大政治系教授葛永光主持，邀請祕魯國會眾議院第三副議長托雷斯（Carlos Alberto Torres Caro）、印度前國會議員拉瑪（Rama Swarup）、文化大學中山學術研究所所長曹俊漢教授及政大外交系前系主任鄧中堅教授擔任論文報告人。除國外來臺貴賓全體參加外，國內有關的非政府民間團體組織，如中國政治學會、各大學院校相關科系、普賢教育基金會、中華至善社會服務協會、中華民國搜救總隊、紅十字會、臺灣世界展望會、國際佛光會中華總會、國際特赦組織臺灣總會、國際獅子會、國際扶輪社、臺灣亞太發展基金會、基督教女青年會協會等四十餘單位都受邀參加。

二〇〇九年一月十八日世盟二〇〇九年世界自由日慶祝大會在臺北市舉行，由世盟饒穎奇總會長與世盟中華民國總會曾永權理事長共同主持，計有二十國（地區），三百六十餘人參加。馬英九總統在大會上致詞指出：

臺灣在自由民主轉型的過程中表現得非常卓越。我們從一九九六年開始選舉總統，到二〇〇〇年的時候，執政五十年的國民黨被民進黨擊敗了，但是八年之後國民黨又擊敗了民進黨重新執政。兩次政黨輪替在世界民主史上也是一個重要的里程碑，這表示說，臺灣人民已經眞正體會到自由民主的精髓，他們選擇他們的政府完全出於自由的意志，沒有意識型態，只有施政的表現來決定他們投票的方向，這是非常直得令人欣慰的成果。所以二〇〇八年三月二十二日總統選舉結束的時候，美國總統布希曾經致電給我及蕭副總統當選人說：「臺灣是亞洲和世界民主的燈塔 "Taiwan is a beacon of democracy to Asia and the world"」。

我們說我們是自由民主的燈塔，自己說了不止五十年了，可是當我們開始說的時候，人家不一定認同，現在由美國的總統來告訴我們，你們現在可以當得起亞洲及世界民主的燈塔，這是一個很不容易的一個過程，但這並不代表著臺灣的自由民主就沒有改進的空間了。

馬總統還指出：

在一個自由民主的社會，我們對於國家的未來反而有更大的共識。大家都知道，在臺灣，不同的人民有不同的看法，有得人主張獨立，有人主張統一，有人主張維持現狀。但是經過了幾十年民主的演進，經過大多數人透過各種管道表達意見的結果，大多數人都認爲應該維持中華民國臺灣的現狀，其實這也是幾十年來我們推動自由民主一個重要的成果。

爲什麼我們過去會要戒嚴將近四十年？爲什麼那個階段我們變成必須要對人民的自由或民主的權利有所限制？主要的是因爲有戰爭的威脅。所以說，如果能夠把戰爭的威脅減少或者是取消，那麼我們一定能夠獲得一個更自由的環境。這就是爲什麼我們上任之後要盡快恢復跟大陸中斷了將近十年的協商，因爲透過這個協商，我們才能夠逐步的減低海峽的緊張，才能夠眞正的用和解來消彌衝突，用談判來取代對立，這個我們一步一步在達成。

如果海峽兩岸沒有戰爭，海峽兩岸充滿了和平與繁榮，我們相信兩岸的政府都會有更大的勇氣來推動一個自由民主的社會。在戰爭的時候，自由一定會受到限制。看看美國跟伊拉克交戰，在美國內部對於恐怖份子的管制也一樣的引起了許多有關人權方面的質疑。這就是說，如果有戰爭，很自然的，自由會受限制。要讓自由得到最大的發揮，我們應該減少戰爭，我們應該盡我們所有的力量來減少戰爭，這個才是我們眞正努力的目標。

> 「我覺得我們跟中國大陸最不需要競爭的就是軍事競賽，我們眞正需要競爭的就是民主跟自由的競賽，而且以我們現在的實力，我們一定會贏他們。」

聯合國ＮＧＯ執委會新任主席何泛斯先生也應邀在大會發表演說，聯合國第六十一屆（二〇〇八年）ＮＧＯ年會主席狄崗莎嘉女士亦應邀出席大會。

二〇〇九年十月二十三日第三十六屆世盟大會暨第五十五屆亞盟年會在菲律賓馬尼拉市舉行。爲配合聯國非政府組織年度活動，大會主題同樣訂爲：「爲和平與發展：放下武器吧！」由饒穎奇總會長與菲律賓分會會長皮卡齊（Guillermo Pecache）共同主持，計有二十二國（地區），一百餘人參加，包含政、經界人士、學者、世盟代表及世盟海外發展委員；大會也邀請聯合國非政府組織執行委員會（ＵＮ／ＤＰＩ／ＮＧＯ）主席何泛斯先生（Jeffery Huffines）及多位國會議員參加，顯示世盟活動日益受到國際之支持與重視。

菲國總統雅羅育及中華民國總統馬英九均特頒賀詞祝勉，菲律賓總統並派國防部長特奧多羅（Gilberto C. Teodoro, Jr.）親臨大會開幕典禮代爲宣讀轉達，同時並致詞勉勵全體與會人員。開幕式後大會舉辦了全體會議以及主題爲「透過和解與合作促進和平與發展」的三場學術研討會。與會者同意繼續擴大發揚聯合國非政府組織的力量，鼓舞世盟全體會員單位在各自國家內舉辦相關活動，全力宣揚自由民主、法治人權的理念，進而去除窮兵黷武、霸權統治的思想，求得世界眞正的和平與永續發展。

世盟執委會則於十月二十二日選出饒穎奇先生爲第五任世盟總會長，任期四年。執委會還通過數項決議，包括由饒總會長任命中華民國總會理事長曾永權、亞盟祕書長劉介宙爲世盟副總會長；另方面，世盟祕書長葛永光因擔任監察委員解職，由副祕書長謝文煌任代祕書長。會中並通過寮國分會入會，該分會主席愛新覺羅・毓昊（Yuhao Aixinjueluo）爲東盟經貿協會總主席。執委會並通過二〇一〇年年會於韓國首爾舉行，二〇一一年移師澳洲。

除慶祝大會外，主辦單位另安排與會貴賓參訪位於馬尼拉外海的二次大戰遺跡克里磯多島（Corregidor Island）等。克里磯多島爲防禦馬尼拉灣和蘇比克灣港的戰略要塞，也是經典電影「現代啓示錄」的拍攝地。二次世界大戰時，美國麥克阿瑟將軍被迫離開克里磯多島時，曾留下一句名言：「I shall return」島上太平洋戰爭紀念公園有一座象徵自由與和平的自由火塔，提醒世人記取歷史教訓。

二〇一〇年世界自由日活動暨世盟中華民國總會五十四次會員代表大會，於一月二十一日至二十四日在臺北圓山大飯店舉行，以「經濟發展與民主的轉型」爲主題。出席國外貴賓與代表共有二十八國七十一位。包括帛琉總統陶瑞彬（Johnson Toribiong）、墨西哥「聯邦最高司法委員會」委員郝雷齊先生（César Jáuregui, Councilor of the Federal Judiciary, Mexico）、馬紹爾群島共和國司法部部長華司先生（Brenson S. Wase）以及多位國會議員、政要、世盟分會負責人與代表、世盟海外發展委員，以及國內貴賓蕭萬長副總統、立法院王金平院長、外交部侯清山次長、立法委員及中外媒體人士等。

一月二十二日上午慶祝大會開幕前，全體外賓在圓山飯店崑崙廳晉見蕭萬長副總統。副總統代表馬總統、我國政府及人民對世界各地來臺與會的各國貴賓們，表達誠摯歡迎。

蕭副總統表示，馬總統二〇〇八年五二十日就職以來，在改善兩岸關係上所作努力，不僅使兩岸從對立轉爲對話，確保了臺灣海峽的安全，同時也有助於東亞地區的穩定，大幅降低不確定的因素，受到鄰近國家及國際社會的高度肯定。另外，身爲地球村的一份子，我們也積極參予國際事務，貢獻一己之力。加勒比海友邦海地發生震災（二〇一〇年一月十二日當地時間下午五時，發生七點三級的大地震），造成生命與財產嚴重的損失，中華民國政府及人民立即提供必要的協助，希望海地早日恢復秩序，當地人民能走出傷痛，重建家園，就是最具體的實踐。

在慶祝大會上，蕭副總統發表演講表示，全球化帶來的經濟發展，是新一波民主轉型的重要契機，強調期待眞正的和諧社會，應讓社會進步的力量有發展的空間，政府必須尊重民眾獲取資訊與發表言論的自由，並向大陸呼籲提升經濟應尊重言論自由。他說，世盟長期以來，全力推展自由民主人權的價值，深受全球各地的推崇。在不同的歷史階段，自由民主人權受到不同的挑戰，必須不斷地捍衛與深化這些價值。期待世盟在新的歷史階段，一樣能扮演積極的角色，爲自由、民主、人權的全球化而努力。

饒穎奇總會長表示，世盟當前的課題是結合各國臺商組織力量，開展各國之政商關係，協助政府外交，並積極在各地擴展組織，成立分會。另一方面則是加強兩岸交流，推動大陸民主發展。

世盟中華民國總會理事長、立法院副院長曾永權表示，民主轉型有助提升經濟發展。臺灣過去創造經濟奇蹟，也同時創造民主奇蹟，被美國前總統小布希稱爲「亞洲和世界民主的燈塔」。

慶祝大會後，一月二十二日下午在圓山飯店國際會議廳舉辦自由民主論壇：「世界自由民主之回顧與展望」（World Freedom and Democrary：Retrospect and Prospect），由國立臺北大學公共事務學院院長、世盟顧問周育仁主持，師大教授侯廣豪擔任引言人，與蔡昌言教授共同發表《二〇〇九全球民主狀況》（*Democracies in the World in 2009*）。另邀請中研院政治研究所吳重禮研究員及師大教授關弘昌博士擔任與談人。與會人士包含訪華各國貴賓和我國學者專家、非政府組織代表等等。在開放討論時，國外貴賓如菲律賓Federico E. Ruiz Jr.、西班牙Angel Pintado、韓國Lee Young-jae、尼泊爾Dol Bahadur karki、印度Rama Swarup、英國Susan Tung等對民主化與人權發展在全球化過程中扮演之角色提出討論並交換意見。

在緊湊的行程中，總會還安排召開海外發展委員會務座談，討論如何發揮世盟海外發展委員的功能及有關「世盟尼泊爾臺北友誼學校」建校專案捐贈事宜。會議決議：㈠建校所需資金預計臺幣二千萬元，請依個人能力捐款。㈡請各委員回駐在國後多找善心人士共同捐款，共同進行募款，順便讓更多人了解世盟，亦可讓更多人參與這項具有意義的公益活動。㈢本次會議出席委員及本會韋伯韜監事長共認捐臺幣約兩百七十萬元正。

來華外賓除自由日既定行程外，亦協助安排拜會活動，如委內瑞拉阿克雷分會主席（Milos Alcalay）拜會市政府陳永仁副祕書長；土耳其沙興會長（Refaiddin Sahin）參觀建國花市、玉市；荷蘭艾荷主席（Prosper Ego）拜會輔導會；西班牙賓塔多議員（Angel Pintado B.）到天母教堂做禮拜、參觀故宮；智利薩拉比瑞議員（Felipe Salaberry）參觀故宮、臺北一〇一金融大樓；墨西哥安德拉迪伉儷（Humberto Andrade）赴花蓮參訪等活動，讓所有訪賓都有賓至如歸的感覺。

此外，爲積極推展世盟會務，本會敦聘多位世盟海外發展委員，計有來自南非、美國、印尼、法國、越南、紐西蘭、英國、馬來西亞、新加坡、賴索托、菲律賓、寮國、澳門、墨西哥等國家共十九位我國海外菁英。希望借重委員們於僑居地的影響力，就近協助本會發展會務，爲落實全民外交。

三、世盟年會在韓國仁川

㈠紀念韓戰爆發六十週年

二〇一〇年六月八日世、亞盟大會在大韓民國仁川市喜來登飯店舉行，同時紀念韓戰爆發六十週年。大會主題爲：「自由民主的新視野」（Freedom and Democracy－A New Vision），由饒穎奇總會長與韓國分會會長朴昌達共同主持，計有六十四國（地區），兩百餘人參加，包含政經界人士、學者、世盟代表及世盟海外發展委員等來自二十三個國家的四十一位國會議員、一位大法官、三位部長以及兩位次長等多位貴賓與會，顯示世盟活動日益受到國際之支持與重視。大韓民國總統李明博以錄影視訊方式發表賀詞、大韓民國行政安全部長官孟亨奎、聯合國ＮＧＯ執委會主席何泛斯，應邀在開幕典禮發表專題演說。美國傳統基金會會長佛納也在學術論壇發表專題演講。

二〇一〇年適逢韓戰爆發六十週年，[2]世盟於二〇〇九年在菲律賓馬尼拉舉行大會時，韓國分會即提議承辦大會，以茲紀念韓戰，並提醒世人和平的重要。經執行委員會議通過，二〇一〇年世盟大會於韓國仁川舉行，會期從六月七日至十一日。

六月八日上午首先舉行世盟暨亞盟執行委員會議，由饒穎奇總會長主持，世盟暨亞盟全體執行委員總計三十位出席。菲律賓分會皮卡齊將軍（Guillermo Pecache）報告亞盟會務，表示年事已高，宣布退休。執委會特頒贈紀念牌予皮卡齊主席，以示榮譽。會中選舉並通過韓國分會主席朴昌達爲二〇一〇年世盟暨亞盟年會主席。

【2】一九五〇年六月二十五日深夜，北韓軍隊越過北緯三十八度線侵略南韓，韓戰爆發。一九五〇年九月十五日，美國麥克阿瑟將軍率領聯合國軍隊反攻，在仁川登陸。

㈡譴責北韓天安艦事件

二〇一〇年三月二十六日晚間，韓國海軍天安艦在黃海海域巡邏時，突然沉船導致艦上四十六名官兵陣亡。根據多國專家組成的軍民跨國調查小組報告指稱，天安艦是遭北韓潛艇發射魚雷擊沉。年會在韓國召開期間，天安艦事件仍然餘波盪漾，引發南北韓情勢緊張，大會通過臨時動議——「世盟為世界和平與安全，至認朝鮮半島之政治軍事安定，有利於亞太地區及世界和平之維持，當即支持世盟韓國分會於年會中發表共同聲明，譴責北韓不當行爲，呼籲北韓放棄武力，走向自由民主，共建全韓之和平繁榮。」

六月九日上午舉行全體會議，饒總會長頒發榮譽狀給菲律賓分會皮卡齊主席、瑞士分會奧白麗主席、韓國分會朴昌達會長、印度分會拉瑪顧問、俄羅斯分會盧欽科祕書長、顧拉克副總會長（澳洲）以及菲律賓分會齊偉能委員。世盟中華民國總會曾永權理事長提出報告會務，聯合國NGO執委會何泛斯主席也就大會主題「自由民主新視野」發表專題演講。

此外，大會主辦單位也安排學術論壇，由美國傳統基金會會長Edwin Feulner發表專題演講。然後進行兩場研討會，分別就「正視解除威脅世界和平之道」（Resolving Security Threats to World Peace），以及「亞太地區的穩定及世界和平」（Securing the Stability of the Asia-Pacific Region and Peace）主題進行研討。

會議結束後，全體與會人士到龍山戰爭紀念館獻花，哀悼韓戰陣亡軍士。

四、世盟推動自由民主獲得國際肯定

世盟二〇〇九年在菲律賓馬尼拉市成功舉行大會後，各會員國紛紛爭取主辦權。二〇一〇年會韓國分會獲韓國政府支持，積極爭取擴大舉行，足見我國民主改革成就，業已於國際社會釋放出蓬勃奔放活力，而世盟長期以來，致力於促進民間外交，業已發揮積極功能。

以二〇一〇年年會爲例，中華民國是各與會國中，人數最龐大的代表團，包括立法委員、本會理監事、顧問及僑界代表共七十人出席。大會期間，我國代表團使用中華民國國號，中華民國國旗亦與其他會員國國旗懸掛在會場中、飄揚在仁川市區，以及韓國政府所在地首爾主要街道上。由於世盟年會在韓國舉行，增進了韓國人民對我國政經情勢之了解。同時，世盟總會長年設於中華民國，受到中華民國政府與世盟中華民國總會的支持，各與會國均表感謝，肯定中華民國總會的貢獻。

五、籌組「世盟國會議員聯誼會」

二〇一〇年年會計有來自二十三個國家四十一位國會議員出席。世盟總會為促進國會外交，會議期間特安排時任中華民國立法院副院長、世盟中華民國總會理事長曾永權發起「國會議員早餐會」，由曾副院長主持。各國議員對各自民主發展現況交換意見。席間海地副議長浮士丁（Poly Faustin）認為此聚會深富意義，應予機制化與長期化，倡議籌設「世盟國會議員聯誼會」（Association of Parliamentarians），當即獲得一致通過，並推舉曾永權先生擔任聯誼會主席，積極推動對未來國會議員的互訪與交流合作。

六、慶祝中華民國建國一百週年

爲慶祝中華民國建國百年紀念，世盟二〇一一年世界自由日慶祝大會暨世亞盟年會活動，於二〇一一年一月二十一日至二十四日在臺北圓山大飯店舉行，以「深化全球自由民主」爲主題，共同見證自由民主與人權等普世價值在全球的發展。來自世界八十九個國家及地區的一百八十九位國外貴賓與代表齊聚臺北。包括帛琉總統陶瑞彬（Johnson Toribiong）、巴拉圭阿法洛國會議員（副總統夫人）（Emilia Patricia Alfaro de Franco）、墨西哥「聯邦最高司法委員會」委員郝雷齊（César Jáuregui）、馬紹爾群島共和國解克禮議長（Alvin T. Jacklick）以及五十三位國會議員、政要、世盟分會負責人與代表、世盟海外發展委員；另外國內貴賓有馬英九總統、國民黨榮譽主席吳伯雄、外交部長楊進添、立法委員及中外媒體人士等出席人超過五百人參與盛會，不僅讓國際認同臺灣推動自由民主的努力，且有助於我國實質外交之開展。

㈠世界自由日慶祝大會

自由日慶祝大會暨世亞盟年會於元月二十二日下午於臺北圓山大飯店舉行，計有全體來華外賓、政府首長、外交部長官、世盟代表、各國駐華使節、代表及中華民國各界代表五百餘人與會。馬英九總統親臨盛會，並發表演講。他特別舉例二〇〇八年三月二十二日總統大選開票後，當時美國總統布希（George W. Bush）賀函中盛讚臺灣是「亞洲和世界民主的燈塔」，可見中華民國在政經方面的優異表現，已獲得舉世肯定。

馬總統指出，兩岸關係在「以和解消弭衝突，以合作取代對抗」理念下，藉著相互經濟關係的正常化，積極推動和平發展，使得兩岸關係進入新紀元。臺灣成爲和平的締造者，臺灣的安定與繁榮，讓全世界刮目相看，臺灣自由民主的成就與兩岸關係的和平發展，不僅消弭臺海兩岸的緊張對峙，也爲世界和平寫下新頁，贏得全球的支持與讚譽。

馬總統表示，世盟目前在全世界總共有一百三十四個分會，會員遍布世界各地，長期傳播自由民主普世價值理念，保障全球人權發展，令人欽敬。期盼世盟結合更多熱愛自由民主人士，以務實的態度與耐心，團結和諧，共同努力，建構一個更好的世界。接著總統頒發世盟海外發展委員聘書及合影。

世盟中華民國總會理事長暨立法院副院長曾永權表示，世盟結合世界各位崇尚和愛好自由民主與人權發展的菁英人士，聚集在中華民國出席大會，無疑是世界第三波民主化浪潮的開花結果，使得在你我之間，形成了一種超國界、超文化的緊密結合，也是一種因為熱愛自由民主和人權而獻身的緊密結合。他希望而且也相信，這種緊密的結合，將有助於增進我們彼此之間的共識和友誼，更可以促進自由民主和人權發展在學術和經驗上的精進提升。

大會邀請帛琉總統陶瑞彬先生和馬紹爾群島解克禮議長致詞。陶瑞彬總統演講時提到對自由民主以及人權價值的看法，他認為，投票權象徵民主國家人民最基本的權利，任何選舉必須公平公開正義，若有不法介入的外力，企圖影響選舉結果，都應予以譴責。如同美國獨立宣言中提到，人生而平等，這是上蒼賦予人類不可被剝奪的權力，治理者有責任要讓所有人都能享受人權，並有權利選擇執政者。陶瑞彬總統也強調言論自由和新聞自由的重要性，他深信公民有權利去審查任何政府的文件，並藉由媒體的監督以觀察政府組織的運作。他讚揚聯合國於千禧年所訂定的目標，唯有消弭貧窮以及飢餓，才能讓人民真正擁有快樂。由於地球上大多數的居民依然處於貧窮，甚至缺少人權以及自由，所以各國應該要互相支持，提供人道救援，超越國界，以幫助世上受苦受難的人民，使其免於貧窮。

饒穎奇總會長致詞時表示，二〇一〇年是世盟欣欣向榮，碩果豐盛的一年。面對國際複雜多變的政經環境，世盟還是非常成功的在韓國仁川舉行了盛大的年會，也成立了墨西哥分會及澳門分會，同時成功的推動了兩岸民意代表的交流互訪，促進兩岸和平發展的工作。我們也增聘了海外發展委員，協助拓展民間外交。這些成果，都證明世盟是一個非常坦誠的國際性非政府的民間組織，把自由民主的普世理念，以及中華民國在臺灣推動自由民主成就的事實，告訴包括共產制度的各國政府和人民，使其深切認識世盟長期以來對自由民主發展的努力貢獻，因此獲得更多的公眾支持和支援。

㈡世亞盟聯合執行委員會

一月二十一日晚上在圓山飯店敦睦廳召開世亞盟聯合執行委員會議，由總會長饒穎奇主持。首先討論亞盟事務，亞盟理事會主席，韓國分會朴昌達會長擔任共同主席，亞盟祕書長劉介宙致詞後選舉世盟中華民國分會曾永權理事長爲第五十七屆亞盟年會主席暨亞盟理事會主席（二〇一一～二〇一二年）。

執委會首先由世盟代理祕書長謝文煌進行年度工作報告，介紹新任分會主席——英國羅根上議員（Dennis Rogan）、墨西哥郝雷齊大法官（César Jáuregui Robles）以及烏拉圭艾斯必諾沙國會議員（Gustavo Espinosa）等。另外，會中討論重組世界自由民主青年聯盟（WYLFD）案，通過由李德維出任世青盟主席，組織新血輪，爲世盟增進新動力。最後，討論世盟澳洲分會皮克先生提議主辦下一屆世盟年會，獲全體通過澳洲爲二〇一二主辦國。

㈢全體會議

一月二十二日上午十時在圓山飯店十樓國際會議廳召開全體會議，由饒穎奇總會長暨亞盟年會主席曾永權理事長共同主持。大會邀請外交部沈次長呂巡就國際現勢發表專題演講；海峽交流基金會江董事長丙坤亦論述臺灣海峽兩岸和平現況，並展望未來發展，此對亞太區域，甚而全世界的和平，皆有其必要性，並有顯著貢獻。

會中頒發榮譽狀，獎勵年度對世盟會務有卓著貢獻之墨西哥分會郝雷齊會長、墨西哥分會李健民副會長以及澳門分會林啓民會長等。

㈣聯合公報

大會通過聯合公報，由世盟美國分會代理祕書長，亦是聯合國非政府組織第六十一屆（二〇〇六～二〇〇七）年會主席夏明娜（Shamina de Gonzaga）代表宣讀。

來自全球各地代表齊聚在中華民國臺灣臺北市，參加二〇一一年世界自由日活動暨與世亞盟年會，慶祝由孫中山先生建立的亞洲第一個民主、獨立的國家-中華民國建國百年。

重申，致力維護「聯合國人權宣言」，呼籲聯合國和所有國際組織在發展經濟同時，要推動自由、民主、人權以及和平與安全。堅持，承諾實現聯合國千禧年發展目標，保障全人類得到言論自由，並免於暴力和迫害的恐懼。

關切，目前所面臨的氣候變化、自然災害、流行性疾病、人類被迫遷移等問題。面臨這些挑戰，需要所有政府與非政府組織共同合作，一起努力克服。

我們支持中華民國參與「聯合國氣候變化綱要公約」─UNFCCC、世界衛生組織（WHO）、國際民用航空組織（ICAO），以及所有中華民國可以積極貢獻專業知識、技術和資源的各種國際組織。

世盟歡迎各國實質國會外交，以及青年參與世青盟活動。

我們認同並讚揚馬英九總統對臺海兩岸和平與繁榮的貢獻，這也是促進世界和平與幸福極重要的成就。

我們關切與聲援，世界各地個人和組織在建立自由、公正和民主社會的努力，期使所有人類均得以生活在和平與尊嚴中。

㈤ 國會議員聯誼會

出席世盟大會的代表中很多具有國會議員身分，世盟為促進各國國會議員之間交流聯誼，特於一月二十二日下午在臺北圓山大飯店十二樓崑崙廳舉辦「二〇一一年世盟國會議員聯誼會」，由世盟國會議員聯誼會會長永權主持，共有三十七個國家五十三位國會議員（包含中華民國）出席。聯誼會邀請中華民國立法院王院長金平先生擔任貴賓演講人，就「促進全球自由民主化，國會議員應扮演的角色」發表演說，其對臺灣民主政治發展成就的闡述更激發與會人士的熱烈迴響。開放討論時，來自世界各國的國會議員紛紛表達對自由民主以及人權的想法，一致認爲必須擁護此等普世價值，更針對各國民主發展現況，相互交換意見。

㈥自由民主論壇

一月二十三日下午兩點至四點在臺北圓山飯店國際會議廳與國立臺北大學公共事務學院共同舉辦「二〇一一自由民主論壇」，主題爲：「深化全球自由民主」（Promoting Freedom and Democracy Further and Deeper Globally），子題爲：「臺灣民主化的經驗與意涵」（Taiwan's Democratization: Experience and Its Underlying Significance）。藉由此次論壇，希有助於推動全球自由民主和人權的發展，並在此基礎上促進國際合作，實現世盟的宗旨——世界和平。由臺北大學公共事務學院院長、世盟顧問周育仁教授主持，文化大學政治學研究所楊泰順所長擔任引言人；中央研究院研究員徐火炎博士及美國聯合國非政府組織執委會主席何泛斯先生擔任與談人。與會人士包含訪華各國貴賓和我國學者專家、非政府組織代表等等。開放討論時共有十二位來自不同國家之外賓發言，包括厄瓜多、尼加拉瓜、印度、馬紹爾群島、哥斯大黎加、烏拉圭及澳洲等國家。國外貴賓對臺灣民主化的經驗與人權發展，在全球化過程中所扮演的角色，以及何泛斯先生所發表關於聯合國非政府組織從公民社會談民主化過程等議題，提出討論並交換意見。

(七) 晉見馬總統

一月二十四日下午兩點饒穎奇總會長率同六十餘位來自世界各國國會議員與世盟分會負責人赴總統府晉見馬總統。馬總統表示，對訪賓來臺參與相關活動，代表中華民國政府與人民表達歡迎與感謝之意。馬總統指出，中華民國在臺灣六十多年來，除定期舉辦各項公職選舉，總統直接民選亦已進行四次，包括兩次政黨輪替，中華民國業已成為一個完全自由民主的國家。

總統表示，他就任以來積極改善兩岸關係，目的係為追求臺海和平，兩岸迄今已簽署十五項協議，每週有三百七十班飛機直航，完全不同於六十年前的兵戎相見。此外，二〇一〇年兩岸簽署「兩岸經濟協議」（ECFA）後，我方也開始與新加坡進行類似經濟合作協議的洽商，盼藉此將臺灣打造成爲「全球創新中心」、「亞太經貿樞紐」、「臺商全球營運總部」與「外商區域總部」。馬總統說，三年前他就任時有五十三個國家與地區給予臺灣人民免簽證入境待遇，到了當年元月，已成長至九十七個，成長了百分之八十一，其中包括歐盟的三十五個國家與地區，主要原因就是臺灣已是民主社會，經濟發展也受到世人肯定，可說是歐盟對我們國家與人民的一次「信任投票」。

馬總統還表示，全球目前皆爲能源、糧食與氣候變遷而苦惱，中華民國也不例外，但我們樂於在相關方面分享經驗，做好節能減碳工作，成爲一個具建設性的國際社會成員；此外，我國也將扮演「和平的締造者」、「人道援助的提供者」、「文化交流的推動者」及「新科技與商機的創造者」等四種角色，讓中華民國成爲一個受人尊敬、讓人感動的國家。

(八) 外交部大力協助世盟

爲慶祝中華民國建國百年紀念，世盟將世界自由日慶祝大會暨世亞盟年會活動移師臺北擴大舉辦，讓參與的海外人士，更加了解世盟爲人類自由民主而奮鬥的努力，並且更加肯定我國在各方面的努力與成果。大會籌備過程中外交部及我駐外使館、代表處的大力協助功不可沒。

此次大會邀請到帛琉總統陶瑞彬先生、四位國會議長，以及五十三位各國國會議員、政要參加，是歷屆來層級最高且參加外賓人數最多的大會。會中邀請馬總統親臨致詞，更肯定了本會推展外交的努力。

爲積極推展會務，世盟還增聘九位海外發展委員，分別來自南非、澳洲、尼加拉瓜、巴西、西班牙、香港、泰國、馬來西亞及新加坡等國家與地區，總計三十一位，並在開幕典禮由馬總統親自頒發聘書，以借重委員於僑居地的影響力，就近協助本會發展會務落實全民外交。

二〇一一年度有意願加入世盟組織申請成立分會或進行分會改組者有帛琉、孟加拉、貝里斯、哥倫比亞、尼加拉瓜、巴拉圭及阿根廷等國家，其中巴拉圭及阿根廷已設立分會，但由於負責人礙於個人健康因素較無活動，未來將考慮重組分會的可能性。

此外，饒總會長於自由日大會活動後曾與聯合國NGO／DPI執委會主席何泛斯等人研商並達成共識，計畫於二〇一一年七月與聯合國NGO執委會籌辦一場小型區域性研討會，會議主題將與聯合國NGO年會主題相契合，藉以顯示世盟與聯合國NGO組織之合作夥伴關係。

七、臺灣自由民主騰躍

二〇一二「世界自由日慶祝大會」於一月二十三日上午在圓山大飯店隆重揭幕，世盟總會長饒穎奇及世盟中華民國總會理事長曾永權，與會貴賓包括前考試院院長許水德、國策顧問蔡鈴蘭、立法委員劉盛良、朱鳳芝、徐少萍、監察委員葛永光、考試委員高永光、外交部次長沈斯淳及非政府組織國際事務委員會副主委吳榮泉等。許水德先生應邀針對臺灣自由民主的親身參與經驗與觀察，發表精彩演講。會中同時發表由世盟中華民國總會及五南文化事業機構共同出版的新書《臺灣民主化的經驗與意涵》並舉行座談，由臺北大學公共事務學院院長周育仁教授主持，邀請所有撰文學者教授參加，其中葛永光、高永光與吳重禮等三位教授上臺參與座談，與現場近四百位貴賓分享臺灣自由民主蛻變的歷程。

饒穎奇總會長表示，二〇一二年大會主題設定爲「騰躍的臺灣自由民主」，宗旨就是闡揚我國自由民主現在及未來的發展與成就。自由民主雖是一種政治制度，但也是人類美滿的生活方式，唯有生活在自由民主的社會，才能眞正體會到自由民主的珍貴，尤其是一個國家主政者的堅持和執著，更能保持自由民主的務實與落實。

爲慶祝二〇一一年中華民國建國百年，世盟特邀國內知名法政學者，依照臺灣民主政治的演變進程與相關議題，分別撰文深入探討，出版新書「臺灣民主化的經驗與意涵」，除弘揚自由民主在中華民國的發展與成就外，並彰顯我國「自由、民主、人權」的成果。饒穎奇總會長指出，這本書的出版與未來的流通尤其重要，必將在世界各國推動與發展自由民主上，擔負起催化、引領以及示範的作用。

世盟中華民國總會理事長、立法院副院長曾永權於會中也特別與在座貴賓分享臺灣民主化歷程。他說，在長達十幾年、共計七次修憲過程中，臺灣政治民主化最重要的成就包括兩件事情：一爲總統由人民直接選舉，以及公投入憲，使全民意志能充分發揮與體現，這不只是自由民主的眞諦，也是其內涵眞正價值與啓蒙意義；其次，在增修條文中正式終止臺灣與中國大陸的敵對關係，對兩岸和平發展，兩岸同胞繁榮的謀求，更具有正面深遠的意義。

曾永權理事長並指出，由於政府和全民的努力，現在我們已是完全自由民主的國家。不僅創造了「經濟奇蹟」，也創造了「政治奇蹟」，社會可以容納多元聲音，人民可以自由評論公共事務，還可以透過法律制度糾正政府錯誤，大家可以自由自在的生活和工作。

外交部次長沈斯淳代表部長楊進添致詞時表示，外交部對世盟過去一年來所取得的重要工作成就，及順利推動各項業務表示讚許及最高敬意。世盟不但在臺灣民主化過程中扮演積極角色，亦在國際上積極推動自由民主，並在全球建立了一百三十五個分會組織，努力傳播自由民主理念，共同達成自由民主與人權的普世理想。外交部特別感謝世盟與其他國內公民社會團體大力支持外交部各項施政，並盼世盟與國外分會繼續爲全人類自由民主與和平安全，進行密切跨國合作，攜手奮鬥。

前考試院院長、前總統府資政許水德先生針對「兩岸和平發展，共享自由民主」發表演講，首先針對「中華民國在臺灣的自由民主發展與成就」發表看法，他認爲中華民國政治、經濟兩大奇蹟有目共睹，值得國人驕傲。許前院長表示，這兩大奇蹟的根本原因就是教育機會均等與公平考試制度。

許水德說，臺灣自由民主蛻變的歷程與中國大陸息息相關，馬總統主政以來，積極對中國大陸採取開放政策，謀求並增進兩岸和平發展，這是現階段政府施政的最重要任務，致力於維持兩岸「不統、不獨、不武」，並在「九二共識」與「一中各表」基礎上，繼續推動兩岸交流合作。

許水德表示，臺灣從威權統治到自由民主，是全球的自由民主發展中非常成功的範例，是對中國大陸追求自由民主與人權，將會產生相當程度的催化作用。

八、澳洲世盟年會

二〇一二年四月十二日世、亞盟大會在澳洲墨爾本市溫莎飯店舉行，主題爲：「自由、民主與世界和平」（*Freedom, Democracy and World Peace*）。應邀出席貴賓有來自三十九個國家、地區一百三十餘位貴賓，包含政、經界人士、學者、世盟代表及世盟海外發展委員等。其中來自十七個國家的二十三位國會議員以及市議員以及一位大使等貴賓與會，顯示世盟活動日益受到國際支持與重視。出席大會人士，如聯合國非政府組織執委會委員何泛斯先生、澳洲聯邦議員安德魯（Kevin Andrews）、澳洲國會議員唐奈倫（Luke Donnellan）以及澳洲維州議會參議員兼友臺小組共同主席珍（Jan Kronberg）等，分別在大會發表演講，鼓舞與會人士，引起共鳴，充分展現世盟長期以來，致力於促進民間外交的成果。

執委會由饒穎奇總會長主持，世盟暨亞盟全體執行委員共計二十七位出席。會中選舉通過澳洲分會（Australia World Freedom League）皮克會長（Clive Pick）爲第五十八屆亞盟年會主席暨二〇一二～二〇一三年度理事主席，並推舉通過亞盟祕書處劉介宙祕書長爲二〇一二～二〇一五年亞盟祕書長。

執委會通過下列決議案：

㈠確認關島與賴索托會員資格。

㈡通過德國費雪（Axel E. Fischer）議員擔任德國分會會長（分會重組）。

㈢討論祕書處提出各分會年度報告案：爲促進世盟會員國交流，與推動各會員國會務，擬請各會員國每年一月與七月分別塡具「會務報告」，送世盟總會祕書處。本案送全體會議討論。

㈣討論下屆年會主辦國：日本、紐西蘭。決議請有意主辦者提出申請計畫，與祕書處討論協商後再決定。

二〇一二年四月十二日上午開幕式先由原住民表演傳統樂器，繼由地主國主席皮克會長（Clive Pick）致歡迎詞。饒總會長以「自由民主，照耀全球」爲主題發表演講，希望強化各會員國自由民主的力量，展開推動自由民主的有效行動，凝聚世界自由民主共識，透過各種管道影響非自由民主社會，達成世界和平安全的目標。

大會邀請聯合國非政府組織執委會委員何泛斯先生、澳洲聯邦議員安德魯（Kevin Andrews）（前移民部長）、澳洲國會議員唐奈倫（Luke Donnellan）以及澳洲維州議會參議員兼友臺小組共同主席珍（Jan Kronberg）等發表演講，我國駐澳洲代表張小月宣讀馬英九總統賀電並致詞。協助推展世盟工作的海外臺商朋友，饒總會長並頒發證書給世盟海外委員。

在全體會議中，饒總會長於頒發感謝狀給皮克會長、副會長吳天佐（Jack Wu）與海外發展委員林見松（Jason Lin），感謝澳洲分會籌辦年會的辛勞與貢獻。

世盟爲聯合國非政府組織一員，一直致力與與世界各國非政府組織聯繫，大會特邀請肯亞非政府組織協調理事會執行長古瑞亞大使發表專題演講。

世盟謝文煌代理祕書長於會提出工作報告。接著進行分會報告，計有：厄瓜多分會阿布哈（José Ignacio Albuja）會長、德國分會費雪（Axel E. Fischer）會長、韓國分會李永宰（Lee Young-Jae）祕書長、英國分會羅根（Dennis Rogan）會長等提出報告。

此外，爲促進世盟會員國之交流，推動各會員國會務，全體會議特通過祕書處提案，請各會員國每年一月與七月分別填具「會務報告」，內容包含幹部名冊、聯繫資料、過去半年工作成果以及未來半年工作計畫等，送世盟總會祕書處統籌運用。

在國會議員聯誼會方面，本次年會共有十七國二十三位國會議員出席，饒穎奇總會長、中華民國前立法院副院長主持。各國議員與我國立法委員就各國民主發展現況交換意見。饒總會長認為聯誼會深富意義，倡議籌設「世盟國會議員訪問團」訪問北京，當即獲得一致通過。巴拉圭分會主席、前副總統賈斯迪優尼，表示此項提議對未來各不同政體國會議員之互訪與交流合作助益甚大，第一個報名。

本屆年會共有三十九個國家、一百三十多位各國代表出席，展現世盟長期以來致力促進民間外交的成果。中華民國代表團是與會國中，除澳洲外人數最龐大者，包括駐澳洲代表處、辦事處、外交部ＮＧＯ、本會主管、顧問及僑界代表共十二人出席。大會期間，不但使用中華民國國號，中華民國國旗與澳洲國旗也懸掛在會場，沒有遇到任何騷擾和阻撓。這次大會得以順利舉行，要感謝中華民國外交部相關單位駐澳洲代表處與墨爾本辦事處、世盟澳洲分會與墨爾本臺商僑界，及維多力亞州議會的協助與支持。

九、二〇一三年自由日大會

二〇一三年世界自由日慶祝大會、第五十七次會員代表大會暨世亞盟年會活動於二〇一三年一月二十三日在臺北圓山大飯店揭幕，主題是「民主鞏固：挑戰與願景」，共計邀請國外貴賓三十個國家及地區六十三人，世盟海外發展委員二十個國家二十二人，遠朋班外籍學員十二個國家二十人，世青盟（外籍在臺灣留學生）八個國家九人，駐華使節代表十五個國家十五人等，總計五十八個國家及地區一百三十五位國外貴賓與代表參加。其中包括二十五位國會議員、前聯合國DPI/NGO執委會主席何泛斯先生與柯璧修女（Sister Joan Kirby）、墨西哥聯邦最高司法委會會委員郝雷齊，以及世盟分會負責人與代表。國內貴賓有馬總統、外交部林永樂部長、外交部NGO吳榮泉執行長、監察院葛永光委員、林慶隆審計長、立法委員及本會理監事、會員等共計四百一十位共襄盛舉。

典禮開始由馬總統、外交部林永樂部長、關島副總督提諾瑞歐（Ray Tenorio）、烏拉圭國會議員艾斯畢諾沙（Gustavo Espinosa Marmol）與饒穎奇總會長共同以自由火炬點燃聖火盆，象徵自由之火，民主不滅。

馬總統致詞時強調中華民國是亞洲第一個民主共和國，對於自由民主的追求極爲堅定。臺灣過去歷經戒嚴時期與兩岸對抗，令人深刻體認「沒有和平，就不易有自由與民主」，因爲一旦戰爭發生，國家將全面動員備戰，並限制人民的自由與權利。兩岸自國共內戰迄今近八十年，死亡人數以百萬計，他上任後決定以和平方式解決兩岸爭端，因而快速改善兩岸關係。

馬總統進一步表示，兩岸關係改善後，我國的國際空間也隨之擴大，我國雖僅有二十三個邦交國，但去年已獲得一百三十一個國家與地區給予我國民免簽證或落地簽證待遇，證明中華民國在國際社會扮演「和平的締造者」、「人道援助的提供者」、「文化交流的推動者」、「新科技與商機的創造者」及「中華文化的領航者」等五種角色的努力已在國際間獲得迴響。

馬總統強調，臺灣過去六十多年來民主轉型的經驗顯示，來自國外的民主制度，在中華文化的土壤下，亦能生根發芽、開花結果。因此，除東海和平外，政府也期盼與中國大陸之對話從經濟、貿易、文化，進一步擴展到人權與法治，讓對岸民眾了解我方的努力與作爲，以及對民主的實踐。

元月二十三日下午，與會三十國共六十三位各國國會議員與世盟分會負責人，由饒總會長及祕書長周育仁、副祕書長王能章陪同，赴總統府晉見馬總統。總統對訪賓來臺參與相關活動，代表我國政府與人民表達歡迎與感謝之意，並與每位外賓單獨合影留念。

饒穎奇總會長在開幕典禮致詞時指出，臺灣海峽兩岸的情勢，在世盟不斷的共同努力促進交流合作下，已不再對立。世盟不斷推動經貿及文化交流等等和平發展工作，也積極推動兩岸中央民意代表交流，且相當成功。這正如同馬總統去年國慶大會所說：「臺灣與大陸的互動過程中，不僅經濟可以互補，文化可以交流，而民主法治，也同時可以對話」。饒總會長相信，透過世盟的努力和兩岸人民的希望，以及兩岸領導人的智慧，將可制度化兩岸交流與合作，爲兩岸永久和平發展，找出一條大家都可以接受的出路。這也是世盟以民間資源，拓展兩岸關係，共創兩岸與世界和平的目的。

大會也邀請聯合國ＮＧＯ執委會委員（前任主席）何泛斯先生致詞。他說，聯合國非政府組織現任主席希區考克（Chuck Hitchcock）雖不克前來，但他非常肯定世盟所做的努力。他說，NGO／DPI二〇一五年年會將在紐約舉行，二〇一三及二〇一四則未定，希望下一個年會能由世盟主持，無論是在北京，或是世盟分會所在地，他和前執委會主席柯碧修女希望將大家的想法帶回紐約聯合國NGO辦公室，以便進一步研議。

元月二十四日下午在圓山飯店敦睦廳召開全體會議，由饒總會長穎奇主持。周祕書長育仁報告世盟過去一年的工作以及本年度工作重點，並邀請世盟澳洲分會會長皮克先生、韓國副會長金明煥先生（Kim Myong-hwan）就「世盟組織如何推廣自由與民主」爲題發表演講。會議也安排各國分會報告，包括德國、關島、馬來西亞、西班牙、英國、菲律賓、尼泊爾、孟加拉、香港、土耳其、緬甸、新加坡、越南、阿根廷、烏拉圭等分會均提出報告。

討論時周祕書長提出，稍早執委會有委員曾提議二〇一四世盟與世亞盟年會於帛琉舉辦，惟謝前祕書長表示，因明年世盟適逢六十週年紀念，建議在臺灣盛大舉辦。全體委員鼓掌通過二〇一四世盟年會於臺灣舉辦。

自由日慶祝大會後，隨即舉行世盟中華民國總會第五十七次會員代表大會，由饒理事長主持。大會通過敦聘前理事長曾永權先生為本會榮譽理事長，聘謝前祕書長文煌先生為顧問、周育仁顧問為祕書長、王能章顧問為副祕書長。

為促進各國國會議員交流，並使各國議員了解臺灣民主化對兩岸關係發展的正面影響，特於元月二十三日下午舉辦「國會議員論壇」，由立法院前副院長暨世盟饒總會長穎奇先生主持，來自二十一國二十五位國會議員、中華民國前後任立法委員、世盟海外發展委員以及專家學者等共計四十八人出席。會議邀請立法院江丙坤前副院長擔任專題演講人，並邀前外交部長暨前立法委員程建人和現任立法委員林佳龍，分別就「臺灣民主化與兩岸關係之發展」發表引言，闡述臺灣民主化和兩岸關係發展之間的密切關係。三位貴賓的演說與引言獲得與會人士的熱烈迴響，各國國會議員紛紛表達對臺灣自由民主成就以及現今兩岸關係發展的看法，一致認同臺灣民主化已為亞洲及各國樹立典範，並支持世盟繼續促進與捍衛自由民主等普世價值。與會人士亦就自身國家所面臨的民主危機發表看法，進行意見交流。此論壇有助於拓展臺灣正面形象，並強化未來各國國會議員之間互訪與交流合作。

元月二十四日上午另舉行自由民主論壇，主題為「民主鞏固：挑戰與願景」，除邀請出席二〇一三年世界自由日大會外賓參加外，亦對外開放社會大眾共襄盛舉，共約九十人出席。論壇分兩階段進行，第一階段爲專題演講，由國立臺灣大學政治系包宗和教授主持，邀請西班牙國會議員，也是世盟西班牙分會會長古提雷茲先生（Antonio Gutiérrez Molina）與泰國威參參議員（Wicharn Sirchai-Ekawat）分別就西班牙民主化的過程與泰國走向民主化的經驗發表演講。

第二階段爲論壇，邀請英國倫敦政經學院國際發展系訪問學者沙爾尼博士（Maung Zarni）與國立臺北大學公共行政暨政策學系教授吳秀光博士擔任引言人，以緬甸走向民主化的過程及臺灣民主化主題分別發表論文，並邀請墨西哥聯邦最高司法委員會委員兼世盟墨西哥分會會長郝雷齊先生、菲律賓馬波亞理工學院教授吳民民先生（Rodrigo Camelo Ong）以及美國伊利諾州立大學教授兼副主任王德育博士擔任與談人。在引言暨與談後開放自由發言，與會人士發言踴躍，欲罷不能，北愛爾蘭議會議員韓夫瑞（William Humphrey）、奈及利亞眾議院人權委員會主席菈爾（Beni Lar）、世盟日本海外發展委員劉東光、亞盟緬甸分會會長羅梅鐘（Jen Lomethong）、亞盟新加坡分會會長胡克濟（Simon Kek-chay Hu）、南非國會議員佳諾（Nthabiseng Pauline Khunou）、土耳其前能源部長谷樂爾（Hilmi Guler）、西班牙國會議員古提雷茲（Antonio Gutiérrez Molina）、菲律賓自由協會主任卡斯迪優（Nestor Castillo）以及聯合國非政府組織執委會委員前任主席何泛斯均參與發言。

世盟爲聯合國非政府組織UN／DPI／NGO的重要成員，以「結合全球各地愛好自由民主人士的力量，積極推展世界自由民主」爲宗旨。積極發展組織和推動業務，係是世盟最重要的工作。爲有效推動分會會務，借重海外臺商結合當地國政要，共同推動本會業務，自二〇〇七年起遴聘傑出臺商擔任世盟海外發展委員，並於每年世界自由日慶祝大會恭請總統頒發聘書。海外發展委員一年一聘，每年遴聘人數視需要調整。爲強化各國分會之運作，世盟已積極安排海外發展委員擔任分會副會長或重要幹部，以協助分會提升運作條件。

本次大會期間也召開海外發展委員會務座談。首先由王能章副祕書長報告「如何在世盟分會中發揮海外發展委員的功能」，討論後通過六項工作重點。

㈠協助未成立世盟分會地區籌組世盟分會。

㈡依世盟各國分會編制增聘海外發展委員並擔任分會幹部，以協助拓展會務。

㈢主動邀集分會幹部聚會，以維持分會運作。

㈣隨時轉達總會及各地分會活動資訊給駐在國分會。

㈤定時向總會回報當地分會活動情況及當地政情資訊。

㈥推薦友我之國會議員或政要出席世界自由日大會及世盟年會活動。

為積極推展會務，世盟今年增聘五位海外發展委員，分別來自瑞士、德國、西班牙、柬埔寨、美國等國家，總計聘請三十七位海外臺商菁英，並在開幕典禮由馬總統親自頒發聘書。透過更多海外發展委員的支持與影響力，將能就近協助世盟各國分會發展會務，並落實國民外交。二〇一三年度世盟將積極致力成立奈及利亞分會，重組泰國分會，其他較無活動之分會亦將考慮重組。

世盟推動自由民主的努力與成果，近年來獲得聯合國ＮＧＯ執委會歷任主席的肯定。ＤＰＩ／ＮＧＯ二〇一五年年會將在紐約舉行，二〇一三及二〇一四則未定。聯合國ＮＧＯ執委會前主席何泛斯在大會公開邀請世盟辦二〇一三或二〇一四年會，無論是在臺北、北京或是世盟分會所在地皆可。此項邀請充分證明世盟之表現已獲得ＵＮ／ＤＰＩ／ＮＧＯ的認可。ＮＧＯ執委會前主席柯碧女士則表示將撰文針對參加自由日大會之觀察刊登於聯合國ＮＧＯ網站，協助更多聯合國ＮＧＯ會員認識世盟。奈及利亞眾議院人權委員會主席菈爾（Beni Lar）讚許自由日活動相當成功，對我國進步與民主人權發展留下深刻印象，並表達未來擬積極促進臺奈間經貿及國會交流，並協助世盟成立奈及利亞分會。

世盟德國分會費雪會長同意二〇一五年假德國柏林召開世盟年會，並將向德國聯邦政府申請補助經費。世盟再度重返柏林召開年會，將有助於拓展我國與德國之關係，並強化世盟在歐盟之影響力。

第六節 踴躍參與聯合國非政府組織活動

一九九三年世盟正式成爲聯合國非政府組織[3]的一員。此後每年九月，世盟皆組團參加聯合國NGO年會，與世界各國NGO領導階層建立良好關係。

二〇〇七年起世盟邀請當屆聯合國NGO執委會主席參與世界自由日慶祝大會活動，並發表專題演說；同時配合聯合國NGO年度活動，訂定相同主題，提升了世盟與聯合國非政府組織良好的互動合作關係。

在饒穎奇總會長領導下，世盟已與聯合國非政府組織建立密切關係。二〇〇一年四月世盟祕書長葛永光博士出席聯合國非政府組織主辦的「限武會議」，並取得聯合國通行證。爾後世盟每年積極參加聯合國各項活動，擴大參與層面；拜會聯合國重要

---

[3] UN/DPI/NGO; the United Nations Department of Public Information（UN DPI）and the Non-Governmental Organizations（NGOs）。二〇〇五年二月UN／DPI／NGO官方刊物NGO Reporter: February 二〇〇五曾專訪饒穎奇總會長，並介紹世盟的宗旨與活動。

代表、官員、組織，並參與分組研討會等等。世盟代表團成爲參與聯合國活動的國際代表團，不但有助於聯合國非政府組織對世盟的認識，更可廣結國際人士適時爲我國發言。

二〇〇五年四月二十七日本會接待「駐聯合國常任代表訪問團」，團員計有甘比亞格理大使、查德阿杜大使、瓜地馬拉阿諾斯大使與海地梅洛瑞司大使等外賓，本會除作業務簡報外，並與其會談以促進彼此了解。

二〇〇六年九月六日，偕同世盟美國分會祕書長波特先生及日本分會祕書長古田先生，一同參加第五十九屆聯合國非政府組織（UN／DPI／NGO）年會。饒總會長到紐約，即邀請聯合國非政府組織卡姍夫人（Sherrill Kazan）與其女兒餐敘。卡姍夫人不但在NGO執委會支持世盟，當年其女公子甘柵卡（Shamina de Gonzaga）還擔任來自巴林王國（Kingdom of Bahrain）新任聯大主席阿卡麗法（Sheikha Haya Rashed Al Khalifa）的特別顧問（Special Adviser on NGO Relations），主管NGO事務，對世盟參與聯合國非政府組織增添不少助力。

此次聯合國非政府組織大會共進行三天，除參加會議議程外，世盟代表團也在聯合國餐廳約請相關人士餐敘，例如ＮＧＯ執委會主席柯碧（Joan Kirby）及其他執委。另外，甫卸任美國眾院國際關係委會主席的吉爾曼夫婦（Benjamin Gilman）也趕來參加；同時另一世界性非政府組織「追求世界和平婦女同盟（Women’s Federation for World Peace）」美國分會正在招待日本分會，其會長華德夫人（Alexa Fish Ward）係美國國會外交世家之後，與吉爾曼議員熟識，當聽說世盟總會長在現場時，特地邀請饒總會長與其盟友致意，受到與會人士熱烈歡迎。

二〇〇九年九月九日至十一日聯合國非政府組織第六十二屆年會（The 62nd Annual UN/DPI/NGO Conference）在墨西哥首都墨西哥市舉行，主題：「爲了和平與發展，請立即放下武器！」（For Peace And Development, Disarm Now!）世盟饒總會長率同副祕書長謝文煌、劉志同顧問與世盟美國分會祕書長助理維克多波特等人出席。除開幕式及閉幕演講外，其餘時間均爲小型座談及圓桌會議，範圍以本次大會主題爲中心。主要演講人有：聯合國祕書長潘基文（Ban Ki-Moon）及墨西哥外交部長艾斯畢諾莎（Patricia Espinosa Cantellano）。

二〇〇七、二〇〇八年世盟在臺北舉辦世界自由日活動時，均邀請聯合國ＮＧＯ

執委會主席參加。二〇〇九年在臺北舉行的自由日大會開幕式前，馬總統特別接見了何范斯主席（Jeffrey Huffines, Chair, DPI/NGO Executive Committee）及二〇〇八年年會主席崗沙嘉女士（Shamina De Gonzaga, Chair, DPI/NGO Annual Conference, PARIS, 二〇〇八年）。在墨西哥再度見到二人，倍感親切，特邀彼等及前執委會主席餐敘，我駐墨西哥陳代表新東伉儷亦在座，相談甚歡。

我國自一九七一年十月退出聯合國後，與聯合國NGO組織幾無往來。一九七九年中美斷交，我與國際社會益形疏離。八十年代末、九十年代初，世局丕變連連，天安門之後，蘇聯解體，東歐變天，世盟恰於此時得以接觸聯合國非政府組織（UN／DPI／NGO）。一九九二年首次應邀參加該組織年會，並於一九九三年通過審查，成爲該組織正式成員，之後世盟不但每年派團出席該組織年會，亦盡可能參與聯合國主辦的重要活動，如聯合國憲章簽署通過五十年紀念大會（一九九五年在舊金山）、聯合國成立五十週年慶典及活動（一九九五年在紐約）、面對今後社會問題的世界高峰論壇（Global Summit On Social Problems，一九九六年在哥本哈根）等等。世盟與該組織負責人士與聯合國祕書處高階官員等均保持良好互動，如：二〇〇一年九月十日（九一一前一天）中午，世盟執委會在聯合國餐廳舉行餐會，特別請聯合國主管政治事務的首席副祕書長裘納（James Jonah）及助理祕書長索倫森夫人（Gillian Sorensen）參加餐會，渠等並向世盟執委及貴賓就聯合國功能及當前若干問題發表看法。

以上所述，看似輕鬆，但耕耘之路艱辛漫長。過去這些年來，我國無時無刻無不努力爭取國際空間，參與國際社會。最近幾年，兩岸關係在求同存異共識下，我國參與國際組織之努力已出現曙光。

二〇一〇年八月三十日至九月一日聯合國非政府組織第六十三屆年會在澳洲墨爾本舉行，主題：「促進全球健康，達成千禧年發展目標」（Advance Global Health: Achieve The Mdgs）世盟祕書長謝文煌、顧問劉志同、世盟美國分會祕書長助理維克多波特和世盟美國分會、澳洲分會的代表等出席。

第六十四屆聯合國非政府組織年會（The 64th Annual UN DPI/NGO Conference）於二〇一一年九月三日至九月五日在德國波昂市隆重舉行，大會主題爲「永續發展的社會，響應的公民」（Sustainable Societies: Responsive Citizens）。世盟總會派祕書長謝文煌、顧問劉志同以及施德倫副主任出席大會。

九月三日早上世盟代表團在非政府組織執委會主席何泛斯引導下，於開幕典禮前先出席了植樹活動，並與波昂市長寧卜胥先生（Jüergen Nimptsch）以及聯合國副祕書長赤阪清隴（Kiyotaka Akasaka）見面。此一活動是由德國非政府組織連絡小組協調人吉爾先生（Bernard Geier）主持，邀請波昂市長剪綵聯合國赤阪清隆副祕書長致詞。主旨在於呼籲全世界，人人盡一份力，共同愛護地球。大會會場位於Bonn Maritim Hotel會議中心，可容納上千人，會場外是展覽區，由二十五個非政府組織設置展覽單位，推介自己所屬組織，其中包括慈濟美國分會。本會亦援例，印製了一百份雙面英文簡介以及精裝本世盟英文簡介、年度工作成果，擺設於服務臺，提供與會者取閱。

本會代表於十點出席開幕典禮，有來自一百個國家，近兩千名代表共襄盛舉。本屆年會是由聯合國非政府組織執委會、德國政府以及聯合國志願者組織共同舉辦，同時也爲二〇一二年聯合國在巴西里約舉辦的Rio+20會議[4]做準備。年會由聯合國副祕書長赤阪清隆主持，邀請波昂市長寧先生（Juergen Nimptsch）致歡迎詞、聯合國祕書長潘基文先生以視訊方式致詞、聯合國第六十五屆大會主席迪斯先生（Joseph Deiss）以視訊方式致開幕詞、德國論壇協商首腦機構主席潘熙瑞女士（Flavia Pansieri）代表聯合國德國組織致歡迎詞，主講人爲印度Navdanya國際組織創辦人席娃女士

---

[4] RIO＋20會議指的是，二〇一二年六月二十二日在巴西里約舉行的聯合國永續發展大會（United Nations Conference on Sustainable Development）。這是聯合國繼一九九二年在巴西里約舉辦「地球高峰會」、二〇〇二年在南非約翰尼斯堡舉辦「永續發展界高峰會」後，第三度邀請各國元首共聚一堂，討論與檢討全球及人類推動永續發展上，所面臨的問題及展望。由於本次大會與一九九二年的「地球高峰會」相距二十年，故稱為RIO＋20。二〇一二年聯合國永續發展大會（UNCSD）有兩大討論主題：(1) 永續發展及消除貧窮之脈絡下的綠色經濟（Green Economy within the context of Sustainability Development and Poverty Eradication）；(2) 永續發展體制架構（Institutional Framework for Sustainable Development）；另大會的三大目標為：(1) 對永續發展重新作出政治承諾；(2) 檢討已執行之永續發展進展及差距；(3) 處理新浮現的挑戰。

（Vandana Shiva）以及VSO Bahaginan促進志願服務發展組織之達莉塞女士（Grace H. Aguiling-Dalisay）。緊接著由聯合國環境署執行主任史泰納先生（Achim Steiner）致詞、最後是由本屆大會主席多茲先生（Felix Dodds）代表聯合國非政府組織歡迎大家出席大會，並呼籲所有公民和世界各地促進志願服務組織，共同回應、承諾、鼓勵和志願服務，讓每個人都能盡自己的力量建設一個可持續的未來。三日下午及四日上午，會場內進行不同主題的小組討論及圓桌會議，本會代表團人員都積極參與各項活動。

九月四日晚上年會結束後，謝祕書長代表饒穎奇總會長及中華民國總會曾永權理事長邀請聯合國非政府組織執委會新、舊任主席暨友人等九位與本代表團成員餐敘，彼此交換意見。

此外，代表團也趁赴德國開會之便，會晤世盟德國分會會長、國會議員費雪（Axel E. Fischer），就該分會重整事宜交換意見，我駐德國代表處組長張維達以及祕書薛迪宇亦在座，並表達代表魏武煉關切之意。費雪會長表示分會重整儀式可考慮在德國國會內舉辦，將更加隆重莊嚴，會中暫訂二〇一二年春天舉辦分會重整儀式以及世盟歐洲區域會報，屆時將邀請饒總會長、我駐德國代表處、德國高層、國會議員以及世盟歐洲國家分會會長共襄盛舉。

第七節 發揮海外發展委員力量

我國經濟起飛以來，臺商開始到世界各地拓展商機，雖然離鄉背井，備嚐艱苦，但憑著毅力及智慧，終能闖出一片天。饒總會長多年來關懷在海外創業的鄉親，曾多方鼓勵協助，並於二〇〇三年在立法院副院長任內創立了跨黨派的中華民國「立法院世界臺商之友會」，作爲世界臺商與國內中央政府機構溝通協調之平臺，受到世界各地臺商熱烈歡迎，因此全球各洲區臺商召開年會時，都會邀請饒總會長蒞臨指導。饒總會長不辭辛勞遠赴各地參加臺商年會，不但成功搭起世界臺商與國內之橋樑，更增進臺商對祖國的向心力。二〇〇三年三月二十五日饒總會長當選立法院世界臺商之友會第一任會長，他順勢結合世界各地臺商力量協助世盟推展會務。世盟到全球各地開會，臺商朋友無不熱情參與。

世盟各分會活動經費，原則上由其自行籌措。爲求分會會務有效推動，世盟從二○○九年起便有計畫地邀請各地臺商擔任世盟海外發展委員，並於分會同意下，擔任分會副會長或重要幹部。目前世盟墨西哥分會與西班牙分會皆安排世盟海外委員擔任分會副會長，未來德國分會也將安排世盟海外發展委員藍志仁先生擔任分會副會長。

饒總會長表示，世盟成立將近一甲子，各國分會組織正值汰舊換新階段，因此必須協助各會員國改選會長。由於改組工程浩大，「好在有散布在全世界的臺商幫忙在當地負責接洽尋覓合適人選，讓這項重整工作得以順利進行」。

近年來，饒總會長馬不停蹄地在世界各地奔走，參加僑界和臺商會活動，和僑胞、臺商搏感情，爲世盟的發展注入源源不斷的活水，開拓了無限寬廣的人脈。

饒總會長一九九八年元月參加智利「中南美洲臺灣商會聯合總會」第三屆聯誼會；二○○○年四月出席在英國倫敦召開的歐洲臺商聯合總會第六屆年會，並在開幕典禮發表演說；二○○二年三月率同祕書長葛永光教授前往美國拉斯維加斯（Las

Vegas）參加世界臺商會聯合總會第八屆第二次理監事聯席會議；歷年參加東京崇正公會會員大會，並與日本國會議員、僑界座談；二〇〇三年十月出席在臺北舉辦「世界臺灣商會聯合總會」第九屆年會，並在十月八日以「立法院臺商之友會」名義邀請僑委會、外交部經貿司、教育部僑教會等單位官員與臺商舉行座談，討論如何協助臺商回國投資及臺商子弟服替代役等多項臺商關切的問題；二〇〇四年五月參加日內瓦「歐洲臺商聯合總會」第十屆年會，和在臺北舉行的世界臺商聯合總會第十屆年會。

二〇〇六年五月有兩項重要會議先後在歐洲舉行，特別邀請饒穎奇總會長蒞臨指導。其一爲歐洲臺灣商會聯合總會於法國巴黎召開的第十二屆年會暨第二次理監事聯席會議（五月十一日至五月十三日）；其二爲民主中國陣線、「人權無疆界」國際人權團體、臺灣民主基金會、柏林歐洲研究會等四個單位於德國柏林聯合主辦的「全球支援中國和亞洲民主化」大會（五月十四日至五月十九日）。有鑑於該兩項會議相當重要，且主辦單位均與世盟關係甚深，饒總會長乃率同祕書長葛永光、顧問王能章、及世界自由民主基金會執行長劉志同與會。除出席上述巴黎及柏林兩項會議外，並赴法國史特拉斯堡（Strasbourg）及瑞士日內瓦兩地會晤與世盟有關人士。

訪問法國巴黎期間，除參加歐洲臺商年會，饒總會長還會晤了法國國會議員，增進兩國民間邦誼。法國爲歐洲大國，議員代表與世盟關係甚深，過去世盟活動經常邀請各國國會議長、副議長、議員等參加。此次特別約晤國會議員雲諾（Michel Hunault）見面，雲氏同時爲歐盟理事會理事，年富力強，幹勁十足，對於爾後與世盟的合作，提供了寶貴的意見。

饒總會長訪問德國柏林時，參加了「全球支援中國和亞洲民主化」大會，表達世盟支持之意。他在大會上表示，一九八九年東德人民推倒柏林圍牆，選擇了自由民主，而全球民運人士齊聚柏林，深具意義。東德人民的民主思潮是西德有計畫推動長期演變的結果，民運人士促進中國大陸民主化，將在中國歷史上寫下重要的一頁。饒總會長還會晤了德國國會友臺小組主席及副主席等，就未來世盟在歐洲的發展，深入交換意見。

法國史特拉斯堡位於法國、德國和瑞士三國邊境，從羅馬時代開始就是連結北歐與地中海的重要據點，因戰爭波及而成爲多事之地。爲了平息法、德兩國自普法戰爭到第二次世界大戰以來的恩恩怨怨，一九四九年歐洲理事會（The Council of

Europe）成立時，刻意將總部設在史特拉斯堡，到了一九七九年，歐洲議會（European Parliament）首次直選並將此地設爲開會所在地，每個月有一週在此開會，因此被冠上歐洲首都之稱，足見其具有指標性意義。饒總會長特別安排拜會歐洲理事會祕書長大衛斯（Terry Davis），爲世盟開啓一扇新門，可惜祕書長臨時有要事公出，另派公關主任接待。

日內瓦爲國際名城，多個重要國際組織的總部均設於此。當時我國對於參加世界衛生組織（WHO）、世界貿易組織（WTO）以及聯合國人權委員會等較積極，饒總會長訪問日內瓦時，世界衛生組織正在召開大會（WHA），世盟在瑞士的朋友甚多，包括國會議員、州議員等，饒總會長特別會晤這些友人，爭取各方支持我國參與WHO，並將會晤情形面告時任我國駐日內瓦代表沈呂巡大使，對深化我國參與國際組織的作爲略盡棉薄之力。

由於朝野各方努力和國際友人的協助，二〇〇九年四月二十八日世界衛生組織幹事長陳馮富珍女士致函中華民國衛生署署長葉金川博士以「中華臺北」名義及「觀察員」身分，出席五月十八日至二十七日在日內瓦召開的第六十二屆「世界衛生大會」。中華民國成爲世衛大會（ＷＨＡ）第七個觀察員。

二〇〇六年八月二十六日，世盟參與中華民國團結自強協會、三民主義大同盟在舊金山合辦的「國是論壇」，有四百多位僑胞出席。饒穎奇總會長在會中就臺灣經驗與兩岸關係發表演講，世盟葛永光祕書長也應大會邀請，就「大轉型與大變局：臺灣的困境與解救之道」發表專題演說。二十七日在洛杉磯的「國是論壇」是在西來大學舉辦，有三百多人參加。饒總會長和葛祕書長也應邀演講，協助僑胞增進對國內政情的了解。

二〇〇七年饒總會長應邀赴墨西哥參加中南美洲臺商聯合總會年會，並成功洽妥墨國國會議員托雷斯（Victor Manuel Torres Herrera）允諾協助籌組世盟墨國分會。托氏亦應邀在臺商年會中致詞，並與總會長親切晤談。

二〇〇八年十二月九日饒總會長、劉志同執行長、王能章顧問一行，應邀出席在馬尼拉舉行的亞洲臺灣商會聯合總會第十六屆理監事聯席會議。大會在Manila Sofitel Hotel國際會議廳舉行，計有各國臺商代表、政府代表、菲國政要及媒體記者約兩百五十人參加。大會主席亞洲臺商總會齊偉能總會長、世盟饒總會長、立委周守訓、駐菲代表李傳通、僑委會副委員長許振榮、馬尼拉市長Alfredo S. Lim、臺商世界總會長劉雙全，先後上臺致詞。饒總會長強調能以世盟總會長及立法院臺商之友會創會會長名義應邀與會，感到榮幸，他並轉達立法院臺商之友會名譽總會長王金平及現任會長曾永權，向大會及與會臺商致意。饒總會長憶及當時在立院成立臺商之友會平臺，如今普受臺商肯定，並發揮交流溝通功能，感到無限欣慰，也期盼各地臺商多加運用。

饒總會長此行訪問菲律賓還另一目的，就是與世盟菲國分會討論相關會務。饒總會長邀請世亞盟菲國分會幹部晤談，皮卡齊會長（Guillermo A. Pecache）另有公務不克前來，由理事兼祕書長Renato Santos偕夫人Amy Isabela、Santiago市長Army及吳民民理事等出席，針對菲國世亞盟之業務推展，廣泛交換意見，並討論明年世盟大會是否在菲舉辦一事。至於翌年一二三自由日，菲國分會預定於元月十七日或二十四日，以午宴方式舉辦，並邀請國防次長Antonios Santos等政界人作專題演講。不幸的是，當晚六時，Santos祕書長意外心臟病發辭世。吳民民理事隨即代表世盟總會致送花圈並親往致哀。劉執行長亦在十一日離菲赴關島前，代表總會長前往喪家致哀。

二〇〇八年七月二十五日至八月三日，饒總會長偕同祕書長葛永光與本會顧問王能章赴英國倫敦參加歐洲中山學會第二十三屆年會、歐洲團結自強學會第二屆年會及第三十四屆歐華年會並致詞。此行除參與歐洲僑界重要活動，了解僑社民情，適時宣導新政府施政措施，並呼籲旅歐華僑繼續秉持熱愛自由、民主理念，結合歐洲各國友我力量，支持新政府，開創新局。

會後饒總會長轉赴西班牙訪問，參加歐洲臺灣客家聯合會第一屆年會並致詞。此外，在我駐西班牙代表處黃瀧元大使安排下，饒總會長一行參訪西班牙眾議院，受到西國國會最大在野黨民眾黨籍議員古提雷茲（Antonio Gutiérrez Molina）、馬利斯考（Guillermo Mariscal Anaya）、薩爾瓦多（Carlos Casimiro Salvador）、敏戈（Mario Mingo Zapatero）、巴紐（Farncisco Vañó Ferre）、伊利亞（Antonio Erias Rey）、亞歷斯特奇（Gustava Aristegui）、藍蘇拉（Santiago Lanzuela）等八位國會議員熱烈歡迎，其中馬利斯考議員二〇〇六年曾受世盟之邀參加自由日活動。

世盟海外發展委員會於二〇一〇年一月二十二日在臺北賓館舉行會務座談會，由總會長饒穎奇主持，邀請世盟尼泊爾分會祕書長謝臣伉儷、寮國分會會長愛新覺羅．毓昊伉儷等貴賓及十六位海外發展委員參加。座談會主題爲如何發揮世盟海外發展委員的功能，及「世盟尼泊爾臺北友誼學校」建校專案捐款事宜。會議最後結論：㈠建校所需資金預計臺幣二千萬元，請依個人能力捐贈。㈡請各委員回僑居國後可多找幾位善心人士共襄盛舉共同進行募款工作，如此一來，亦可讓更多人了解世盟。㈢本次會議全體出席委員及本會韋伯韜監事長在會中共認捐臺幣兩百七十二萬元。

二〇〇八年世盟總會與外交部例行首長業務會談中，歐鴻鍊部長對世盟長期推展自由民主和人權平等普世理念與推動國民外交所作努力，甚爲肯定，並希望世盟能協助政府加強與寮國、緬甸、柬埔寨等無邦交東協組織國家之關係。爲此，饒總會長一行六人於二〇一三年四月二十四日赴柬埔寨金邊市訪問，除拜會柬國國會主席韓桑林（Heng Samrin）、外交部祕書長敖玻律（Ouch Borith）、華裔參議員劉明勤（Lau Ming Kan）伉儷外，參加本會海外發展委員暨僑委會委員江永興先生舉辦的歡迎晚會，與三十五位臺商暨僑胞進行交流。隨行團員包括饒總會長夫人、周育仁祕書長、劉廣平顧問、李呈祥主任及汶萊臺商趙麗霞女士。

饒總會長一行首先拜會柬埔寨國會主席兼人民黨榮譽主席韓桑林（Heng Samrin）。韓主席政治地位僅次於國王與總理洪森，與參議院主席謝辛並列。韓主席歡迎饒總會長率團來訪，盼借重世盟鼓勵臺商來柬投資，擴大兩國人民交流與合作。饒總會長當面邀請韓主席訪臺，也祝福韓主席在即將舉行的國會選舉中高票當選。

訪問團還拜會柬埔寨外交部祕書長敖玻律（Ouch Borith）。敖氏曾任職柬埔寨駐聯合國代表團十多年，涉外經驗豐富，誠摯歡迎饒總會長率團來訪，並表示對臺灣自由民主和平發展與經濟成就甚表敬佩。敖祕書長介紹柬國發展近況指出，柬國於一九九一年結束內戰，於一九九三年實施選舉，約有五十多個政黨參與，實證明柬國已發展民主。就經濟面而言，柬國在二〇一二年有百分之七點一成長率，共有五萬公噸稻米可出口賺外匯，亦大幅發展旅遊、房地產、工業以及服務業。但是國家整體發展仍屬貧窮階段，人民生活水準偏低，企盼引進國際人才與資金，解決發展問題。

饒總會長感謝敖祕書長撥冗接見，表示此為第一次訪柬，對柬國人民生性純樸善良，刻苦耐勞表示讚揚。總會長同意敖祕書長所言，各國應依國情發展自己的民主之路。總會長對協助柬國提高農業生產，並發展兩國農業交流合作事宜表示樂觀其成。

饒總會長一行還拜會柬埔寨參議院華裔參議員劉明勤伉儷。劉參議員係旅居柬國僑胞第三代，通曉中柬兩國語言文化，在柬國深耕發展表現傑出，投資各項事業有成；二〇〇六年當選第二屆參議員，二〇一二年再次連任第三屆參議員，地位崇高，深受選民支持，亦深獲總理洪森信任，受聘擔任洪森總理外商投資顧問。劉參議員誠摯歡迎饒總會長率團來訪，他對推展自由民主理念與饒總會長深相契合，贊成兩岸和平發展，共創中國人未來光明榮景。劉參議員還表示，柬國天然資源豐富，然境內人才技術不足，期盼臺灣能協助柬國農業技術的提升。會談中，劉參議員夫人陪同金邊市新任市長與饒總會長相見。市長除介紹金邊市未來建設與發展外，也請饒總會長協助邀請臺商參與該市各項建設。饒總會長表示明（二〇一四）年適逢世盟六十週年，誠摯邀請劉參議員伉儷出席世界自由日慶祝大會。

目前在旅居柬埔寨的臺商約有數千人，均能遵守該國法律，配合該國政策，兢兢業業經營企業，積極發展當地經濟，卓然有成，深受該國政府與人民歡迎和支持。據柬方統計，二〇一一年止世界各國企業共有五百五十餘家在柬投資，臺商就有兩百六十餘家。據臺商會統計，柬國四大稅收支柱之一的「工業稅」，臺商創稅比例高達百分之六十五以上，對柬國財經方面頗有貢獻。

訪問柬埔寨期間多次與臺商交換意見，凝聚僑胞臺商向心力。這些臺商包括本會海外發展委員暨僑務委員江永興先生、柬國臺灣商會會長林志龍伉儷、臺商會顧問黃鎮山伉儷與林澤鍵董事長等。饒總會長對臺商在柬國的辛勤耕耘，多所鼓勵，並以中華民國總統府資政身分宣慰臺商及臺僑，感謝它們心繫祖國，支持政府之表現。臺商對饒總會長率團參訪柬國，並協助臺商解決有關問題，表示感謝。

由於東南亞各國常有天災水禍，人民多流離失所，柬埔寨亦爲其中之一。饒總會長悲天憫人、返國後即刻聯繫世界臺商會，向我國農糧署申請捐助白米進行人道援助。二〇一三年柬埔寨分配一百公噸白米，由柬國臺商會與世盟聯名捐贈，柬國環境部負責接受發放。

柬埔寨位處中南半島，係屬低度開發之民主國家，雖然我國曾與該國互設代表處，但囿於歷史政治因素（柬埔寨原係屬社會主義國家，與中共、越南關係非常密切），兩國關係暫告中斷，該國目前是少數尚未與我國政府建立官方或半官方關係之國家，世盟若能在該國設置分會，將有重大意義。

由於在柬國成立政治性社團十分困難，本會透過臺商協助，拜會柬國政要，成立柬國分會已邁出一大步。柬埔寨國會主席韓桑林先在當地甚具政治影響力，他在官邸接見饒總會長，饒總會長並以世盟名義邀渠來臺訪問，均屬成功之國民外交。劉參議員在家中會晤，足證他對訪團的禮遇，以及對饒總會長伉儷之尊敬。兩人晤談中，暢談兩岸議題與兩國民間交流與合作，備感親切溫馨。

柬埔寨急於與工業先進國家建立友好關係、引進資金及人才技術。柬國地廣人稀，物資充足，人民和善，值得我國積極參與投資。而饒總會長充分運用臺商力量，積極發揮世盟國際非政府組織功能，在有限人力和經費下，成功赴柬埔寨訪問多位政要，應有助於臺柬兩國關係之發展。

第九章　推動兩岸交流

第一節 破冰之旅

二〇〇二年十月十一日，世盟基金會饒穎奇董事長率團訪問中國大陸北京、上海等地，團員包括洪昭男委員、朱鳳芝委員、鄭逢時委員、陳健民委員、國民黨大陸事務部張榮恭主任、葛永光教授、鄭又平教授、劉志同執行長等。這是饒先生首次組團訪問大陸，會晤了錢其琛副總理及國臺辦陳雲林主任，順利完成破冰之旅。饒穎奇董事長說：「世盟的宗旨之一即是將自由民主及世界和平的理念推展到全世界，而將自由民主及世界和平的理念推展到中國大陸，更是穎奇個人的一個重要願望。」那時正是民進黨執政時期，兩岸關係並不和諧，在兩岸經貿關係上，民進黨政府提出「積極開放，有效管理」政策，後期甚至改爲更加緊縮的「積極管理，有效開放」，臺商面臨極大困難；尤其是眾所期盼的三通更是遙遙無期。饒董事長向錢其琛和陳雲林表達了當時臺灣主流民意，希望兩岸能儘速直航，並多加照顧臺商權益。

錢其琛在會見時重申大陸希望臺灣回到「九二共識」在兩岸都認同「一個中國、各自表述」前提下，不但簽訂「五十年和平協議」不是問題，包括臺灣方面提出邦聯制的意見都可以談。關於兩岸三通、臺商經營等議題，錢其琛表示，如果雙方無法就「國際」或「國內」航線取得共識，不如稱為「兩岸三通」航線；錢其琛還說，既然是兩岸航線就應由兩岸航空業者經營，如此可避開國際航空業者的參與或競爭。饒穎奇先生認為當時以「兩岸三通」航線解決兩岸直航稱謂的問題，是大陸方面的折衷方案，既然兩岸都有心推動直航，就不應拘泥形式。

由於當次參訪團成員多為立委，饒穎奇董事長當面向錢其琛建議，兩岸應該成立「兩岸民意代表聯誼會」，加強連繫交流，對此，錢其琛抱持肯定態度，認為此一構想非常可行，雙方民代可就特定範圍內的議題，不定期進行交流增進了解，兩岸可以輪流舉辦。

另外，饒董事長一行還出席了兩場「新世紀的兩岸關係座談會」，與中國大陸重要涉臺事務官員和學者交換兩岸和平發展的意見。饒董事長致詞時特別建議兩岸應簽訂《五十年和平協定》，開放觀光，成立「自由貿易區」及實施「兩岸直航」等。

這次訪問，是一次成功的「破冰之旅」。此後，饒先生多次以其他團體領導人身分組團訪問大陸，積極促進兩岸交流與了解。

第二節　兩岸客家高峰論壇

二〇〇三年十月二十四日至二十九日饒總會長以世界客屬總會名譽會長身分偕同夫人以及朱鳳芝委員、臺灣世界客屬總會理事長劉盛良委員、副理事長范揚盛委員以及臺灣客屬鄉親代表一百八十餘人，前往大陸河南省鄭州市參加「世界客屬第十八屆懇親大會」，共有來自世界各地兩千八百餘位客屬鄉親代表出席。饒總會長以貴賓身分在開幕式致詞，也利用與客屬鄉親晤談機會，宣揚世盟宗旨理念與工作，期盼全球客屬鄉親能融入世盟大家庭，共謀世界自由民主發展。

二〇〇四年十一月十六日至二十一日，饒總會長以世界客屬總會名譽會長身分，偕同夫人以及臺灣世界客屬總會鄉親代表前往大陸江西省贛州市參加「世界客屬第十九屆懇親大會」。

二〇〇六年十一月十一日至十五日，在饒總會長大力倡議下，「第一屆海峽兩岸客家高峰論壇」在中國大陸北京盛大舉行，由饒總會長兼任理事長的中華海峽兩岸客家文經交流協會與北京聯合大學臺灣研究院共同舉辦。饒理事長致詞時強調，兩岸客家同祖同源，同文同種，都是中國人，而且在臺灣的客家人，均來自中原，現在雖分隔兩岸，但「同根同源同血脈，隔山隔水不隔情」。

饒穎奇理事長表示，從臺灣來參加客家高峰會的一百人，都是來自各個領域的精英。把大家凝聚起來，就是希望發揚客家精神，讓更多客家企業家了解並投資大陸，昂首闊步在這個全世界最大的市場上大展身手。中華海峽兩岸客家文經交流協會今後也計畫成立各種委員會，具體負責各個領域的交流合作工作，希望爲客家文化的發揚、培育兩岸學術交流人才尋求更大的平臺。

二〇〇七年九月二十七日「第二屆兩岸客家高峰論壇」在廈門國際會展中心舉行，饒穎奇理事長夫婦率同一百五十四位客家菁英出席盛會。這項會議是由中華海峽兩岸客家文經交流協會與廈門客家促進會共同舉辦。中共人大副委員長許嘉璐期許兩岸客家鄉親發揮愛家、愛鄉、愛國傳統，促進海峽和平、促進兩岸合作、共享繁榮。他還希望兩岸客家高峰論壇以第一屆爲起點、第二屆爲加速道，一屆屆辦下去，他本人被頒爲「客家之友」將繼續出席，甚至希望第三屆能到臺灣舉行。

饒理事長講演時特別提到，一九五八年「八二三」炮戰期間他在金門當憲兵排長，當時兩岸砲口相向，軍民死傷無數，甚至因而影響兩岸的建設。而今金門已經陸續撤軍，發展觀光，廈門這一邊也是欣欣向榮，這是十分可喜的事。饒理事長說，很多金門人在廈門置產，他太太告訴他「我們也該做準備了」，這段話贏得滿堂彩。饒理事長也問在場的大陸人士，兩岸打仗誰贏了呢？雙輸！最後得利的是軍火商，這段話也引起大家的共鳴。這些不卑不亢的談話，贏得在場人士的激賞。

饒理事長還指出，當初創辦論壇是想呼籲客家人在兩岸關鍵時期站出來，發揮自己的力量。「孫中山先生是客家人，朱德、葉劍英是客家人，我聽說鄧小平也是客家人，他們是客家人在當代中國不同時期的典範。客家精神堅毅不屈，在兩岸關係面臨關鍵時刻，客家人也理應挺身而出為兩岸的未來出一把力！」

面對傳統文化與現代化的拔河，饒理事長說，客家人的文化特點與精神追求，就是中國傳統文化的一部分；而努力發揮客家人一代代的優秀精神，為兩岸交流與發展作出貢獻，正是讓傳統文化在時代潮流中發揮出來的新生命力。「這是我不可推卸的責任，即使我老得做不動了，我的下一代也會繼續下去！」

本次論壇我方出席人士包括：劉碧良副理事長擔任首場主持人，臺灣師範大學教授潘朝陽擔任首場與談人；臺灣大學客家研究中心主任邱榮舉擔任第二場主持人，廖萬隆理事長主講「客家在海西建設和兩岸共贏中的機遇把握」，前農委會主委林享能報告「臺灣農產品衛生安全的管理制度」，臺灣大學教授胡弘道擔任與談人。第三場由臺北大學教授黃正宗擔任主持人，臺灣師範大學教授邱榮裕報告「從臺灣歷史看客家民間信仰」，臺北大學教授丘昌泰擔任與談人。

二〇〇九年三月二十日至二十二日「第三屆海峽兩岸客家高峰論壇」在臺灣舉行，行政院客家委員會是指導單位，由中華海峽兩岸客家文經交流協會（饒總會長仍兼該會理事長）主辦，臺北市客家事務委員會、臺北縣客家事務局、北京聯合大學客家研究院、廈門市客家經濟文化交流促進會、龍岩市客家文化研究會、國立中央大學客家學院、國立聯合大學客家研究學院、國立交通大學客家文化學院以及世界自由民主基金會等九個單位共同協辦。包括國民黨主席吳伯雄及大陸前人大副委員長許嘉璐在內等海峽兩岸、港、澳及海外地區共五百多位客屬菁英領袖及客籍學者專家參加。

一九三四年出生在臺灣苗栗的饒穎奇先生，祖籍福建武平，是生長在臺灣的第九代客家人。他秉承了客家人身先士卒、愛鄉愛國的精神，稱得上是臺灣客家人中德高望重的前輩。饒先生指出，在臺灣雖然有人搞「臺獨」，但那是很小的一部分。他說，「我們是中國人的原則不能偏離，兩岸的歷史問題不是我們的罪過，我們要把不好的因素消除掉，把兩岸結合起來。只要大家需要我，我就會義無反顧地站出來，發揮出自己的餘熱」。他希望在有生之年將兩岸關係向前推進，盡一份中華子孫的綿力。

中華海峽兩岸客家文經交流協會成立於二〇〇六年十月，世盟總會長饒穎奇被推爲創會理事長。他之所以要成立這個交流協會，就是希望結合兩岸客家鄉親與臺商共同爲兩岸和平發展做出貢獻。饒穎奇先生認爲，透過兩岸交流合作獲致和平共榮，的確能爲兩岸民眾帶來安定、美滿的福祉。

饒穎奇理事長和兩岸客家高峰論壇另一位創始人徐博東教授在一次「兩岸和平研討會」上相遇，徐先生當時是北京聯合大學臺灣研究院院長，是研究臺灣問題的專家，特別是對民進黨的研究有很深的造詣。很偶然的機會，互相發現對方也是客家人，並且同樣認爲客家人可以爲兩岸和平發展作出貢獻。兩個人憑著一股客家人執著的「硬頸」精神，創立了海峽兩岸客家高峰論壇這個交流平臺，將理想付諸實施。

海峽兩岸客家高峰論壇先後在北京、廈門、臺北、龍岩舉行了四屆，饒穎奇就主張第五屆要在梅州舉行，因爲臺灣和梅州關係很密切，臺灣有近五百萬客家人，三分之二以上講的客家話與梅州客家方言相同。而且梅州是個山清水秀、人傑地靈的地方，文化昌盛，人才濟濟，兩地經貿往來可以促成手攜手，文化方面的交流則能起到心連心的作用。客家傳統向來是「崇文重教」，近來則有「崇商重企」的新風，如何理解兩者間的關係，饒穎奇理事長表示，客家人經商成功後捐資助學，奠定經商基礎，文教與商企兩者相得益彰，並不矛盾。

饒穎奇理事長指出，梅州被授予「海峽兩岸交流基地」，他推動兩岸客家高峰論壇一半的心願差不多完成了。今後，客家高峰論壇應向常態化、機制化發展，成立理事會，大家熱誠用心地推進，下一屆希望能在贛州舉行，再下一屆在高雄舉辦，使之對兩岸的和平發展有很大的幫助，讓客家人勇敢地站出來，做中華民族復興的工作。

梅州主辦的第五屆客家高峰論壇，籌備工作做得細緻到位，創造了很多有別於往屆的創意，譬如兩岸畫家共同創作一幅《家園》油畫，與兩岸《富春山居圖》合璧有異曲同工之意，這種新穎的嘗試，頗得饒總會長的欣喜。

饒穎奇理事長表示，兩岸分裂是歷史問題，大家同文同種，都是炎黃子孫，不應分開。歷史遺憾要彌補。做好交流合作，推動和平發展。不能有誤會，以致造成對立和戰爭。「我已年近八十歲了，願用餘力促進交流，帶動兩岸青少年參與，一代傳一代」。

第三節 兩岸民意代表交流

曾任立法院副院長的饒穎奇先生於二〇一〇年成立「海峽兩岸民意交流基金會」，由臺灣跨黨派現任和卸任民意代表，包括立法委員、國大代表等組成，由饒先生擔任董事長，定期以「臺灣民意代表交流參訪團」名義訪問大陸，與大陸政協委員與人大代表交流；政協委員組成的代表團也在該基金會協助下兩度參訪臺灣。這是兩岸半個世紀以來，跨黨派的臺灣民意代表有機會直接和大陸民意代表交流，饒穎奇說，進行交流時雙方「無話不談」。

擁有二十四年國會經驗的饒穎奇董事長說：「中國民主化是未來發展必然形勢，但是西方的民主制度並不完全適合中國人，兩岸的民意代表透過交流，可以互相了解彼此的制度，學習互相的優點，發展出適合中國人的民主」。海峽兩岸民意交流基金會未來也計畫與中國地方民代進行交流。

從二〇一〇年三月開始，大陸政協委員與人大代表與臺灣中央與地方民代互訪聯誼交流，成效相當不錯，深獲兩岸高層支持和肯定，海峽兩岸民意代表交流基金會已與大陸政協聯誼會成爲正式對口單位。

饒先生回憶二〇〇二年率領以立法委員、國大代表爲主要成員的代表團到北京交流，當時就向大陸領導表示，臺灣的主流民意願意跟大陸交流，希望兩岸要和平，要三通。二〇〇八年馬總統執政後這兩個願望已經實現了，對於兩岸關係和平發展的願望也更加強烈。臺灣民代交流參訪團成員來自臺灣各地和各階層，了解臺灣的主流民意和基層民眾的意見，透過民意代表的交流對兩岸關係和平發展應具有重要意義。

民意代表交流基金會董事長饒穎奇於二〇一三年率領涵蓋國民黨、新黨、民進黨、臺聯、建國黨成員的臺灣民意代表交流參訪團一行四十人二度登陸。饒穎奇董事長表示，二〇一二年三月陪同臺灣三十多位民意代表來訪，開啓海峽兩岸交流過程中創新的溝通管道，而大陸政協委員和臺灣民代，在一個交流平臺上暢言且坦誠溝通，非常不容易。饒董事長也指出全國政協和湖南政協等率團赴臺訪問取得豐碩成果，希望未來雙方能進一步深化落實兩岸民意代表交流工作。

第四節 促進大陸自由民主

饒總會長主持世盟運動非常重視促進各會員單位團結與聯誼。增進客屬團體與臺商團體合作與交流，推動自由民主火種至世界各地，尤其是把自由民主的理念推展到中國大陸，以及謀求兩岸和平發展，是饒總會長最大的心願。這些年來他經常率團前往中國大陸各地參訪、演講、接受媒體訪問，會晤大陸官方各級領導人，舉行相關臺商座談會及學術研討會，讓自由民主的火花在中國大陸燦爛發光。

在二〇〇五年四月二十三日繼廈門大學臺灣研究院之後，北京聯合大學臺灣研究所舉行「改所設院」揭牌儀式，成爲中國大陸第二個「學院」級臺灣研究機構。饒穎奇總會長應邀參加活動並在揭牌典禮發表演說。除恭賀該院任重道遠外，並藉此宣揚臺灣民主發展經驗，希望中國大陸學術界精英善加研究臺灣民主化過程，作爲大陸日後朝自由民主道路邁進的借鏡。

饒總會長指出，兩岸交流過程雖然波濤起伏，但江河終要歸於大海，所以寄望北京聯合大學臺灣研究院擴大研究領域，深切體認兩岸中國人血脈相連，同是炎黃子孫，龍的傳人之事實，提出兩岸應該共同推動的自由民主政治理念，要尊重中華民國，維持現狀，才是眞正和平發展的最高境界。

二〇〇六年四月饒總會長再次應邀以貴賓身分在北京聯合大學臺灣研究院建院一週年大會上致詞，並參加第一屆「臺研論壇」。饒總會長強調，應該尊重中華民國自一九一二年以來存在的事實，「中華民國得以繼續存在，就是兩岸未來走向『一中』的最佳保障」。此一呼籲獲得在場人士熱烈掌聲，許多大陸學者也熱烈回應，咸認爲大陸應正視「中華民國存在」的事實。

二〇〇六年九月十二至十七日饒先生偕同朱鳳芝、陳璽安、簡漢生等立委，應大陸民進中央主席，也是人大副委員長許嘉璐的邀請，到西安參加「第二屆海峽兩岸企業發展與合作論壇」。饒先生在演講中強調，兩岸經貿合作與發展，必須要有一個和平的環境，現今兩岸關係正處在一個新階段，大家都要爲兩岸和平發展而努力。在參觀西安碑林博物館時，對碑林中出現許多簡體字，饒先生特別感興趣，對簡體、正體字之爭，也有一番新的體會。

在訪問西安期間，饒先生一行考察了西安高新技術產業開發區及比亞迪汽車公司、海天天線股份公司等企業。此外，也訪問臺商企業西安納米科技公司，受到莊耀山董事長與何善溪總經理盛情接待，參觀正在興建中的科技產業區，也讓饒先生一行了解到臺商在大陸投資的艱困歷程，及如何與地方政府周旋達到互利雙贏的局面。

西安是中國有名的歷史古城，論壇主辦單位特別安排饒先生一行參觀佛教聖地法門寺。看到寺中珍藏的許多佛門珍寶，訪賓深刻體會到中華文化眞是博大精深。訪問團一行還參觀了臺商毛躍昌開發經營的懿德太子墓，據告，經營十年後，已開始逐漸回收，是值得開發的旅遊中心。隨後到乾陵，是唐太宗與武則天合葬的地方，也是唯一未被盜的陵，其氣勢雄偉，風水絕佳，地靈人傑不在話下。

第五節　兩岸都是炎黃子孫

二○○七年饒穎奇先生到福建武平縣中堡鎮饒氏濟宇公祠拜謁祭祖，一了尋根夙願。回到祖居地，面對幾千位鄉親，饒先生作了離鄉子弟回鄉的演講，並接受媒體專訪。

饒先生表示，文化是一脈相通的，客家人是漢族的一個民系。兩岸的分裂是歷史問題，大家同文同種，都是炎黃子孫，不應分開。歷史遺憾要彌補，不能因誤會而造成對立和戰爭。他認爲，兩岸交流不要著急，交往開展以後，你來我往，即使不是朋友、親戚，慢慢地，有一天也會很自然地合在一起。

談到在臺灣的客家人，饒先生說，在日本統治時期，客家人很受歧視，主要是在墾殖農業。經過幾代人的努力，由於重視教育，平民也可念書受教育，客家人的水平逐漸提高，客家文化推廣得到重視。於今，行政院設立了客家委員會，各級政府也相應設有客家局或委員會，有人才、經費的保障，客家文化得到較好的保護。在臺灣，凡是客家人口占百分之五十以上的地區，學校都會推廣客家話，在臺灣還專門設有客家話山歌班、歌謠班，立法機構還通過了《客家基本法》，把農曆正月二十日定爲「客家日」，設有客家電視臺、電臺。客家話、客家文化在梅州是自然而然的東西，臺灣的客家人則因所處環境不同，所以文化自我保護意識很強。饒穎奇總會長也指出，臺灣對客家傳統文化的保存整理比較好，如曾收集兩岸族譜，運用電腦形象展示，在臺各地巡展，揭示族姓的來源，正是對某些人「去中國化」的反擊。

二〇〇七年民進黨執政時期，面對大陸經濟突飛猛進，饒總會長既欣慰又憂慮。他說，「每次來大陸，都能見證可喜的變化，反觀臺灣，我們的經濟八年沒有進步。執政者一意孤行，最後只會葬送臺灣的未來，讓更多臺灣人無路可走，離開臺灣。」饒先生表示，兩岸客家人應發揚優秀客家精神，在關鍵時刻挺身而出，爲兩岸和平、交流和發展做出更多貢獻。也正因爲如此，饒先生越發感到自己肩上擔子沉重。他認爲，「分離、封閉不是臺灣的主流民意，人民需要交流！我要發揮自己的力量，盡可能地幫助兩岸人民溝通交流，讓每個臺灣人都知道自己是從何處來，我們的根在哪裡。」

第六節　和平發展兩岸所願

二〇一二年五月十五日饒先生赴大陸參加第二屆臺胞社團論壇，並以「和平發展，兩岸所願」爲題發表談話。饒先生說，臺灣自從二〇〇八年馬英九總統主政以來，就積極推動兩岸和平開放政策。兩岸在「九二共識」與「一中各表」基礎上，不但開啓了國共兩黨交流合作，也恢復了海基與海協兩會法制化和制度化的協商。這是一九四九年以來，兩岸政府從過去意識形態之爭發展到共同協商，共同爲兩岸同胞解決問題，使兩岸進入和平共融、互惠雙贏、求同存異的嶄新階段，兩岸共享和平發展的紅利與福利。所以，和平發展是兩岸最大的公約數。

饒先生也指出，臺灣是一個自由、民主與多元的社會，雖然兩岸交流不斷，已有黨對黨的「國共論壇」，以及海基、海協兩會的政府代表談判協商，終究還是不夠。他說，民主時代民意才是社會主流，所以兩岸交流要更廣泛、更深入基層，就像各地臺商，他們在每個地方融入主流社會，可以跟當地各個社團領袖、政治領袖在一起，是很了不起的。能夠把他們請來，一起來談論兩岸的交流，就是做對了。

饒先生認爲，兩岸交流要擴大範圍，不要分黨派，把民進黨、臺聯黨、不同主張的人都可請來交流溝通，這樣做絕對是不會錯的。他指出，兩岸和平發展要建立在「九二共識、一中各表」基礎上。不要只爭「一個中國」，在現階段可以先「一中各表」，這個道理很簡單，因爲兩岸關係的和平發展，現在已成爲臺灣主流民意，「九二共識」和「一中各表」的重要性，已得到越來越多臺灣人民的理解和認同。「馬英九總統的連任也就是這個共識的連任，尤其是繼續維持兩岸現狀的和平發展，更是臺灣廣大民眾的心願。」

二〇〇八年八月五日至十二日饒穎奇總會長及中華民國總會理事長曾永權應邀赴北京參加奧運開幕式，除慰勞中華隊選手外，也藉機與中國涉臺部門交流。北京方面認爲，只要符合兩岸人民利益，會積極研究思考讓臺灣參與國際組織。饒總會長和曾理事長表示，中國大陸若能在臺灣爭取國際空間上有善意回應，不僅符合兩岸外交休兵原則，更能提升兩岸關係。

第十章　結論——促進大陸自由民主

在饒穎奇總會長大力推動下，世盟在兩岸關係推動上，開啓了新的一頁。饒總會長說，世盟過去是反共組織，現在則是致力於推動自由民主，要把自由民主推動到大陸，才算是完成世盟的目標。他推動兩岸和平發展的努力，皆係配合世盟促進自由、民主與人權的宗旨。

中華民族需要自己的民主制

二〇〇九年十月二十四日，饒穎奇總會長赴菲律賓馬尼拉參加世盟年會，饒總會長在接受中央社記者訪問時表示，世盟總會正在積極研究一套適合中華民族的民主制度。他說，臺灣與中國的制度都各有演進、改善的空間。臺灣充分實現西方的民主，但好的、壞的都學到很多，這不一定是好現象；而中國大陸是社會主義國家，民主發展更是落後。即使是毛澤東也講過要民主，現在中國大陸逐漸自由了，將來要走怎麼樣的自由民主，中國人自己要拿出一套有中華文化基礎的民主制度。

饒穎奇總會長強調，他理想中的「有中華文化基礎的民主制度」，不等同於中國大陸目前的「社會主義式民主」。怎麼樣的民主才適合中華民族，世盟將結合學者、臺商作研議。饒穎奇也強調，臺灣必須與中國大陸多往來，有接觸、有交流、做朋友才能取得對方信任，才能在潛移默化中把民主觀念帶給對方。

馬英九總統在二〇〇九年世界自由日大會上宣示兩岸不進行軍事競賽，而是比賽自由、民主，這部分「我們一定贏」。在現階段兩岸大和解下，世盟將自由、民主、人權帶到大陸去，同時也進行雙向溝通，讓臺灣人民能了解中國大陸的政治理念。在世盟的努力下，相信能對大陸的民本思想更有了解，找出大家都可接受的出路。

二〇一三年馬英九總統在世界自由日慶祝大會致詞時進一步表示，至盼與中國大陸的對話層面能從經貿擴大到人權法治，因爲臺灣六十多年來經驗顯示，本來屬於舶來品的民主制度，在中華文化的土壤下，也可以生根發芽、開花結果，這代表中華文化能充分接納民主制度。馬總統指出，政府不會很天眞的認爲，兩岸間能夠在這些議題上立刻達成協議，但政府的努力與作爲、對民主的實踐，可以讓大陸人民了解，這個制度不是不能在中華文化的土壤中生根；這個訊息非常重要。

饒穎奇總會長呼應馬總統的談話指出，臺灣與大陸互動過程，不僅經濟可以互補，文化可交流，民主法治也可以對話。透過世盟努力，兩岸人民的希望，以及兩岸領導人的智慧，可以制度化經常交流和合作，必能爲兩岸永久和平發展找出一條大家可以接受的出路。

根據多次訪問中國大陸的經驗，饒穎奇總會長也提出對大陸民主化的建議。他認爲，臺灣實施的是西洋式的民主，在向大陸推行時，應和大陸實施的現有制度做巧妙結合，在西洋式民主和社會主義式民主中「去蕪存菁」，建立具有中國傳統文化特色的民主，並透過世盟在大陸的臺商管道，推動大陸早日民主化。

二〇〇八年馬英九總統就職後，世盟總會長饒穎奇被聘爲總統府資政迄今。饒總會長說，馬總統連任後曾與資政們開會，提出要改革，因爲自己沒有再選舉的壓力，也要做歷史定位；對此饒穎奇總會長表示非常贊同。

饒穎奇總會長強調，馬總統非常有心，他向馬總統建議要做歷史定位有兩點，除了政府與國民黨改革外，另外就是希望馬總統在任期結束前兩、三年，簽兩岸和平協議。當時馬總統的回應是：「資政，和平協議要公投ㄟ」，並未明確表示反對或者是說要。饒資政告訴馬總統，「那是不必公投的」；饒資政也常與國民黨榮譽主席連戰、吳伯雄談起，如何促成兩岸簽署和平協議。饒總會長說，在二〇一三年自由日大會，馬總統提到除了經貿交流外，我們也要有人權和法治的對話，「所以他已經感受到我的意見了。」

饒總會長認為，要簽和平協議，就要先協商，各自立場要兼顧。臺灣與大陸制度不同，臺灣這邊要取得共識，要一步一步去促進，不然會被說是賣臺。「我們還要繼續努力促進，兩岸有高度與方向，就是不走臺獨，不要分裂，大家都好談，大方向沒有錯，臺灣要跑哪裡去？」饒總會長指出，邁向和平之路不要急，慢慢來，簽了和平協議，表示安定了，臺灣的前景馬上亮起來。臺灣要創造條件，他對兩岸和平發展有非常美麗的夢，現在雙方政治制度雖不同，但總有一天會化解，那時就是中華民族復興的時候。

饒穎奇總會長說，兩岸現在是中華民國與中華人民共和國分治，我們是中華民國，還生存著，內戰到現在還沒結束，需要大家坐下來好好談。不可否認，也不可辯解，大陸還是要跟中華民國的政府談。兩岸是命運共同體，臺灣生存與發展，和大陸是分不開的。

饒總會長指出，國民黨執政時，他沒想過兩岸交流，國民黨本來就講統一，講「一個中國」就是講一個「中華民國」。「一個中國」是共識，國家不可分裂，「各自表述」是心理的，你講你的，我講我的。現在兩岸的現況是歷史造成的，統合要靠耐心與智慧。

饒總會長說，陳水扁執政時，兩岸情勢愈來愈緊張，為了不讓大陸錯估臺灣主流民意，他向國民黨主席連戰報告要訪問大陸表達主流的民意，去交流溝通。他決定卸下立法院副院長職務後，二〇〇二年十月便以世界自由民主基金會名義，去大陸探水溫。饒穎奇總會長說，他曾跟立法院長王金平說，「你不能去大陸，我副院長帶頭，我先衝去，自己是客家人，敢衝，敢冒這個險。」回來後，他跟連戰主席、王金平院長報告錢其琛曾轉達江澤民主席的話，邀請連戰以國民黨主席身分訪問大陸。不過當時時機還不成熟，直到二〇〇五年連戰主席才訪問大陸並與胡錦濤主席進行會談，這是他二〇〇〇年冰之後打下來的基礎。饒總會長強調，臺灣與大陸只有交流一途，從歷史淵源、同文同種來看，臺灣沒有離開的道理，他做兩岸交流做到今天，心理很安慰。

饒總會長表示，兩岸任何事情都離不開政治，哪怕是體育、經貿、文化，兩岸談臺灣經驗是非常好的。孫中山先生創立三民主義與五權憲法，加上西方民主，在臺灣做了實驗，有各級選舉；大陸共產、社會主義也是實驗。哪一個好可以共同來探討，西方的不一定都是好的，大陸在黨內也可以汰舊換新，到底誰好？他認爲，要有一個具有中華文化特色的民主政治體制，適合中國人。

饒總會長指出，他與大陸作朋友，成爲老朋友，又變成好朋友，彼此之間有信任感，做的事情一定是兩岸和平發展的工作，大陸也在往自由民主方向走。世盟是民間組織，各國成員現在在汰舊換新，很多分會都是由國會議員作會長。國會是民主的象徵，他告訴分會會員，現在臺灣不再跟大陸敵對了，是好朋友，像親人一樣。但是要體諒大陸，要逐步讓大陸也了解西方的民主，讓全世界了解大陸也想民主化，所以未來有機會將設法到大陸辦世盟年會。

饒總會長認爲，兩岸同文同種，兩岸交流不必急於一時，應讓時間來化解難題，求同存異。等到對岸人民生活改善，兩岸發展程度較接近時，那時還分什麼你我呢？只要彼此互相關心，互相合作，一定有助於兩岸關係的和平發展。

饒總會長表示，自由民主是我國在兩岸關係中很重要的優勢，自由與民主在每個社會都必定是主流民意。我們的自由民主發展，讓大陸人民嚮往，也是臺灣能立足世界的重要憑藉。透過世盟的努力、兩岸人民的希望及兩岸領導人的智慧，藉由制度化經常交流和合作，必能爲兩岸永久和平發展找出一條大家可以接受的出路。饒總會長希望世盟大會近年內能有機會在北京舉行，讓自由民主理念慢慢在大陸發酵。

圖書館出版品預行編目資料

一甲子／饒穎奇發行. — 初版. — 臺
：五南, 2014.01
面；　　公分.--

978-957-11-7501-0（平裝）

界民主自由聯盟　2.民主政治　3.歷史

609　　　　　　　　　　1030006171

4P48

世盟一甲子

發 行 人 — 饒穎奇
共同發行人 — 楊榮川
主　　編 — 周育仁
助理編輯 — 施德倫　黃仲維
編輯委員 — 王能章　劉志同　謝文煌　曾更生　于定玉
劉廣平
文字編撰 — 吳俊德
出 版 者 — 世界自由民主聯盟中華民國總會
地　　址：100台北市中正區羅斯福路一段7號10樓
電　　話：(02)3393-2002　　傳　　真：(02)3393-2960
網　　址：http://www.wlfdroc.org.tw
電子郵件：wlfd.roc@msa.hinet.net
合作出版 — 五南圖書出版股份有限公司
地　　址：106台北市大安區和平東路二段339號4樓
電　　話：(02)2705-5066　　傳　　真：(02)2706-6100
網　　址：http://www.wunan.com.tw
電子郵件：wunan@wunan.com.tw
劃撥帳號：01068953
戶　　名：五南圖書出版股份有限公司

台中市駐區辦公室/台中市中區中山路6號
電　　話：(04)2223-0891　　傳　　真：(04)2223-3549
高雄市駐區辦公室/高雄市新興區中山一路290號
電　　話：(07)2358-702　　傳　　真：(07)2350-236

法律顧問　林勝安律師事務所　林勝安律師

出版日期　2014年1月初版一刷
定　　價　新臺幣400元